Altersvorsorge richtig planen

Die besten Strategien für Ihre finanzielle Absicherung

Autorin: Barbara Sternberger-Frey ist Finanzjournalistin und wissenschaftliche Beraterin der Zeitschrift ÖKO-TEST. Sie hat bereits diverse Bücher für die Verbraucherzentralen, Stiftung Warentest u.a. verfasst. Sie vertritt verbraucherpolitische Positionen als Sachverständige im Finanzausschuss des Deutschen Bundestags und lebt in Köln.

2. Auflage, Januar 2014, 6.000 Exemplare
© Verbraucherzentrale NRW, Düsseldorf

ISBN 978-3-86336-016-0
Printed in Germany

Gedruckt auf 100 % Recyclingpapier

Inhalt

4

Aus den Grundlagen
das Beste machen: der Weg
zum sorgenfreien Ruhestand

1 Die Grundlagen des Systems

Die Situation der gesetzlichen Rente

Wer träumt nicht von einem Ruhestand ohne finanzielle Sorgen? Wie auch immer Ihr ganz persönlicher Traum aussehen mag – ohne zusätzliche Vorsorge wird er nicht in Erfüllung gehen. Denn im deutschen Rentensystem brennt es an vielen Ecken und Enden. Eine immer älter werdende Bevölkerung, die weltweite Finanz- und Wirtschaftskrise mit noch nicht abzusehenden Langzeitfolgen sowie verspätete Reformen zwingen seit Jahren zu den härtesten Einschnitten seit Gründung der Bundesrepublik. So sollen zwar die Beiträge stabil bleiben, dafür sinken die Renten. Seit 2012 wird zudem das Renteneintrittsalter von derzeit 65 Jahren schrittweise auf 67 Jahre angehoben. Darüber hinaus werden Renten bis 2040 voll steuerpflichtig, sodass Rentner mit Zusatzeinkommen wie Mieteinnahmen und Einkünften aus der betrieblichen Altersvorsorge schon jetzt damit rechnen müssen, zusätzlich belastet zu werden.

Im April 2012 lag das Bruttorentenniveau – also vor Steuern – nach Schätzung der Deutschen Rentenversicherung Bund in den alten Bundesländern bei 46 Prozent des durchschnittlichen Bruttoentgelts. Bis 2030 soll es nicht unter 43 Prozent sinken. Diese Zahlen zum Rentenniveau sagen allerdings nichts über das reale Rentenschicksal Einzelner aus. Das Rentenniveau gibt nämlich lediglich an, wie viel Prozent vom Einkommen eines Arbeitnehmers ein Ruheständler als Rente erwarten kann.

Künftige Rentenanpassungen werden durch einen Nachhaltigkeitsfaktor gedeckelt, da die zunehmende Überalterung der Bevölkerung das größte Problem für die staatliche Rentenkasse ist. Finanzierten im Jahr 1950 noch etwa vier Beitragszahler die Rente für einen Ruheständler, so müssen heute zwei Beitragszahler für einen Rentner aufkommen. Und es wird noch schlimmer: Bis zum Jahr 2050 könnten auf einen Beitragszahler statistisch gesehen 1,25 Rentner kommen. Der Nachhaltigkeitsfaktor hat hier eine regulierende Funktion: Er bewirkt, dass die jährliche Rentenerhöhung automatisch geringer ausfällt als die durchschnittliche Lohnsteigerung, wenn mehr Arbeitnehmer in Rente gehen als neue Erwerbstätige ins Berufsleben eintreten – und sich dadurch das Verhältnis von Beitragszahlern zu Rentnern weiter verschlechtert. Diese neue Anpassungsformel wurde zwar zeitweilig ausgesetzt, weil die Renten infolge der schlechten Wirtschaftslage in den Jahren 2005 und 2006 sonst sogar gesunken wären und das ist aufgrund einer staatlichen Rentengarantie unzulässig. Mittlerweile hat die Bundesregierung die unterbliebenen Kürzungen aber nachgeholt. Das führte 2013 zum Beispiel dazu, dass die jährliche Rentenerhöhung für Rentner aus den alten Bundesländern mit 0,25 Prozent ausgesprochen mager ausfiel. Rein rechnerisch hätte es 0,71 Prozentpunkte mehr geben können. Doch dieser Zuschlag wurde mit den früheren unterbliebenen Kürzungen verrechnet. Insgesamt gilt daher: Es sind noch größere Anstrengungen nötig, um drohende Altersarmut zu vermeiden. Das gilt vor allem für die zwischen 1960 und 1970 Geborenen, die von den Rentenreformen besonders betroffen sind. Ihnen bleiben einfach nicht mehr genügend Sparjahre, um die Kürzungen mit vergleichsweise geringen Sparleistungen auszugleichen. Sie müssen daher Jahr für Jahr mindestens zehn Prozent ihres Bruttoeinkommens auf die hohe Kante legen, um sämtliche Einschnitte bei der Rente vom Staat aufzufangen.

Die Rente mit 67

Kaum etwas erhitzt die Gemüter der Deutschen so sehr wie die Rente mit 67, die Mitte 2007 beschlossen wurde. Alle ab 1964 Geborenen müssen sich mittlerweile entscheiden: Entweder ganze zwei Jahre länger arbeiten – oder mit weniger Rente vorzeitig in den Ruhestand gehen. Doch auch für die Jahrgänge 1947 bis 1963 verlängert sich das Arbeitsleben über das 65. Lebensjahr hinaus, wenn sie eine Rente ohne Abschläge wollen (siehe hierzu auch Übersicht auf Seite 13). So wird ein 46 Jahre alter Durchschnittsverdiener, der bislang im Alter von 65 Jahren mit rund 1.156 Euro Rente rechnen konnte, künftig nur noch knapp 1.030,64 Euro erhalten, also rund 125,36 Euro weniger, wenn er weiterhin mit 65 Jahren in den Ruhestand will.

Eine weitere wesentliche Neuerung: Wer nach 1952 geboren wurde, kann vor dem 63. Lebensjahr überhaupt keine Altersrente erhalten. Doch auch der Weg zu einer Rente mit 63 oder 65 Jahren erfordert Opfer. Es kommen nur die Arbeitnehmer in den Genuss einer vorgezogenen Rente, die mindestens 35 Beitragsjahre in der gesetzlichen Rentenversicherung nachweisen können – alle anderen müssen bis zu ihrem regulären Rententermin warten. Darüber hinaus müssen alle, die früher als mit 67 Jahren in Rente gehen, für jeden vorgezogenen Monat 0,3 Prozent Abschlag von ihrer Rente in Kauf nehmen. Der Abschlag beträgt damit künftig maximal 14,4 Prozent und gilt für den gesamten Ruhestand.

Richtig teuer wird es also für alle, die schon mit 63 in Rente wollen. Sie müssen nicht nur hohe Abschläge einkalkulieren. Verglichen mit

den Angaben in ihrer Rentenauskunft fehlen ihnen bei vorzeitigem
Rentenbeginn auch noch Beitragsjahre. Wie viel das in Euro und
Cent ausmacht, hängt vom jeweiligen Rentenbeginn und vom indivi-
duellen Einkommen ab.

Für Kritiker wie Gewerk-
schaften ist die Einführung
der Rente mit 67 Jahren nichts
weiter als eine verkappte
Rentenkürzung. Denn die wenigsten Arbeitnehmer können
oder wollen bis 67 arbeiten.
Menschen, die beispielsweise
in körperlich belastenden
Berufen tätig sind, können
häufig aus gesundheitlichen

 **Beispiel**

Bei einem 49-jährigen Durchschnittsverdiener, der früher
mit rund 1.176 Euro Rente im Alter von 65 Jahren rechnen
konnte, schlagen zwei fehlende Beitragsjahre mit 56,28
Euro Rente weniger zu Buche. Hinzu kommt der Rentenab-
schlag von 14,4 Prozent oder umgerechnet 161,23 Euro für
48 vorgezogene Rentenmonate. Insgesamt verringert sich
die vorgezogene Altersrente also um 217,51 Euro oder 18,5
Prozent auf nur noch 958,48 Euro. Mit einer Rente in dieser
Höhe schrammt der Durchschnittsverdiener nur knapp an
der Sozialhilfegrenze vorbei.

Gründen nicht so lange arbeiten. Seit über acht Jahren sinkt der Anteil von Neurentnern, die unmittelbar vor Rentenbeginn noch sozial-
versicherungspflichtig gearbeitet haben. 2012 hatten zum Beispiel
nicht einmal neun Prozent aller 64-jährigen vor Rentenbeginn noch
einen Vollzeitjob, so eine Studie der Deutschen Rentenversicherung. Alle anderen waren vor Rentenbeginn längere Zeit arbeitslos,
krank oder nur geringfügig beschäftigt. Daher verwundert es auch
nicht, dass der Anteil derjenigen, die eine Rente mit Abschlag in
Kauf nehmen mussten, seit 2003 kräftig gestiegen ist. 2012 gingen
zum Beispiel 60 Prozent der Neurentner mit Abschlägen in den Ruhestand. Vor neun Jahren waren es dagegen nur 35 Prozent.

Dass sich künftig an diesem Trend viel ändern wird, ist nicht zu
erwarten, obwohl die Bundesregierung mit der „Initiative 50+"
Maßnahmen zur Verbesserung der Beschäftigungschancen im Alter
verabschiedet hat. Denn zeitgleich mit der Anhebung der Altersgrenze kommen die geburtsstärksten Jahrgänge der „Babyboomer-
Generation" ins Ruhestandsalter. Der vorausgesagten demografisch
bedingten stärkeren Nachfrage nach Arbeitskräften steht daher zugleich ein größeres Angebot an älteren Arbeitnehmern gegenüber.
Das senkt insbesondere die Beschäftigungschancen gering Quali-

fizierter. Zugleich hat sich die Lage am Arbeitsmarkt – wie schon in früheren konjunkturellen Schwächeperioden – infolge der Finanz- und Wirtschaftskrise zumindest vorübergehend verschärft.

Im Überblick: die wichtigsten Regeln und Ausnahmen rund um die Rente mit 67

- **Langjährig Versicherte:** Für alle Versicherten, die 45 Jahre lang Rentenbeiträge gezahlt haben, gilt weiterhin das Renteneintritts- alter von 65. Angerechnet werden dabei – anders als bei den anderen Rentenvarianten – aber nur Zeiten mit Pflichtbeiträgen aus angestellter oder selbstständiger Tätigkeit und Pflege sowie Zeiten der Erziehung eines Kinds bis zum 10. Lebensjahr. Zeiten der Arbeitslosigkeit zählen nicht.
- **Mit Abschlägen früher in Rente:** Arbeitnehmer, die 35 Jahre lang Beiträge in die Rentenversicherung eingezahlt haben, können auch in Zukunft mit 63 in Rente gehen. Sie müssen für jeden Monat, den sie vor dem 67. Lebensjahr aufhören zu arbeiten, einen Abschlag von 0,3 Prozent in Kauf nehmen. Dieser Abschlag beträgt höchstens 14,4 Prozent und gilt für den gesamten Ruhe- stand.
- **Änderungen bei der Altersteilzeit:** Für alle, die vor 1955 geboren wurden und bis zum 31. Dezember 2006 mit dem Arbeitgeber Altersteilzeitarbeit vereinbart haben, bleibt es bei der Absenkung der Altersgrenze für die vorgezogene Rente auf 62 Jahre.
- **Altersrente für Frauen/Altersrente wegen Arbeitslosigkeit oder nach Altersteilzeit:** Diese Rentenvarianten gibt es für alle ab 1952 Geborenen nicht mehr. Frühere Jahrgänge können diese Renten je nach Geburtsjahr noch zwischen 60 und 63 in Anspruch neh- men, allerdings mit Abschlägen bis zu (maximal) 18 Prozent.
- **Späterer Renteneintritt für Schwerbehinderte:** Für Schwerbehin- derte wird die Altersgrenze für eine abschlagsfreie Rente stufen- weise von 63 auf 65 Jahre angehoben – beginnend mit dem Ge- burtsjahrgang 1952. Die Altersgrenze für eine Rente mit Abschlag wird gleichzeitig von 60 auf 62 Jahre angehoben. Der maximale Abschlag liegt bei 10,8 Prozent.

Wann Sie ohne Abschläge in Rente gehen können

Seit 2012 steigt das gesetzliche Renteneintrittsalter für eine abschlagsfreie Rente schrittweise auf 67 Jahre.

Versicherte Geburtsjahr	Anhebung um Monate	auf Alter Jahr	auf Alter Monat
1948	2	65	2
1949	3	65	3
1950	4	65	4
1951	5	65	5
1952	6	65	6
1953	7	65	7
1954	8	65	8
1955	9	65	9
1956	10	65	10
1957	11	65	11
1958	12	66	0
1959	14	66	2
1960	16	66	4
1961	18	66	6
1962	20	66	8
1963	22	66	10
1964	24	67	0

Quelle: Deutsche Rentenversicherung Bund

■ **Später in die Erwerbsminderungsrente (EM-Rente):** Wer aus gesundheitlichen Gründen nicht mehr arbeiten kann, hat Anspruch auf eine Erwerbsminderungsrente. Auch bei dieser Rentenvariante wird die Altersgrenze für eine Rente ohne Abschläge bis 2024 von derzeit 63 auf dann 65 Jahre angehoben. Wer die EM-Rente früher benötigt, muss ebenfalls 0,3 Prozent Abschlag pro Monat in Kauf nehmen, maximal 10,8 Prozent insgesamt. Ausnahme: Wer 35 (ab 2024 mindestens 40) Pflichtbeitragsjahre nachweist, kann die abschlagsfreie EM-Rente weiterhin ab 63 beantragen. Die sogenannte Zurechnungszeit verlängert sich jedoch nicht. Die EM-Rente wird weiterhin so berechnet, als hätte der Versicherte auf Grundlage seines bisherigen Verdiensts bis 60 gearbeitet.

■ **Große Witwen-/Witwerrente erst mit 47 Jahren:** Hinterbliebene Ehepartner bekommen in Zukunft statt mit 45 erst mit 47 Jahren die große Witwen-/Witwerrente, die 55 Prozent der normalen Versichertenrente ausmacht. Jüngere erhalten nur die kleine Witwen-/Witwerrente in Höhe von 25 Prozent. Sie wird nur für zwei Jahren gezahlt. Danach gibt es gar nichts mehr, nur für Ältere gibt es noch Ausnahmen.

■ **Beamtenpensionen:** Die Anhebung der Altersgrenze wird auch auf die Beamtenpensionen übertragen. Beim Bund ist das bereits geschehen. Für alle 130.000 Bundesbeamten wird die Pensionsgrenze von 2012 bis 2029 schrittweise auf 67 erhöht. Die Bundesländer haben ebenfalls nachgezogen. Allerdings darf jedes Bundesland eigene Regeln für seine Beamtenversorgung aufstellen.

■ **Ausbildungszeiten:** Zeiten der Schul- und Hochschulausbildung werden nicht mehr rentensteigernd berücksichtigt. Die Umstellung erfolgt schrittweise und trifft alle, die seit 2008 in Rente gegangen sind oder künftig Rentner werden. Auch die pauschale Höherbewertung in den ersten drei Berufsjahren entfällt. Sie wird nur noch für die tatsächliche Zeit der Berufsausbildung gewährt.

■ **Krankenversicherung:** Netto zehren steigende Krankenversicherungsbeiträge an der Rente. So müssen Rentner wie alle anderen gesetzlich Versicherten den 2007 eingeführten Zusatzbeitrag von 0,9 Prozent für Zahnersatz und Krankengeld allein aufbringen. Darüber hinaus gilt seit Januar 2013 ein einheitlicher Beitragssatz von 14,6 Prozent für alle Krankenkassen. Davon trägt der Staat die Hälfte mit. Unterm Strich müssen gesetzlich versicherte Rentner daher mittlerweile 8,2 Prozent der Bruttorente für die Krankenversicherung ausgeben – Zuzahlungen für Medikamente nicht eingerechnet.

■ **Pflegeversicherung:** Bei der gesetzlichen Rente müssen Ruheständler seit April 2004 den Beitrag zur Pflegeversicherung allein aufbringen. Bis dahin hatte die Rentenkasse die Hälfte zugeschossen. Am 1. Januar 2013 wurde der Beitrag im Zuge der

Reform der Pflegeversicherung zudem auf 2,05 Prozent erhöht. Hinzu kommen ab dem 24. Lebensjahr weitere 0,25 Prozent Beitragszuschlag für alle, die keine Kinder großgezogen haben. Mittlerweile gehen also bis zu 2,3 Prozent der Rente für die Pflegeversicherung ab.

Riester-Rente als Kürzungsausgleich

Im Rahmen der Reform zur gesetzlichen Rentenversicherung 2000/2001 wurde das Nettorentenniveau des sogenannten fiktiven Eckrentners, der 45 Jahre lang in die gesetzliche Rentenversicherung eingezahlt hat, von damals 70 Prozent auf 67 Prozent gesenkt. Später wurde festgelegt, dass das neu definierte „Nettorentenniveau vor Steuern" bis 2030 nicht unter 43 Prozent absinken soll. Zum Ausgleich für die bis dahin härtesten Einschnitte bei der gesetzlichen Rente führte Walter Riester, der damalige Bundesminister für Arbeit und Sozialordnung, am 1. Januar 2002 die nach ihm benannte „Riester-Rente" ein. Diese zusätzliche, privat finanzierte Altersvorsorge, die für eine lebenslange Absicherung regelmäßige Zahlungen in monatlichen Raten vorsieht, wird vom Staat mit Zulagen und Steuervorteilen gefördert. Mit der Riester-Rente können Vorsorgesparer allerdings nur die Lücken schließen, die durch die Rentenreform 2001 geöffnet wurden. Wer darüber hinaus vorsorgen will, kann auf die betriebliche Altersversorgung setzen oder einen ergänzenden Vertrag für eine ungeförderte private Altersvorsorge abschließen. Bisweilen kommt – insbesondere für vermögendere Sparer im Vorruhestandsalter – auch die Rürup-Rente infrage.

Detaillierte Informationen zu den einzelnen Riester-Produkten lesen Sie in Kapitel 4 ab Seite 149.

Generelle Regeln der Riester-Förderung

Der Staat fördert den Aufbau einer privaten Riester-Rente mit Zulagen und Steuervorteilen. Die Förderung selbst hängt vor allem vom Familienstand ab. Als Zuschuss gibt es eine Grundzulage pro Sparer. Gehören Kinder zum Haushalt, kommen Kinderzulagen hinzu. Von der Zulagenförderung profitieren vor allem Arbeitnehmer mit niedrigem Einkommen und mehreren Kindern. Sie erwerben bereits mit geringem Eigenaufwand Anspruch auf staatliche Förderung. Für Besserverdiener gibt es zusätzlich geldwerte Steuervorteile. Sie können ihren gesamten Vorsorgeaufwand, der aus den eigenen Beiträgen plus staatlichen Zulagen besteht, bis zum förderfähigen Höchstbetrag von 2.100 Euro pro Sparer als Sonderausgaben von ihrem zu versteuernden Einkommen abziehen. Das Finanzamt prüft automatisch, ob dem Sparer über die Zulage hinaus noch eine Steuererstattung zusteht.

In den Genuss der Förderung kommen in erster Linie Arbeitnehmer, aber auch Beamte und Angestellte im öffentlichen Dienst. Nicht gefördert werden hingegen Mitglieder einer berufsständischen Versorgungseinrichtung wie beispielsweise Rechtsanwälte oder Ärzte. Das Gleiche gilt für nicht pflichtversicherte Selbstständige oder freiwillig Versicherte in der gesetzlichen Rentenversicherung. Allerdings gibt es für sie die Möglichkeit, über den Ehepartner von der Riester-Rente zu profitieren. Dazu müssen die Ehegatten jeweils einen eigenen Vertrag abschließen (siehe hierzu in diesem Kapitel, Seite 20, „Für Verheiratete: Riester-Rente zum Nulltarif").

Förderfähig sind Anlageformen, die im Alter eine steigende oder zumindest gleichbleibende, lebenslange Monatsrente garantieren und so helfen, die gesetzliche Rente oder Beamtenpension aufzubessern. Das können private Rentenversicherungen, Fonds- oder Banksparpläne mit Auszahlplan, aber auch betriebliche Angebote wie Direktversicherungen, Pensionskassen und Pensionsfonds sein. Seit 2008 kommen Bausparverträge und Riester-Darlehen hinzu, mit denen Vorsorgewillige sich eine so genannte Eigenheimrente erwirtschaften. Für diese Form der Vorsorge wurde der Begriff „Wohn-Riester" geprägt.

Wer Anspruch auf Riester-Förderung hat

Von der Riester-Rente können grundsätzlich alle profitieren, die von den Renten- und Pensionskürzungen im Jahr 2002 betroffen sind. Anspruch auf Förderung haben:

- alle rentenversicherungspflichtigen Arbeitnehmer, darunter auch sogenannte Grenzgänger, die im Ausland wohnen, aber in Deutschland arbeiten und in der hiesigen gesetzlichen Rentenversicherung pflichtversichert sind,
- Beamte und Richter,
- Arbeitnehmer im öffentlichen Dienst,
- versicherungspflichtige Selbstständige,
- Kindererziehende während der dreijährigen Elternzeit,
- Bundesfreiwilligendienstleistende sowie Berufssoldaten und Soldaten auf Zeit,
- 450-Euro-Kräfte, die keinen Antrag auf Befreiung von der Rentenversicherungspflicht gestellt haben,
- Arbeitslose, sofern sie Arbeitslosengeld I oder II erhalten. Auch wer wegen des zu berücksichtigenden Vermögens keine Lohnersatzleistung bekommt, aber arbeitslos gemeldet ist und zur Vermittlung zur Verfügung steht, hat Anspruch auf Förderung,
- Bezieher von Kranken- oder Vorruhestandsgeld,
- Behinderte in anerkannten Werkstätten,
- nicht erwerbsmäßig tätige Pflegepersonen, die einen anerkannt Pflegebedürftigen wenigstens 14 Stunden wöchentlich in seiner häuslichen Umgebung pflegen,
- Beschäftigte von Körperschaften oder Anstalten des öffentlichen Rechts oder geistlicher Genossenschaften und Diakonien, die auf Antrag von der Versicherungspflicht befreit wurden,
- Bezieher einer staatlichen Rente wegen voller Erwerbsminderung.

Förderungsverfahren

Das Prinzip der Förderung ist denkbar einfach. Der Vorsorgesparer schließt privat einen Riester-Vertrag ab und legt damit einen Teil seines Einkommens für das Alter zurück. Im Gegenzug erhält er staatliche Zuschüsse und wird mit Steuervorteilen belohnt. Singles erhalten seit 2008 eine Grundzulage von maximal 154 Euro pro Jahr. Für Ehepaare gibt es das Doppelte – vorausgesetzt, beide Partner schließen jeweils einen eigenen Vertrag ab. Gehören Kinder zum Haushalt, gibt es zusätzlich für jedes kindergeldberechtigte Kind eine Kinderzulage von 185 Euro. Für ab 2008 Geborene sind es sogar 300 Euro. Auch Berufseinsteiger fördert der Staat. Seit 2008 erhalten alle, die mit dem Riester-Vertrag noch vor dem 25. Geburtstag beginnen, einen „Berufseinsteigerbonus" von einmalig 200 Euro. Die volle Zulage erhalten nur Sparer, die 4 Prozent ihres Bruttoeinkommens vom Vorjahr in einen förderfähigen Vorsorge-vertrag einzahlen. Bei geringeren Beiträgen verringern sich Grund- und Kinderzulage entsprechend.

---

* Beispiel

Eine Alleinstehende mit 40.000 Euro Bruttoverdienst im Jahr 2012 und einem Kind im Alter von sieben Jahren musste im Jahr 2013 4 Prozent ihres Einkommens in ihren Riester-Vertrag einzahlen, um in den Genuss der vollen Förderung zu kommen. Das sind 1.600 Euro. Der Staat spendiert ihr im Gegenzug 154 Euro Grundzulage plus 185 Euro Kinderzu-lage. Damit verringert sich der Eigenanteil der Alleinste-henden zur Riester-Vorsorge um insgesamt 339 Euro. Statt 1.600 Euro muss sie 2013 also nur 1.261 Euro aus ihrem Nettoeinkommen in den Vertrag einzahlen.

Kinderzulagen

Die Kinderzulagen werden bei zusammenlebenden Ehepaaren grundsätzlich dem Vertrag der Mutter gutgeschrieben. Zwar können sie auch alternativ auf das Konto des Vaters fließen – allerdings nur auf den gemeinsamen Antrag beider Elternteile. Ob sie dazu ihre Zustimmung geben, sollten Frauen generell gründlich abwägen. Denn je mehr Geld auf ihren eigenen Vertrag fließt, desto höher ist später ihre eigene lebenslange Zusatzrente. Zudem wird die Rente aus dem Riester-Vertrag später nicht auf die Witwenrente angerechnet. Vor allem für Frauen, die im Alter keine anderweitigen Zusatzeinkommen haben, ist eine solche echte Zusatzabsicherung über einen Riester-Vertrag enorm wichtig. Schließlich sind die Hinterbliebenenrenten, vor allem für Paare unter 40, alles andere als üppig, sodass die zusätzliche Vorsorge eigentlich nicht hoch genug ausfallen kann. Leben die Eltern getrennt, erhält automatisch derjenige Partner die Kinderzulage, der das Kindergeld bekommt. Die Förderung gibt es aber nur, wenn Vorsorgesparer gleichzeitig Beiträge aus eigener Tasche zahlen.

Steuervorteile

Für Besserverdiener gibt es zusätzlich geldwerte Steuervorteile. Sie können ihren gesamten Vorsorgeaufwand – also den Eigenanteil plus Zulagen – bis zum jeweils förderfähigen Höchstbetrag als Sonderausgaben von ihrem zu versteuernden Einkommen abziehen. Seit 2008 liegt dieser Höchstbetrag bei 2.100 Euro. Ähnlich wie beim Kindergeld prüft das Finanzamt automatisch, was günstiger ist – Zulage oder Sonderausgabenabzug. Ist der Steuerfreibetrag attraktiver, wird die über die Zulagen hinausgehende Steuerersparnis vom Finanzamt erstattet.

Bei geförderten Riester-Verträgen prüft das Finanzamt erst im Nachhinein, ob gezahlte Eigenbeiträge, die über die Zulagen hinausgehen, steuerfrei gestellt werden. Etwaige Steuererstattungen werden dann auf das private Girokonto des Sparers überwiesen. Wer das Geld zusätzlich in seinem Riester-Vertrag anlegen will, muss es als Sonderzahlung auf den Vertrag überweisen. Das kostet aber bisweilen zusätzliche Gebühren und ist nicht bei jedem Anbieter von Riester-Verträgen möglich.

Letztlich werden die Sparbeiträge zur Riester-Rente jedoch komplett steuerfrei gestellt, was der Riester-Förderung besondere Attraktivität verleiht. Bei ungeförderten Vorsorgesparformen muss das Einkommen dagegen erst versteuert werden, bevor es für den Vermögensaufbau zur Verfügung steht. Zudem sind bei Riester-Sparplänen auch die in der Ansparphase erzielten Kapitalerträge komplett steuerfrei. Das gilt auch, wenn Sparer über die Förderhöchstbeträge hinaus sparen oder gar nicht förderfähig sind. Der Fiskus greift immer erst im Alter zu. Erst dann wird die aus geförderten Beiträgen angesparte Rente voll steuerpflichtig.

Seit Anfang 2009 können sich Riester-Verträge auch für Vorsorgesparer lohnen, denen keine Riester-Förderung zusteht – wie zum Beispiel Selbstständige. Denn Riester-Produkte können grundsätzlich auch ohne Förderung angespart werden. Wurden ungeförderte Beträge eingezahlt, müssen nur die ausgeschütteten Erträge versteuert werden. Dabei werden alle Riester-Verträge wie Lebensversicherungen behandelt. Sofern der Vertrag zwölf Jahre besteht und der Sparer bei Fälligkeit über 60 bzw. 62 (bei Verträgen ab 2012) ist, muss er nur die Hälfte der Differenz zwischen der Auszahl- und Beitragssumme mit dem persönlichen Steuersatz versteuern. Entscheidet sich der Sparer eines ungeförderten Vertrags am Ende der Ansparphase für eine lebenslange Rentenzahlung, zählt nur der sogenannte Ertragsanteil zum steuerpflichtigen Einkommen. Und der ist gering. Wenn Sie mit 65 in Rente gehen, brauchen Sie nur 18 Prozent Ihrer Monatsrente zu versteuern.

Sonderregelung

Bisweilen ist das Einkommen so niedrig oder die Summe der Zulagen – beispielsweise bei kinderreichen Familien – so hoch, dass der volle Förderbetrag die Mindestsparleistung übersteigt. In solchen Fällen sieht der Gesetzgeber vor, dass der Vorsorgesparer einen Sockelbetrag von 60 Euro jährlich aus eigener Tasche in den Vertrag einzahlt.

* Beispiel

Eine angestellte Raumpflegerin mit zwei schulpflichtigen Kindern hatte im Jahr 2012 ein Bruttoeinkommen von 12.800 Euro. Um die volle Förderung zu erhalten, muss sie 4 Prozent des Gehalts oder umgerechnet 512 Euro Mindesteigenbeitrag zahlen. Zugleich aber hat sie Anspruch auf eine Grundzulage von 154 Euro und zwei Kinderzulagen von je 185 Euro. Macht zusammen 524 Euro. Theoretisch wäre die Mindestsparleistung allein durch die staatlichen Zulagen übererfüllt. Nach geltendem Gesetz muss sie 60 Euro im Jahr oder 5 Euro monatlich selbst für ihre Vorsorge aufbringen.

Für Verheiratete: Riester-Rente fast zum Nulltarif

Auch wer nicht förderberechtigt, aber verheiratet ist, kann als Ehepartner allein mit staatlichen Zuschüssen eine eigene Riester-Rente aufbauen – und zwar ohne selbst viel dafür zu zahlen. Dazu müssen beide Eheleute allerdings jeweils einen eigenen Riester-Vertrag abschließen. Der berufstätige bzw. förderberechtigte Ehepartner bespart dann seinen Vertrag mit eigenen Mitteln, der andere muss lediglich 60 Euro Eigenbeitrag aufbringen und füllt seinen Vertrag ansonsten mit der staatlichen Förderung, wobei die Kinderzulagen üblicherweise dem Konto der Frau gutgeschrieben werden – eine äußerst attraktive Möglichkeit der Vorsorge.

Detaillierte Informationen zu den einzelnen Riester-Produkten lesen Sie ab Seite 149.

* Beispiel

Eine Hausfrau mit zwei Kindern bekommt pro Jahr insgesamt 524 Euro Zuschuss, solange die Kinder kindergeldberechtigt und damit förderfähig sind. Sind die Kinder nach 2007 geboren, gibt es sogar 754 Euro an Zulagen. Auch wenn die Kinder später aus der Förderung fallen, erhält sie auf ihren Riester-Vertrag immerhin noch jährlich 154 Euro Grundzulage. Doch auch der berufstätige Ehepartner profitiert: Er kann den Beitrag für seinen eigenen Riester-Vertrag um die Zulagen für beide Verträge mindern. Er zieht von seinem – einkommensabhängigen – erforderlichen Mindestaufwand nicht nur die eigene Grundzulage ab, sondern auch die Zulagen, die auf den Vertrag der Ehefrau fließen. Trotzdem erhält er die volle Förderung. Sein steuerlich absetzbarer Förderhöchstbetrag ist aber auf 2.100 Euro beschränkt.

Wichtig: Kindererziehende in Elternzeit müssen während der dreijährigen Kindererziehungszeit ebenfalls mindestens den Sockelbetrag von 60 Euro einzahlen. In diesem Fall erfolgt aber keine Anrechnung auf die Beiträge des Ehepartners, weil Kindererziehende in Elternzeit selbst förderberechtigt sind und daher auch einen eigenen Anspruch auf Sonderausgaben haben. Insofern kann jeder Elternteil maximal Beiträge bis zu 2.100 Euro absetzen.

Rürup-Rente

Seit 2005 können Vorsorgesparer außer der Riester-Rente eine weitere Form der privaten Altersvorsorge nutzen, die vom Staat gefördert wird: die Basisrente, nach ihrem Erfinder, dem früheren Wirtschaftsweisen Professor Bert Rürup, auch Rürup-Rente genannt. Anders als bei der Riester-Rente fördert der Staat das Vorsorgesparen hier nicht mit Zulagen, sondern mit Steuervorteilen. Die Beiträge können – genau wie die Aufwendungen für die gesetzliche Rente – als Sonderausgaben bei der Steuererklärung abgesetzt werden. Genau wie bei der gesetzlichen Rente vom Staat greift der Fiskus dafür später in der Auszahlphase zu.

Konzipiert wurde die Rürup-Rente vor allem für Selbstständige und
deren Angehörige, die keinen Anspruch auf staatliche Rente oder
eine berufsständische Versorgung haben. Der Abschluss eines
Rürup-Vertrags steht jedoch grundsätzlich allen Steuerpflichtigen
offen. Profitieren können vor allem Besserverdienende sowie ältere
Arbeitnehmer, die bereits kurz vor dem Ruhestand stehen. Der
Grund: Bei der Rürup-Rente sind auch hohe Einmalbeiträge zulässig
und steuerlich abzugsfähig. So lassen sich insbesondere noch kurz
vor Rentenbeginn vorhandene Versorgungslücken mit staatlicher
Förderung schließen. Mehr Informationen zur Rürup-Rente finden
Sie in Kapitel 5, ab Seite 175.

Generelle Regeln der Rürup-Förderung

Gleich vorweg: Die Rürup-Rente eignet sich nicht für jeden. Denn
der Gesetzgeber hat an die Basisrente strenge Anforderungen gestellt. So ist das Angesparte mindestens bis zum 60. Lebensjahr, bei
Abschluss seit 2012 sogar bis zum 62. Lebensjahr des Vorsorgesparers unantastbar. Die Police kann weder beliehen noch verschenkt,
verkauft, vererbt oder verpfändet werden. Auch kann das Kapital
bei Auszahlungsbeginn nicht auf einen Schlag abgerufen werden.
Der Vertrag wird ausschließlich in Form einer lebenslangen Rente
ausgezahlt. Und wenn der Versicherte stirbt, sind die Beiträge oder
das restliche Kapital verloren – zumindest wenn keine Zusatzvereinbarungen getroffen wurden. Denn konzipiert ist die Rürup-Rente als
lupenreine Rentenpolice. Weil solche Produkte schwer verkäuflich
und eigentlich nur für kerngesunde Singles geeignet sind, kann die
Rürup-Rente bei den meisten Anbietern mit einer Hinterbliebenenabsicherung und/oder mit einer Erwerbs- oder Berufsunfähigkeitsversicherung kombiniert werden. Daneben wird die Rürup-Rente ab
2014 zusätzlich auch als reine Erwerbs- oder Berufsunfähigkeitsversicherung angeboten. In diesem Fall muss die bei Invalidität
zu zahlende Rente allerdings ein Leben lang fließen, während die
Invaliditätsrente beim Kombi-Vertrag meist nur bis Rentenbeginn
gezahlt und dann von der Rürup-Altersrente abgelöst wird.

Allein diese Beispiele zeigen: Die Rürup-Rente ist kein einfaches
Produkt. Ob sich der Abschluss lohnt, hängt zudem nicht nur von
den Rahmenbedingungen und der Qualität des jeweiligen Produkts,
sondern auch von der individuellen Steuersituation ab.

Steuern sparen durch Sonderausgaben

Die Versicherungsbranche bietet Rürup-Verträge sowohl als klassische Rentenversicherung an als auch als Fondspolice mit und
ohne Garantieleistung. Seit 2008 gibt es zudem förderfähige Rürup-
Fondssparpläne. Wer eine Rürup-Rente abschließt, kann seine
Beiträge dafür – ebenso wie die Beiträge zur gesetzlichen Rente
– als Sonderausgaben beim Finanzamt steuermindernd geltend
machen. In der Rentenphase sind die Auszahlungen dann steuerpflichtig. Genau wie bei der Rente vom Staat sind Auszahlungen
aus einem Rürup-Vertrag aber erst bei Rentenbeginn ab 2040 zu
100 Prozent zu versteuern. Im Gegenzug bleiben auch die Beiträge
erst ab 2025 komplett steuerfrei. Bis dahin greifen dieselben Über-
gangsregelungen wie bei der gesetzlichen Rente. Denn steuerlich
werden beide gleich behandelt (siehe hierzu auch Kapitel 8, „Diese
Steuern zahlen Sie als Rentner", Seite 222). Auch der Sonderausgabenabzug ist daher begrenzt – und zwar auf einen Höchstbetrag
von maximal 20.000 Euro für Alleinstehende und 40.000 Euro für
Verheiratete.

Für das Jahr 2013 hat das Finanzamt zunächst 76 Prozent der Beiträge bis zum Höchstbetrag von 15.200 Euro bei Alleinstehenden und
30.400 Euro bei Ehepaaren als Sonderausgaben anerkannt. Danach
steigt die Förderung in 2-Prozent-Stufen Jahr für Jahr schrittweise
an, bis 2025 der volle Beitrag von 100 Prozent, maximal 20.000 Euro
bei Alleinstehenden und 40.000 Euro bei Ehepaaren, abgesetzt
werden kann.

Für Arbeitnehmer gilt jedoch eine Einschränkung: Sofern sie ren-
tenversicherungspflichtig sind, vermindern sich die Höchstbeträge
grundsätzlich um den vollen Arbeitgeberanteil zur Rente. Auch der
eigene Arbeitnehmeranteil wird abgezogen – allerdings nur entsprechend dem prozentualen Anteil pro Kalenderjahr. Freiberufler,

die Beiträge in ein berufsständisches Versorgungswerk einzahlen, müssen diesen Betrag ebenfalls vom maximal geförderten Betrag abziehen. Das bedeutet: 2013 werden 100 Prozent Arbeitgeberbeitrag zur Rente plus 76 Prozent Arbeitnehmerbeitrag vom förderfähigen Höchstbetrag abgezogen. Ähnlich sieht die Regelung für Beamte aus. Hier reduziert sich der Höchstbetrag um einen fiktiven Abzug des Bruttogehalts, der dem für Arbeitnehmer entspricht.

Sonderausgaben: So viel können Sie maximal absetzen

| Kalenderjahr | So viel können Sie steuerlich geltend machen*: | |
	in % der gezahlten Beiträge	maximal in Euro
2010	70	14.000
2011	72	14.400
2012	74	14.800
2013	76	15.200
2014	78	15.600
2015	80	16.000
2016	82	16.400
2017	84	16.800
2018	86	17.200
2019	88	17.600
2020	90	18.000
2021	92	18.400
2022	94	18.800
2023	96	19.200
2024	98	19.600
2025	100	20.000

* Gesamtbetrag aller gezahlten Beiträge für die Rürup-Rente und die gesetzliche Rente (inkl. Arbeitgeberbeitrag)
Quelle: Deutsche Rentenversicherung Bund

Berechnung der Rürup-Förderung

Die Höhe der Förderung kann bei der Rürup-Rente immer nur individuell ermittelt werden. Denn sie hängt sowohl von der Höhe des Beitrags für die Basisrente als auch vom Einkommen des Vorsorgesparers ab. Arbeitnehmer müssen zudem berücksichtigen, wie viel sie im jeweiligen Kalenderjahr in die gesetzliche Rentenversicherung eingezahlt haben. Bei Beamten sieht es ähnlich aus. Hier zieht der Fiskus einen fiktiven Rentenbeitrag in gleicher Höhe vom Förderhöchstbetrag ab.

✱ Beispiel

So errechnen Sie den maximal absetzbaren Anlagebetrag

Ein rentenversicherungspflichtiger Single hat 30.000 Euro Bruttojahreseinkommen im Jahr 2013. So berechnet er, wie viel er im Rürup-Vertrag anlegen muss, um den maximal absetzbaren Betrag auszuschöpfen:

Allgemeiner Höchstbetrag Sonderausgaben	15.200 Euro
Gezahlte Beiträge zur Rentenversicherung (inkl. Arbeitgeberanteil)	
(18,9 % von 30.000 Euro = 5.670 Euro)	
davon steuerlich absetzbar 76 %	−4.309 Euro
= maximal absetzbarer Betrag für Rürup-Rente	10.891 Euro

10.891 Euro = 76 % vom Beitrag absetzbar, volle Beitragssumme (100 % = 10.891 x 100 : 76 = 14.330)

Ergebnis:

Wenn der Single den maximal absetzbaren Betrag ausschöpfen will, muss er 14.330 Euro Beitrag in eine Rürup-Rente investieren. Denn der Fiskus erkennt 2013 lediglich 76 Prozent der tatsächlich gezahlten Beiträge als Sonderausgaben an. Für einen Normalverdiener dürfte es allerdings unrealistisch sein, einen derart hohen Beitrag für die Altersvorsorge aufzuwenden. Einzige Ausnahme: Der Single verliert seinen Job und erhält dafür eine Abfindung, die er steuergünstig zur Aufstockung seiner Altersvorsorge einsetzen möchte. Sonst gilt: Sofern der Single beispielsweise nur 2.000 Euro in eine Basisrente investiert, erkennt der Fiskus außer den 4.309 Euro Rentenbeiträgen im Jahr 2013 lediglich weitere 1.520 Euro (76 Prozent von 2.000 Euro) als Sonderausgaben für den Rürup-Vertrag an.

Betriebliche Altersvorsorge

Außer der gesetzlichen Rente und der privaten Altersvorsorge sind Betriebsrenten eine weitere wichtige Säule der umfassenden Vorsorge für den Ruhestand. Deshalb fördert der Staat die betriebliche Altersvorsorge (bAV) seit 2001 mit Steuervorteilen und Beitragsersparnissen und räumt Arbeitnehmern ein Recht auf eine zusätzliche Betriebsrente durch Lohn- und Gehaltsumwandlung ein – auch „Entgeltumwandlung" genannt.

Gehaltsverzicht als Zusatzvorsorge

Arbeitnehmer, die auf einen Teil ihres Lohns oder Gehalts verzichten, um sich das Geld später als Betriebsrente auszahlen zu lassen, werden vom Staat mit Förderung belohnt. Sie können die Umwandlungsbeiträge entweder brutto für netto auf das Betriebsrentenkonto fließen lassen, alternativ aber auch die Riester- oder Rürup-Förderung nutzen. War das Modell der Entgeltumwandlung früher überwiegend Führungskräften sowie außertariflich Beschäftigten vorbehalten, so steht es seit 2002 für alle Arbeitnehmer offen. So sehen es das 2001 verabschiedete Altersvermögensgesetz (AVmG) und das Betriebsrentengesetz (offiziell: „Gesetz zur Verbesserung der betrieblichen Altersversorgung") (BetrAVG) vor. Danach hat jeder Mitarbeiter einen Anspruch auf Entgeltumwandlung. Der Arbeitgeber ist verpflichtet, seinen Beschäftigten den Wunsch nach einer Lohn- und Gehaltsumwandlung zu erfüllen. Mitarbeiter können von ihrem Chef selbst gegen dessen Willen verlangen, einen Teil ihres Gehalts – und zwar bis zu 4 Prozent der Beitragsbemessungsgrenze in der Rentenversicherung – für eine spätere Betriebsrente auf die hohe Kante zu legen. Das sind im Jahr 2013 maximal 2.784 Euro. Spielen der Betrieb und auch der Tarifvertrag mit, können sogar höhere Beiträge auf das Betriebsrentenkonto fließen.

Besteht bereits eine durch Entgeltumwandlung finanzierte betriebliche Altersversorgung, werden geleistete Eigenbeiträge beim Rechtsanspruch auf Entgeltumwandlung angerechnet. Wer also beispielsweise bereits 1.000 Euro Gehalt für eine spätere Betriebsrente auf die hohe Kante legt, kann laut

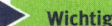 **Wichtig!**

Um zu verhindern, dass Arbeitnehmer Minibeträge ihres Gehalts umwandeln, hat der Gesetzgeber einen Mindestbetrag festgelegt, der jährlich angepasst wird. Danach können Arbeitnehmer ihr Recht auf Entgeltumwandlung nur nutzen, wenn sie im Jahr 2012 auf das Betriebsrentenkonto mindestens 196,88 Euro eingezahlt haben (oder exakt: ein 160stel der monatlichen Bezugsgröße nach § 18 Abs. 1 SGB IV). Das müssen aber nicht nur Eigenbeiträge sein. Bei Nutzung der Riester-Förderung werden auch die Zulagen auf diesen Mindestbetrag angerechnet.

Gesetz derzeit lediglich fordern, dass dieser Betrag um weitere 1.784 Euro aufgestockt wird. Geben der Arbeitgeber und die Tarifparteien ihre Zustimmung, sind auf freiwilliger Basis aber auch höhere Beiträge möglich.

Welche Gehaltsbestandteile für eine Betriebsrente umgewandelt werden können, regelt der jeweilige Tarifvertrag. Üblicherweise gehören außer Lohn oder Gehalt auch Sonderzahlungen wie Urlaubs- oder Weihnachtsgeld dazu. Auch bei vermögenswirksamen Leistungen (vL) haben Mitarbeiter vielfach die freie Wahl, ob sie die vL-Beiträge des Arbeitgebers zur Vermögensbildung oder für die neue geförderte Altersvorsorge nutzen. Entgeltumwandlung aus dem laufenden Monatsgehalt sehen vor allem Altersvorsorge-Tarifverträge jüngeren Datums vor.

Der Sparbetrag kann theoretisch in alle Vorsorgemodelle fließen, die nach dem Betriebsrentengesetz zulässig sind. Ist im Tarifvertrag kein Modell festgelegt, müssen sich Arbeitgeber und Arbeitnehmer einigen, wie und wo die Entgeltumwandlung durchgeführt werden soll. Die Entscheidung wird dann per Einzelvertrag oder Betriebsvereinbarung festgehalten. Dabei können die Mitarbeiter verlangen, dass ihnen eine Betriebsrente mit Riester-Zulagen angeboten wird. Bietet die Firma daraufhin eine Pensionskasse oder einen Pensionsfonds an, müssen sie dieses Modell akzeptieren. Wenn nicht, können sie zumindest auf Abschluss einer Direktversicherung bestehen.

Fünf Wege zur Betriebsrente

Es gibt fünf gesetzlich zugelassene Vorsorgemodelle für Betriebsrenten, die auch für die Entgeltumwandlung zur Auswahl stehen.
Sie werden auch „Durchführungswege" genannt, weil sie nur die
groben Rahmenbedingungen für die Geldanlage regeln, aber noch
nichts über die konkrete Anlageform oder die Höhe der angebotenen Rente aussagen. Solche Details hängen von den Anlagen oder
Produkten ab, in die das jeweilige Versorgungswerk investiert,
sowie vom jeweiligen Angebot des Arbeitgebers an seine Mitarbeiter (siehe hierzu die Übersicht auf Seite 30, „So wird das Geld bei
Betriebsrenten angelegt". Zur Auswahl stehen die Direktzusage
(Pensionszusage) vom Betrieb, die Unterstützungskasse, die Pensionskasse, die Direktversicherung oder Pensionsfonds.

■ **Direkt- oder Pensionszusage:** Bei der Pensionszusage verpflichtet sich das Unternehmen, seinen Mitarbeitern nach der Pen-
sionierung eine Rente zu zahlen – und haftet dafür mit seinem
Betriebsvermögen. Zur Finanzierung bildet der Betrieb Rückstellungen in der Bilanz, die den Gewinn schmälern und dem Betrieb
in der Ansparphase Steuerersparnisse bringen. In der Auszahlphase werden die Rückstellungen schrittweise aufgelöst und die
Renten entweder aus dem laufenden Geschäftsbetrieb oder den
dafür vorgesehenen Vermögensanlagen finanziert.
Da es für Direktzusagen weder eine staatliche Aufsicht noch
Anlagevorschriften gibt, hat der Arbeitgeber bei der Geldanlage
freie Wahl: Die Mittel können innerhalb der eigenen Firma investiert werden, als Beiträge in eine Lebensversicherung fließen
(sogenannte Rückdeckungsversicherung) oder mittels Investmentfonds an der Börse angelegt werden.
Für Arbeitnehmer liegt das größte Risiko einer Direktzusage
darin, dass der Betrieb pleitegehen könnte. Deshalb muss der
Arbeitgeber die Ansprüche seiner Mitarbeiter auf Betriebsrenten
beim Pensions-Sicherungs-Verein (PSV) gegen Konkurs absichern. Die Beiträge dafür zahlt allein der Arbeitgeber.

■ **Unterstützungskassen.** Auch bei der Unterstützungskasse haftet allein der Betrieb für die spätere Rente. Hier wickelt die Firma die Altersversorgung nicht selbst ab. Stattdessen beauftragt sie eine externe Unterstützungskasse – kurz „U-Kasse" genannt. U-Kassen sind im Grunde nur der „verlängerte Arm" des Arbeitgebers. Der muss dafür einstehen, wenn die liquiden Mittel nicht ausreichen, die versprochenen Renten zu zahlen.

Rechtlich sind U-Kassen selbstständige Versorgungseinrichtungen, die einem oder mehreren Unternehmen derselben Branche gehören. Sie unterliegen weder einer staatlichen Aufsicht noch haben sie spezielle Anlagevorschriften zu beachten. Eine sogenannte nicht rückgedeckte U-Kasse kann die Gelder daher am Kapitalmarkt anlegen, dem Arbeitgeber einen Teil davon als verzinsliches Darlehen zur Verfügung stellen oder das Geld in Investmentfonds investieren. Die meisten U-Kassen schließen jedoch eine Lebensversicherung ab, die für die Betriebsrenten später aufkommt (rückgedeckte U-Kasse). Zusätzlich sorgt der Gesetzgeber für Insolvenzschutz: Der Arbeitgeber muss – wie bei der Direktzusage – alle Rentenansprüche über den Pensions-Sicherungs-Verein absichern.

■ **Direktversicherung.** Vor allem kleinere Unternehmen bevorzugen bei der betrieblichen Altersversorgung meist den Abschluss von Direktversicherungen. Dabei schließt das Unternehmen per Einzel- oder Gruppenvertrag eine Rentenversicherung zugunsten seiner Mitarbeiter ab. Bezugsberechtigt sind der Arbeitnehmer und je nach Vertrag seine Hinterbliebenen. Das Modell ist bequem. Arbeitgeber müssen lediglich die Beiträge überweisen – alles Weitere erledigt die Versicherung. Sie zahlt später auch die Renten und zwar je nach Vertrag und Förderweg als einmalige Kapitalabfindung (überwiegend bei älteren Modellen) oder als lebenslange Monatsrente. Arbeitnehmer können die Police bei einem Arbeitgeberwechsel zudem oft problemlos mitnehmen oder den Vertrag bei Ausscheiden aus dem Betrieb mit eigenen Mitteln fortführen.

Direktversicherungen unterliegen der staatlichen Kontrolle durch die Bundesanstalt für Finanzdienstleistungsaufsicht (BaFin) sowie den strengen Anlagevorschriften für Versicherungen. Seit

So wird das Geld bei Betriebsrenten angelegt

Durchführungswege	Direktzusage	Unterstützungskasse	Direktversicherung	Pensionskasse	Pensionsfonds
Aufsicht	- keine Anlagevorschriften - keine gesetzliche Aufsicht	- keine Anlagevorschriften - keine gesetzliche Aufsicht	- unterliegt der Aufsicht durch die BaFin und den Anlagevorschriften des VAG	- unterliegt der Aufsicht durch die BaFin und den Anlagevorschriften des VAG	- unterliegt der Aufsicht durch die BaFin, aber freizügige Anlagevorschriften
Haftung/ Absicherung	- Betrieb haftet voll - Absicherung durch PSV	- Betrieb haftet voll - Absicherung durch PSV	- Leistungsrisiko liegt beim Versicherer - keine PSV-Absicherung	- Leistungsrisiko liegt bei Pensionskasse - keine PSV-Absicherung	- Leistungsrisiko beim Arbeitgeber, aber nur bis zur Höhe der Leistungszusage - Absicherung durch PSV
Leistung wie					
Kapitallebensversicherung	ja	ja	nein [1]	nein [1]	nein
Fondspolice	ja	nein	nein [1]	nein [1]	nein
Rentenpolice	ja	ja	ja [2]	ja [2]	ja
Fonds-Rentenpolice	ja	nein	ja [2]	ja [2]	ja
Investmentfonds-Auszahlplan	ja	ja (Unterstützungskasse ohne Rückdeckung)	nein	nein	ja
Auszahlung:					
als Kapitalsumme	ja	ja	nein [3]	nein [3]	nein
als Rente	ja	ja	ja	ja	ja

1) Nur bei Altverträgen mit Pauschalsteuer nach § 40b EStG möglich, 2) förderfähig nach § 10 a EStG oder § 3 Nr. 63 EStG sind nur Produkte, die den Anforderungen des AVmG entsprechen, 3) nur bei Altmodellen zulässig oder als Option zu Rentenbeginn

Einführung des staatlichen Sicherungsfonds für Versicherungen sind die garantierten Leistungen von Direktversicherungen zudem bei Zahlungsunfähigkeit deutscher Versicherer geschützt. Ein zusätzlicher Insolvenzschutz für den Arbeitgeber ist nicht vorgeschrieben.

■ **Pensionskassen.** Pensionskassen funktionieren wie Direktversicherungen – nur handelt es sich bei der Pensionskasse um ein Versicherungsunternehmen, das von der jeweiligen Firma oder überbetrieblich von einem oder mehreren Arbeitgebern gegründet wurde und nur deren Mitarbeitern offensteht. Seit Einführung des Altersvermögensgesetzes (AVmG) haben aber auch viele Lebensversicherer eigene Pensionskassen gegründet, die bundesweit für alle Unternehmen zugänglich sind.

Grundsätzlich unterliegen Pensionskassen den strengen Vorschriften des Versicherungsaufsichtsgesetzes (VAG). Auf eine PSV-Absicherung wird daher verzichtet. Bei Pensionskassen in der Rechtsform eines Versicherungsvereins auf Gegenseitigkeit (VVaG) können Arbeitnehmer Mitglied in der jeweiligen Pensionskasse werden und so über die Geschicke ihrer Betriebsrente mitbestimmen. Bei Pensionskassen in Rechtsform einer Aktiengesellschaft kommt Arbeitnehmern dagegen nur die passive Rolle des Versicherten zu. In beiden Fällen können Sie die Verträge jedoch mit eigenen Beiträgen fortführen, wenn Sie den Arbeitgeber wechseln oder aus anderen Gründen aus dem Betrieb ausscheiden.

■ **Pensionsfonds.** Pensionsfonds wurden mit der Rentenreform 2001 als fünftes Betriebsrentenmodell eingeführt. Sie unterliegen zwar der Aufsicht durch die BaFin. Als rechtlich selbstständige Versorgungseinrichtung können die Fonds jedoch stärker an der Börse investieren. Das soll eine deutlich höhere Rendite bieten als herkömmliche Betriebsrentenmodelle. Der Kick für höhere Renten birgt aber auch höhere Anlagerisiken. Denn die Fonds sind in der Auswahl ihrer Geldanlagen völlig frei. So können sie das ihnen anvertraute Geld – zumindest theoretisch – zu 100 Prozent in Aktien anlegen, aber auch Anleihen, Immobilien oder Genussrechte kaufen und dabei sogar bis zu 30 Prozent des Vermögens in Fremdwährungen investieren. In der Praxis decken

Pensionsfonds die garantierten Leistungen jedoch auch durch konservative, versicherungsähnliche Kapitalanlagen ab.

Um mögliche Anlagerisiken frühzeitig aufzudecken, werden Pensionsfonds – genau wie Direktversicherungen und Pensionskassen – regelmäßig sogenannten Stresstests unterzogen. Dabei wird geprüft, ob die Kapitalanlagen zur Deckung der Rentenverpflichtungen noch ausreichen – beispielsweise wenn die Börse absackt. Ist das nicht der Fall, kann die Aufsichtsbehörde regulierend eingreifen. Zusätzlich muss der Arbeitgeber die Rentenansprüche seiner Mitarbeiter beim Pensionsfonds über den Pensions-Sicherungs-Verein für den Fall der Insolvenz absichern.

Garantien der Arbeitgeber

Wie viel Rente Mitarbeitern im Alter sicher ist, hängt bei der betrieblichen Altersversorgung nicht allein vom Versorgungswerk ab. Großen Einfluss hat auch die Versorgungszusage des Arbeitgebers. Denn unabhängig davon, welchen Durchführungsweg das Unternehmen wählt, gilt: Kann das Versorgungswerk die versprochenen Leistungen nicht erbringen, ist letztlich der Betrieb in der Pflicht. Er muss die Leistungen notfalls aus eigenen Mitteln aufstocken, und zwar bis zur Höhe der von ihm erteilten Versorgungszusage.

■ **Die Leistungszusage.** Bei der klassischen, allein vom Arbeitgeber finanzierten Betriebsrente ist es bislang üblich, den Mitarbeitern eine – schon vorab kalkulierbare – Rente für das Alter zuzusagen. Wie hoch sie ausfällt, ist bei dieser sogenannten Leistungszusage von Fall zu Fall verschieden und richtet sich auch nach der Finanzkraft des Arbeitgebers. Üblich sind folgende Berechnungsvarianten: Entweder Arbeitnehmer bekommen pro Jahr Betriebszugehörigkeit einen festen Betrag als Rente oder der Arbeitgeber gewährt pro Jahr Betriebszugehörigkeit einen

bestimmten Prozentsatz vom Einkommen als Rente, zum
Beispiel 0,5 Prozent des jährlichen Bruttogehalts. Wie viel
das in Euro und Cent ausmacht, hängt dann nicht nur von
der Dauer der Betriebszugehörigkeit, sondern auch von
der Gehaltsentwicklung ab.

■ **Beitragsorientierte Leistungszusage.** Bei der beitrags-
orientierten Leistungszusage legt der Betrieb zunächst
lediglich fest, wie viel Geld er pro Mitarbeiter für die Betriebsrente aufwenden will. Anschließend wird dieser Betrag – mithilfe finanzmathematischer Tabellen und eines
kalkulatorischen Mindestzinses – in einen Rentenbaustein
umgerechnet. Die spätere Rente des Mitarbeiters ergibt
sich dann aus der Summe der Rentenbausteine, die er
während der Dauer seiner Betriebszugehörigkeit insgesamt erhalten hat.

■ **Beitragszusage mit Mindestleistung.** Bei dieser Variante
verpflichtet sich der Arbeitgeber lediglich, Beiträge zur
Finanzierung der Betriebsrente an das jeweilige Versorgungswerk abzuführen. Wie hoch die Betriebsrente
später ausfällt, ist bei dieser Zusageform nicht Sache des
Arbeitgebers, sondern hängt vom Anlageerfolg des ausgewählten Versorgungswerks ab. In der Praxis bedeutet das:
Das Risiko einer unzureichenden Verzinsung ihrer Einzahlungen und damit einen Großteil des Anlagerisikos tragen
allein die Arbeitnehmer. Und zwar nicht nur in der Anspar-,
sondern auch in der Rentenphase. Denn der Arbeitgeber
braucht sich bei der Beitragszusage mit Mindestleistung
später auch nicht um jährliche Rentenerhöhungen zu kümmern. Er muss lediglich dafür sorgen, dass bei Rentenbeginn mindestens die Summe der eingezahlten Beiträge als
„garantierte Mindestleistung" zur Verfügung steht. Ist mit
der Betriebsrente auch eine Hinterbliebenenabsicherung
oder ein Erwerbsunfähigkeitsschutz verbunden, darf der
Arbeitgeber die Kosten dafür von der garantierten Mindestleistung abziehen. Beitragszusagen mit Mindestleistung sind nur bei Direktversicherungen, Pensionskassen
sowie Pensionsfonds zulässig.

■ **Rentenanpassung.** Um die Kaufkraft der Betriebsrente zu erhalten, müssen die laufenden Betriebsrenten alle drei Jahre an die Steigerung der Lebenshaltungskosten angeglichen werden. Alternativ kann sich das Unternehmen auch verpflichten, laufende Betriebsrenten jedes Jahr automatisch um 1 Prozent zu erhöhen. Wird die Betriebsrente über einen versicherungsförmigen Durchführungsweg, wie Direktversicherung oder Pensionskasse, durchgeführt, kann auch vereinbart werden, dass die ab Rentenbeginn erwirtschafteten Überschusserträge zur Rentenerhöhung genutzt werden. Dann muss nicht länger die Firma für die Rentenerhöhung geradestehen. Bei einer Beitragszusage mit Mindestleistung ist der Arbeitgeber dagegen von vornherein nicht verpflichtet, die späteren Renten zu erhöhen. Hier hängt es ganz vom Tarif und der Leistungskraft des Versorgungswerks ab, ob und wie viel Rentenerhöhung es später gibt.

So fördert der Staat die betriebliche Altersvorsorge

Verzichten Mitarbeiter zugunsten einer späteren Betriebsrente auf Teile ihres Gehalts, haben sie nicht nur die Wahl zwischen verschiedenen Betriebsrentenmodellen. Sie können zusätzlich auch noch zwischen vier verschiedenen Förderwegen wählen, die zum Teil sogar miteinander kombiniert werden können. Das sind:

1. betriebliche Riester-Förderung,
2. Rürup-Rente,
3. steuerfreie Bruttolohnumwandlung,
4. pauschal versteuerte Entgeltumwandlung – sofern der Vertrag schon vor 2005 abgeschlossen wurde und fortgeführt wird.

■ **Entgeltumwandlung mit Riester-Förderung.** Die Gehaltsumwandlung nach Riester funktioniert im Prinzip genau wie die Privatvorsorge: Die Beiträge müssen zunächst aus dem Nettoeinkommen auf das Betriebsrentenkonto gezahlt werden. Etwaige

Steuervorteile gibt es erst mit der nachfolgenden Steuererklärung. Und auch die Höhe der geförderten Beitragszahlung ist
begrenzt: Seit 2008 wird ein Umwandlungsbetrag von maximal
2.100 Euro gefördert. In der Praxis spielt die betriebliche Riester-
Förderung jedoch kaum eine Rolle, weil Riester-Verträge in der
Verwaltung meist teurer als die anderen Förderwege sind.

■ **Betriebsrente nach Rürup:** Auch die Gehaltsumwandlung nach
Rürup funktioniert wie die private Basisrente. Die Beiträge müssen aus dem Nettoeinkommen eingezahlt werden, etwaige Steuervorteile gibt es erst mit der nachfolgenden Steuererklärung zurück. Zudem müssen die betrieblichen Rürup-Verträge dieselben
Kriterien erfüllen wie ein privater Rürup-Vertrag. Das bedeutet:
Die Verträge sind vergleichsweise unflexibel. In der Praxis spielt
die betriebliche Rürup-Rente daher kaum eine Rolle.

■ **Steuerfreie Bruttolohnumwandlung.** Bei der Bruttolohnumwandlung verzichten Arbeitnehmer auf die Auszahlung eines Teils
ihres Bruttogehalts, das dann steuer- und sozialabgabenfrei auf
das Betriebsrentenkonto fließt. Gefördert werden Einzahlungen
bis zu 4 Prozent der Beitragsbemessungsgrenze Rentenversicherung. Das waren im Jahr 2013 umgerechnet 2.784 Euro. Der
Betrag kann um weitere 1.800 Euro aufgestockt werden, sofern
keine alte, pauschal versteuerte Direktversicherung mehr besteht. Der Aufstockungsbetrag ist aber nur steuer-, nicht sozialabgabenfrei.

Darüber hinaus können höhere Beiträge in die Betriebsrente
fließen als bei der Zulagenförderung. Denn der förderfähige
Höchstbetrag für die Entgeltumwandlung steigt von Jahr zu Jahr
mit der Beitragsbemessungsgrenze. Allerdings ist die spätere
Betriebsrente nicht nur steuerpflichtig. Wer in der gesetzlichen
Krankenversicherung versichert ist, muss auf die Betriebsrente
später den vollen Kranken- und Pflegeversicherungsbeitrag
zahlen – und zwar den Arbeitgeber- und den Arbeitnehmeranteil.
Nach geltendem Recht gehen dann 15,5 Prozent für Krankenversicherung und 2,05 bis 2,3 Prozent (je nachdem, ob der Betriebsrentner Kinder hat oder nicht) allein für Sozialabgaben weg.

■ **Auswirkungen auf Lohnersatzleistungen.** Die steuerfreie Entgelt-
umwandlunghat zudem auch Auswirkungen auf die gesetzliche

Rente sowie auf die Höhe der Ansprüche auf Kranken- oder Arbeitslosen-geld. Diese Lohnersatzleistungen werden grundsätzlich nur auf Basis des abgabenpflichtigen Gehalts berechnet. Solange ein Teil Ihres Gehalts sozialabgabenfrei auf das Betriebsrentenkonto fließt, bekommen Sie deshalb im Ernstfall etwas weniger Kranken- oder Arbeitslosengeld als bei der Entgeltumwandlung mit Riester-Zulage. Diese Abstriche bei Kranken- und Arbeitslosengeld sollten vor allem Familien bei der Wahl des Förderwegs in ihre Überlegungen einbeziehen.

Da zudem etwas weniger Beitrag auf das staatliche Rentenkonto fließt, fällt auch die Rente vom Staat deutlich niedriger aus. Das gilt übrigens auch für die gesetzliche Erwerbsminderungsren-te und bei Rehabilitation. Sofern der Arbeitgeber die Beiträge seiner Mitarbeiter zur Entgeltumwandlung nicht durch einen Zu-schuss aus der Firmenkasse kräftig aufstockt, lohnt sich Entgelt-umwandlung für gesetzlich Krankenversicherte daher nicht!

■ **Pauschal versteuerte Entgeltumwandlung.** Viele Arbeitnehmer besitzen noch aus früheren Jahren eine pauschal versteuerte Direktversicherung. Dieser Altvertrag kann meist mit Pauschal-steuer fortgeführt werden. Das ist sogar bei einem Arbeitgeber-wechsel möglich, wenn der Vertrag mitgenommen werden kann oder das Kapital im Zuge des sogenannten Übertragungs-abkommens des Gesamtverbands der Deutschen Versicherungs-wirtschaft auf eine Direktversicherung beim neuen Arbeitgeber übertragen wird. In diesem Fall werden Einzahlungen bis 1.752 Euro im Jahr – in Ausnahmefällen bis 2.148 Euro – mit 20 Prozent Pauschalsteuer (plus Solidaritätszuschlag und Kir-chensteuer) gefördert. Wird der Jahresbeitrag als Einmalzahlung vom Weihnachts- oder Urlaubsgeld abgezweigt, müssen auch keine Sozialabgaben darauf gezahlt werden.

Das große Plus bei der Nutzung der Pauschalsteuer zeigt sich im
Alter. Während eine mit Riester-Förderung oder aus steuerfreier
Entgeltumwandlung angesparte Betriebsrente im Alter voll steuerpflichtig ist, bleiben die Auszahlleistungen bei einer pauschal
versteuerten Betriebsrente weitgehend steuerfrei. Wer sich für die
Kapitalabfindung bei Rentenbeginn entscheidet, muss überhaupt
keine Steuern darauf zahlen, sofern der Vertrag mehr als zwölf
Jahre lief. Soll die Betriebsrente als lebenslange Rente fließen,
muss nur der sogenannte Ertragsanteil versteuert werden. Dessen
Höhe hängt vom Alter bei Rentenbeginn ab. Bei Rentenbeginn mit
65 Jahren zählen nur 18 Prozent der Rente zum steuerpflichtigen
Einkommen. Das macht die Fortführung der pauschal versteuerten
Direktversicherung für alle attraktiv, deren Rente infolge des Alterseinkünftegesetzes (AltEinkG) künftig voll steuerpflichtig sein wird
oder die andere steuerpflichtige Zusatzeinnahmen im Alter erwarten können. Gesetzlich Krankenversicherte müssen allerdings auch
hier einkalkulieren, dass die Auszahlung voll kranken- und pflege-
versicherungspflichtig ist – egal, ob sie sich für eine einmalige Kapitalabfindung oder die Rentenleistung entscheiden.

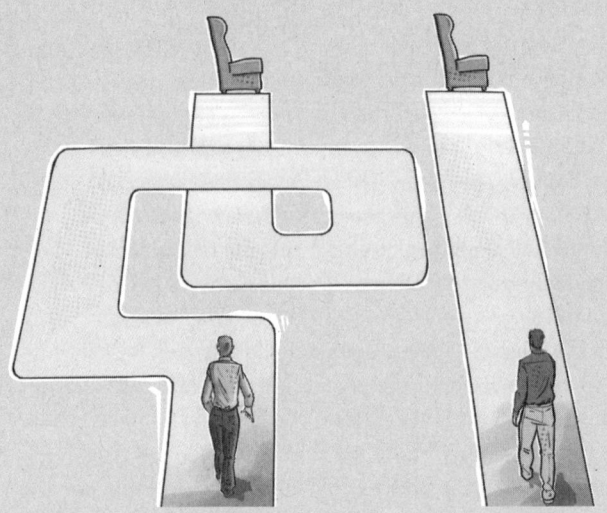

2 Gut geplant ist halb gewonnen

Nur wer selbst vorsorgt, entgeht auch künftig dem Armutsrisiko und kann im Alter seinen bisherigen Lebensstandard aufrecht erhalten. Deshalb unterstützt der Staat alle Bürger, die sich eine private oder betriebliche Zusatzrente aufbauen. Erklärtes Ziel dabei: Das Einkommen der Rentner von morgen soll aus mehreren Bausteinen bestehen. Als Fundament oder erste Schicht gilt weiterhin die gesetzliche Rente oder eine ihr gleichgestellte **Basisvorsorge** – im Volksmund „Rürup-Rente" genannt. Aufgestockt wird das Fundament durch eine **kapitalgedeckte Zusatzvorsorge,** also eine zusätzliche private oder betriebliche Vorsorge, wobei der Staat den Aufbau dieser zweiten Schicht des Alterseinkommens mit Zulagen und/oder Steuervorteilen fördert. Wer genügend finanziellen Spielraum hat, kann eine ungeförderte private Altersvorsorge, also **Kapitalanlageprodukte** als Sahnehäubchen obendrauf setzen. Für den Aufbau dieser dritten Schicht spendiert der Staat zwar in der Ansparphase keinen Cent. Dafür sind die späteren Auszahlleistungen bisweilen steuergünstig.

Ob und welche Form der Förderung sich im Einzelfall lohnt, muss jeder Vorsorgesparer selbst entscheiden. Es gilt also, erst einmal eine passende Strategie für die Altersvorsorge zu entwickeln. Am Anfang steht ein Kassensturz – wie hoch werden die Monatseinnahmen im Alter voraussichtlich sein, welche Steuerlast ist zu erwarten, wie sieht es mit dem Krankenversicherungsstatus (gesetzlich pflichtversichert, freiwillig versichert, privat versichert) im Alter aus? Anschließend sollte jeder prüfen, ob die bisher erworbenen staatlichen und privaten Rentenansprüche ausreichen, den gewohnten Lebensstandard im Alter zu halten oder wenigstens die notwendigen Ausgaben zu decken. Dann geht es an die Schließung vorhandener Lücken. Dafür sind individuelle Berechnungen nötig, welche Form der Altersvorsorge die sinnvollste ist. Im ersten Schritt sollte immer geprüft werden, ob sich die Riester-Rente lohnt. Das

Kapital-anlage-produkte
Die dritte Schicht umfasst Produkte, die der Altersvorsorge dienen können, aber nicht müssen. Dazu gehören Zinspapiere, Aktien, Investmentfonds, Immobilien und andere Formen der Geldanlage sowie ungeförderte Renten- und Kapitallebensversicherungen

Kapitalgedeckte Zusatzvorsorge
Um ein ausreichendes Alterseinkommen zu erreichen, soll die Basisvorsorge durch eine geförderte Zusatzvorsorge aufgestockt werden. Zur Auswahl stehen die private Riester-Rente und/ oder die betriebliche Altersvorsorge sowie ggf. eine ergänzende Rürup-Rente

Basisvorsorge
Grundlage des späteren Alterseinkommens soll die gesetzliche Rente oder die Rente einer berufsständischen Versorgungseinrichtung bilden. Für Selbstständige kann auch die neue Rürup-Rente als Basisvorsorge dienen.

Das Drei-Schichten-Modell der Altersvorsorge

Modell ist aufgrund der hohen Kinderzulagen vor allem für Familien geeignet, doch auch Singles profitieren. Zudem gilt: Wer wenig Zulagen bekommt, profitiert vom zusätzlichen Steuervorteil.

Die spätere Riester-Rente ist allerdings in voller Höhe steuerpflichtig. Gutverdiener müssen deshalb mit spitzem Bleistift rechnen, ob sich der Fördervorteil für sie auch langfristig auszahlt. Wer sein Alterseinkommen zu einem Großteil aus steuerpflichtigem Vermietungseinkünften bestreitet oder bereits über eine hohe betriebliche Zusatzrente verfügt, fährt mit ungeförderten Vorsorgeprodukten eventuell besser. Seit der Staat die bisherigen Steuerfreibeträge für Ruheständler zügig abschmilzt und die Rente stärker besteuert, können Vorsorgesparer nicht mehr automatisch davon ausgehen, im Alter mit einem niedrigeren Steuersatz zur Kasse gebeten zu werden.

Vorsorgesparer kommen daher nicht umhin, genau abzuwägen, ob sie steuerliche Erleichterungen eher in der Ansparphase benötigen, weil sie den Sparaufwand dann besser bestreiten können, oder ob sie Steuererleichterungen lieber in die Rentenphase legen, weil ihnen dann vielleicht ein höheres Nettoeinkommen im Alter bleibt. Ähnlich sieht es auch mit dem Sozialversicherungsstatus im Alter aus. Wer auch als Rentner zu den Pflichtversicherten in der gesetzlichen Krankenkasse zählt, wird bei Betriebsrenten zum Beispiel überproportional zur Kasse gebeten. Sie fahren daher netto mit einer privaten Riester-Rente oder einer ungeförderten Rente besser, weil diese nicht mit Krankenversicherungsbeiträgen belastet werden. Umgekehrt spielt die Abgabenlast bei allen, die auch als Rentner zu den freiwillig Versicherten der GKV zählen, keine Rolle. Sie müssen sowieso auf alle Einnahmen bis zur Beitragsbemessungsgrenze Krankenversicherungsbeiträge zahlen. Bei privat Krankenversicherten hängt der Beitrag dagegen nur vom Tarif, nicht vom Einkommen ab. Kurz: Sie können netto von der Betriebsrente stärker profitieren, sofern der Betrieb dafür einen kostengünstigen Kollektivtarif ausgewählt hat. In allen Fällen gilt jedoch: Entscheidend für eine bestmögliche Altersvorsorge ist ein vernünftiges Verhältnis zwischen Aufwand und Ertrag. Vorsorgesparer sollten deshalb erst den optimalen Förderweg wählen und dann entscheiden, welches

Produkt zu den persönlichen Zielen im Ruhestand passt und zugleich ein gutes Preis-Leistungs-Verhältnis aufweist. Dabei gilt es auch, die Vertragskosten kritisch im Blick zu behalten.

So kalkulieren Sie Ihren Vorsorgebedarf

Ob Sie im Alter genügend Geld zur Verfügung haben, hängt unter anderen von Ihren individuellen Ansprüchen und Ihren Vorsorgezielen sowie von der Rendite der jeweiligen Anlageform ab. Am Anfang stehen daher immer ein Kassensturz und eine Analyse der persönlichen Lebensziele:

- Wie viel Vermögen ist vorhanden?
- Wie hoch wird der Wert meines Vermögens bei Rentenbeginn sein?
- Wie viel Geld werde ich im Alter benötigen?
- Wann soll die Wunschrente zur Verfügung stehen?

An den Antworten auf diese Fragen können Sie erkennen, ob eine Versorgungslücke vorliegt und wie viel Kapital Sie voraussichtlich benötigen, um sie zu schließen. Dabei werden Sie schnell feststellen: Wie die Antworten auf die vier Fragen ausfallen, hängt auch von Ihrer familiären und beruflichen Situation sowie den allgemeinen Lebensumständen ab.

Familiäre Situation

Sind Sie alleinstehend und beabsichtigen, dies auch zu bleiben, müssen Sie nur sich selbst versorgen. Ihre Planung dürfte sich daher eher übersichtlich gestalten. Schließlich kennt niemand Ihre laufenden Ausgaben und die materiellen Wünsche, die Sie für ein Leben im Ruhestand haben, besser als Sie selbst.

Über das eigene Wohl hinaus müssen Ihre Überlegungen jedoch gehen, wenn Sie sich bereits in der Phase der Familiengründung befinden oder diese sogar schon einige Zeit zurückliegt. Berufstätigen Paaren stellt sich die Frage, wie viel jeder Partner zur gemeinsamen Alterskasse beitragen kann. Auch der Trauschein spielt eine entscheidende Rolle: Nur Ehepaare können beim Tod eines Partners Witwen-/Witwerrente beziehen (siehe hierzu auch Kapitel 9, Seite 249, „Todesfallrisiko"). Unverheiratete sind dagegen nach dem Verlust des Partners auch finanziell auf sich allein gestellt. Das gilt übrigens nicht nur für Renten vom Staat. Auch bei Betriebs-, Riester- und Rürup-Renten ist primär immer nur der angeheiratete Partner abgesichert, Lebensgefährten dagegen nur in Ausnahmefällen. Deshalb sollten Sie schon bei Abschluss des Vertrags prüfen, wie der Hinterbliebenenschutz im Einzelfall geregelt ist.

Sind Kinder vorhanden oder zumindest fest geplant, sollten Sie prüfen, ob diese aller Voraussicht nach bei Ihrem Rentenbeginn finanziell auf eigenen Füßen stehen oder zum Beispiel als Studierende noch unterstützt werden müssen. Dadurch könnte sich der Finanzbedarf im Alter zumindest anfänglich wesentlich erhöhen. Klärungsbedarf bei der Altersvorsorge besteht auch bei vielen Frauen, die nach Jahren der Kindererziehung wieder ins Erwerbsleben zurückkehren wollen. In Scheidungsfällen sollte das Versorgungsniveau der Ehefrau im Alter ermittelt werden. Das schließt auch einen Blick auf die vom Ex-Ehepartner zu erwartenden Zahlungen oder die im Ernstfall zu übertragenden Vorsorgeansprüche ein.

Berufliche Situation

Das erreichbare Versorgungsniveau und der sich daraus ergebende Bedarf für eine zusätzliche private Altersvorsorge werden ganz entscheidend durch die Art Ihrer beruflichen Tätigkeit bestimmt. Diese gibt in der Regel vor, ob und wenn ja, in welcher Form und Höhe Sie später eine Grundversorgung erwarten können. Als Arbeiter oder Angestellter bleibt Ihnen keine Wahl: Sie gehören zu den sogenannten Pflichtversicherten und müssen Monat für Monat Ihren Obolus, zu dem der Arbeitgeber die Hälfte beisteuert, an die gesetzliche Rentenversicherung entrichten. Ihr Versorgungsniveau wird deutlich niedriger liegen als das der heutigen Rentner und kaum noch ausreichen, den Lebensstandard zu sichern. Private Zusatzvorsorge ist daher unerlässlich – und zwar schon allein für den Existenzbedarf.

Beamte bewegen sich dagegen in einem völlig anders strukturierten staatlichen Versorgungssystem. Der wichtigste Unterschied: Sie zahlen während ihrer Tätigkeit keinerlei Rentenversicherungsbeiträge und erhalten im Ruhestand dennoch im Vergleich zu Arbeitern und Angestellten beachtliche Pensionen, deren Höhe sich nach dem letzten – und in der Regel auch höchsten – Gehalt der Beschäftigungszeit und den geleisteten Dienstjahren richtet. In der Spitze betrug die Pension in der Vergangenheit 75 Prozent des letzten Bruttogehalts, und zwar nach 40 Dienstjahren. Allerdings stehen auch hier – wie bei der gesetzlichen Rentenversicherung – die Zeichen auf Abbau. So wurde das Versorgungsniveau der Beamten bereits auf einen Maximalwert von 71,75 Prozent des letzten Bruttogehalts heruntergefahren. Weitere Anpassungen analog zu den Absenkungen bei der gesetzlichen Rente sind geplant, vereinzelt auch schon umgesetzt. Im Gegenzug hat der Gesetzgeber aber auch Beamten den anfangs noch verwehrten Weg in die staatlich geförderte Privatrente eröffnet. Die Riester-Rente soll die Lücke schließen, alternativ darf es auch eine Rürup-Rente sein.

Wieder anders sieht es bei Selbstständigen aus. Freiberufler wie Ärzte, Rechtsanwälte und Notare, Architekten und Apotheker sind in der Regel nicht Mitglied der gesetzlichen Rentenversicherung, sondern zahlen Beiträge in spezielle berufsständische Versorgungswerke ein. Deren Zukunftsaussichten sind aufgrund der günstigen Versichertenstruktur oft besser als die der gesetzlichen Rentenversicherung. Andere Selbstständige, wie Handwerker, Künstler und Publizisten, zählen dagegen zu den gesetzlich Pflichtversicherten in der staatlichen Rentenversicherung. Wieder andere sind gar

Wichtig!

Falls Sie zur Gruppe der (bislang) nicht abgesicherten Selbstständigen zählen, sollten Sie einkalkulieren, dass Ihnen der Staat eventuell sogar Daumenschrauben anlegt. Weil infolge der Arbeitsmarktveränderungen immer mehr Bürger durch das soziale Netz zu rutschen drohen, wird längst überlegt, kleinere Selbstständige ohne Vorsorge demnächst als Pflichtversicherte in die gesetzliche Rentenversicherung aufzunehmen. Das muss aber kein Beinbruch sein. Bei anhaltender Niedrigzinsphase können Sie vom Staat wahrscheinlich eine bessere Absicherung erwarten als von privaten Versicherern. Denn die „Rendite" der gesetzlichen Rentenversicherung liegt schon seit Jahren kontinuierlich bei ca. 3 Prozent. Die garantierte Rendite vom Versicherer ist dagegen momentan deutlich niedriger.

nicht abgesichert. Für sie wurde – neben der komplett auf eigene Faust betriebenen Vorsorge – zwar die Rürup-Rente konzipiert. Oft kann es aber sinnvoller sein, sich auf Antrag bei der gesetzlichen Rentenversicherung pflichtversichern zu lassen oder freiwillige Beiträge zur gesetzlichen Rentenversicherung zu zahlen. Denn aufgrund der anhaltenden Niedrigzinsphase bietet die Rente vom Staat oft mehr garantierte Leistung als private Versicherungen. Das gilt auch für geförderte Privattarife.

Weitere Einflussfaktoren

Lässt sich Ihre zukünftige Versorgungssituation kaum einschätzen, weil Zeiten längerer Arbeitslosigkeit nicht auszuschließen sind, sollten Sie sich beim Aufbau Ihrer Altersvorsorge eine weitere Frage stellen: Wie wird das angesparte Kapital behandelt, wenn Sie nach einem Jahr Arbeitslosigkeit nur noch Arbeitslosengeld II beziehen?

Bevor Sie diese Hilfe erhalten, muss – so sieht es das als „Hartz IV" bezeichnete Gesetz vor – erst das „Eingemachte" verwertet werden. Nur noch 150 Euro pro Lebensjahr dürfen auf der hohen Kante liegen, höchstens 9.750 bis 10.050 Euro – je nach Geburtsjahrgang. Ein schwacher Trost für Ehepaare: Der Freibetrag wird für jeden Partner berücksichtigt. Hinzu kommt für jede zum Haushalt gehörende Person (auch Kinder) ein Freibetrag für „notwendige Anschaffungen" in Höhe von 750 Euro.

Liegt Ihr Vermögen über dem persönlichen Grundfreibetrag, erhalten Sie erst dann Arbeitslosengeld II, wenn Sie Ihr Vermögen so weit verbraucht haben, dass es unterhalb der Freibeträge liegt. Dafür müssen Sie bestehende Kapitalanlagen, Sparverträge und Kapitalversicherungen grundsätzlich auflösen. Allerdings werden nicht alle Anlagen gleich behandelt. Eindeutig im Vorteil sind beispielsweise die staatlich geförderten Riester-Verträge und die Rürup-Rente. Sie sind in der Ansparphase bis zum Förderhöchstbetrag vor einem Zugriff geschützt. Das gilt auch für Betriebsrenten, bei denen Sie keinen Zugriff auf das angesparte Kapital haben, sondern lediglich Versorgungsansprüche erwerben. Völlig außen vor ist außerdem das in selbst genutzten Immobilien angelegte Vermögen. Nur bei überdimensionierten Wohnungen könnte es Probleme mit dem Arbeitslosengeld geben.

Vorsorgevermögen und Arbeitslosigkeit

Einen Freibetrag von weiteren 750 Euro pro Lebensjahr (maximal 48.750 bis 50.250 Euro je nach Geburtsjahrgang) gibt es für alle Vorsorgeprodukte, bei denen eine Verwertung vor dem Eintritt in den Ruhestand gar nicht möglich ist. Dazu zählt auch eine private Rentenversicherung, für die kein Kapitalwahlrecht vereinbart wurde, oder eine Kapitallebensversicherung, für die Versicherungsnehmer und Versicherung vertraglich vereinbart haben, dass eine Verwertung vor dem Ruhestand ausgeschlossen ist (Verwertungsausschluss nach § 168 Abs. 3 des Versicherungsvertragsgesetzes). In „normalen" Lebensversicherungsverträgen steht eine solche „Hartz-Klausel" nicht. Versicherungsnehmer müssen sie extra hineinschreiben lassen.

Krankenversicherung

Von Ihrer beruflichen Situation und der Höhe Ihres Einkommens hängt aber nicht nur die Einnahmenseite, sondern auch ein wichtiger Kostenfaktor im Alter ab: die Krankenversicherung. Denn auch als Rentner müssen Sie weiterhin Beiträge zahlen. Für Mitglieder der gesetzlichen Krankenversicherung liegt der Beitragssatz 2013 durchschnittlich bei 15,5 Prozent der Rente. Was die gesetzliche Rente angeht, belastet jedoch nur etwas mehr als die Hälfte des Beitrags das private Budget, da die Rentenkasse die andere Hälfte zuschießt. Allerdings müssen auch Rentner den nur von Versicherten erhobenen Beitragsaufschlag in Höhe von 0,9 Prozent für Zahnersatz und Krankengeld allein tragen. Der von Rentnern allein zu schulternde Beitragsanteil an den Krankerversicherungs- beiträgen macht daher 2013 exakt 8,2 Prozent aus. Hinzu kommt der Beitrag zur Pflegepflichtversicherung von 2,05 Prozent (bzw. 2,3 Prozent für Kinderlose). Wer eine betriebliche Versorgung be- zieht, muss seit dem 1. Januar 2004 allerdings den vollen Kranken- und Pflegeversicherungsbeitrag von 17,5 bis 17,8 Prozent (Arbeit- nehmer- und Arbeitgeberanteil) aus eigener Tasche zahlen.

> **❗ Achtung!**
>
> Überschreiten Sie die Grenze für sozialabgabenfreie Versorgungsbezüge von 134,75 Euro nur ein einziges Mal im Jahr oder auch nur um einen Euro, entfällt die Abgabenfrei- heit. Dann müssen Sie auf die Betriebsrente ab dem ersten Euro Kranken- und Pflegeversicherungsbeitrag zahlen.

Das Gleiche gilt unter Um- ständen für Riester-Renten, die mit vermögenswirksamen Leistungen des Arbeitgebers aufgebaut werden. Einzige Ausnahme: Ist das Zubrot aus der Betriebsrente im Alter nur mager und macht nicht mehr als ein Zwanzigstel des Durch- schnittseinkommens (exakt: ein Zwanzigstel der sogenannten Bezugsgröße im Sozialversicherungsrecht) aus, tasten die Sozial- versicherungsträger die Betriebsrente nicht an. Das gilt seit 2013 für alle Arbeitnehmer, deren Versorgungsbezüge (samt eventuellem Arbeitseinkommen) insgesamt nicht mehr als 134,75 Euro im Monat ausmachen.

Wenn Sie als Rentenbezieher privat krankenversichert sind, wird die Betriebsrente zwar nicht extra belastet, denn der Beitrag zur privaten Krankenversicherung hängt nicht von der Einkommenshöhe ab. Dennoch ändert sich auch für Sie im Alter einiges. Der gesetz- liche Rentenversicherer zahlt zwar einen Zuschuss zu Ihrer privaten Versicherung – aber nur in Höhe jenes staatlichen Anteils, den er für gesetzlich Pflichtversicherte mit gleicher Rentenhöhe aufbringen müsste. In den meisten Fällen bedeutet das: Der Zuschuss zur Privat- versicherung sinkt im Alter und deckt oft nur noch einen Bruchteil der tatsächlichen Beitragskosten ab. Gerade die private Krankenversi- cherung wird im Alter zunehmend zu einer teuren Angelegenheit, da Prämien dann oft wesentlich über den Sätzen der gesetzlichen Versicherung liegen. Abhilfe kann da nur der Wechsel in den speziell für Rentner entwickelten Standardtarif der privaten Krankenkassen oder in den 2009 eingeführten Basistarif der Versicherer schaffen, dessen Prämie den Höchstbeitrag in der gesetzlichen Krankenversicherung nicht überschreiten darf. Mit der Sonderbehandlung ist es dann allerdings vorbei: Im Basistarif werden nur noch die Standardleistungen gewährt – wie in der gesetzlichen Versicherung.

Ihr Bedarf im Alter

Einfluss auf Ihren Vorsorgebedarf haben zudem Ihre Ansprüche an das Leben im Ruhestand (siehe dazu auch die Checkliste auf Seite 55 ff.). Vor allem Ihre Wohnbedürfnisse und die Frage, wann Sie den Job an den Nagel hängen wollen, bestimmen die zu erwartenden Ausgaben. Streben Sie den Erwerb Ihrer eigenen vier Wände an oder haben Sie dieses Ziel bereits erreicht, sollten die Schulden bei Rentenbeginn möglichst getilgt sein.

Ist der Erwerb von Wohneigentum für Sie kein Thema, werden Miete plus Nebenkosten im Alter wahrscheinlich die größte laufende Ausgabenposition sein. Die konkrete Miethöhe lässt sich langfristig nicht verlässlich kalkulieren. Tendenziell dürfte die Mietbelastung jedoch steigen, da inflationsbedingte Preissteigerungen regelmäßig auch die Mieten in die Höhe treiben. Außerdem werden die Mietnebenkosten, insbesondere die Ausgaben für Heizung, Strom und Warmwasser, wohl ebenfalls weiter steigen.

Vorzeitiger Ruhestand

Wenn Sie schon vor der offiziellen gesetzlichen Altersgrenze in den Ruhestand treten möchten – und keine Angebote vom Betrieb, wie etwa Altersteilzeitlösungen oder Arbeitszeitkonten, dafür nutzen können –, müssen Sie unter Umständen ein paar Jahre ohne Einnahmen allein durch Erträge aus Vermögen überbrücken. Grund dafür sind die Rentenreformen der letzten Jahre: Die Rente mit 60 – für Frauen oder nach Arbeitslosigkeit – gibt es für Jüngere nicht mehr. Selbst eine Altersrente mit Abschlägen können alle nach 1952

Geborenen frühestens mit 63 Jahren erhalten. Wer bis dahin nicht 35 anrechnungsfähige Jahre in der Rentenversicherung vorweisen kann, muss schlimmstenfalls sogar bis 67 warten, bevor er seine Rente erhält. Das alles muss beim Wunsch nach einem frühzeitigen Ruhestand einkalkuliert werden.

Um Ihr Ziel zu erreichen, müssen Sie daher schon während des Erwerbslebens längere Zeit unter Ihren finanziellen Möglichkeiten leben. Eiserne Spardisziplin ist selbst bei Spitzenverdienern unerlässlich. Denn wer den Job schon mit 55 oder 60 Jahren an den Nagel hängen will, muss nicht nur die Zeit bis zum Bezug der Altersrente komplett mit Einkünften aus eigenem Vermögen überbrücken. Weil er vorzeitig aussteigt, fehlen ihm auch wichtige Beitragsjahre für die Altersrente. Dieser Fehlbetrag muss ebenfalls ausgeglichen werden. Die wichtigste Frage lautet daher: Wie viel Geld benötigen Sie, um fünf oder zehn Jahre davon zu leben – und bleibt anschließend noch genug übrig, dass Sie es sich auch im gesetzlichen Rentenalter gut gehen lassen können?

Wenn Sie keinen vorzeitigen Ausstieg planen, sondern lediglich Ihr Alterseinkommen aufbessern wollen, müssen Sie den Gürtel beim Vorsorgesparen nicht ganz so eng schnallen. Um Zusatzvorsorge kommen aber auch Sie nicht herum. Zudem müssen Sie sich darüber klar werden, welchen Lebensstandard Sie im Alter anstreben: Wollen Sie nur die Lücke schließen, die durch die staatlichen Rentenreformen und die Reform der Beamtenpension gerissen wurden, oder wollen Sie den aus dem Erwerbsleben gewohnten Lebensstandard halten? Im letzteren Fall müssen Sie erheblich höhere Sparanstrengungen einkalkulieren als die üblichen 4 bis 10 Prozent vom Bruttoeinkommen, die zur Schließung der Versorgungslücke schon fast unvermeidlich sind.

Das schaffen Sie nicht, weil Ihr Haushaltsbudget so knapp bemessen ist, dass zum Sparen nichts übrig bleibt? Dann gilt es verborgene Reserven zu mobilisieren: Vermögenswirksame Leistungen vom Arbeitgeber oder die Mitarbeiterkapitalbeteiligung (siehe hierzu Kapitel 7, Seite 216) lassen sich zum Beispiel auch für die

Altersvorsorge nutzen – wobei das Vorsorgepolster durch staatliche Zulagen zusätzlich aufgepäppelt werden kann. Auch die Nutzung der staatlichen Vorsorgeförderung, beispielsweise durch Riester-Zulagen (siehe hierzu Kapitel 1, ab Seite 15) oder die steuerliche Förderung bei der Rürup-Rente (siehe hierzu Kapitel 1, ab Seite 21) und der betrieblichen Altersversorgung (siehe hierzu Kapitel 1, ab Seite 26), kann das Vorsorgesparen erleichtern.

Eventuell fühlen Sie sich mit 65 oder 67 Jahren aber noch viel zu jung, um ohne berufliche Herausforderungen auszukommen. Dann werden Sie den Rentenbeginn womöglich weit über das 70. Lebensjahr hinausschieben wollen. Auch das ist möglich. Zudem kann das Vorsorgepolster dann deutlich geringer ausfallen. Schließlich fließen ja noch mehr oder weniger regelmäßig Erwerbseinkünfte, die auch eine magere staatliche Rente oder gegebenenfalls eine Teilrente aufbessern können.

Eine Faustregel besagt, dass wir im Ruhestand einen rund 30 Prozent niedrigeren Finanzbedarf haben als während der aktiven Berufszeit. Denn angeblich reduzieren sich die Ausgaben im Alter: Die Ausbildung der Kinder ist abgeschlossen, die wichtigsten Anschaffungen getätigt. Wer nicht mehr täglich ins Büro muss, spart an Kleidung. Auch das Auto kann kleiner ausfallen, zumindest muss nicht regelmäßig ein Neu- und auch kein Zweitwagen her – so die Kalkulation. Doch Vorsicht: Diese Faustregel basiert auf Lebensgewohnheiten, die noch aus der Nachkriegszeit stammen. Inzwischen sind die Ansprüche gewachsen. Kaum jemand verbringt seinen Ruhestand noch in Filzpantoffeln vor dem heimischen Kamin oder widmet sich ausschließlich seiner Rosenzucht. Der typische Pensionär von heute

> **Wichtig!**
>
> Wie hoch der Monatsbedarf im Alter in Euro und Cent ist, muss jeder individuell ermitteln. Wenn Sie Ihr Haushaltsbudget ohnehin genau im Blick haben, werden Sie kaum Schwierigkeiten haben, den Ruhestandsbedarf zu schätzen. Posten, die im Alter wegfallen, beispielsweise die Hypothek für das Eigenheim, die bis dahin getilgt sein sollte, oder die Beiträge für eine Lebensversicherung, die dann längst ausgezahlt sein wird, werden gestrichen. Ausgaben, die sich im Alter erhöhen, wie Rücklagen für Urlaub, Hobbys und Gesundheit, werden dazugerechnet. Für die Checkliste „Bin ich richtig versorgt? Ihre persönliche Rechnung" (Seite 55) lautet die Faustregel: aktuelle Lebenshaltungskosten ergänzt um fest eingeplante Zusatzausgaben und gekürzt um erkennbare Einsparungen.

fühlt sich noch jung, ist aktiv und sieht im Ausstieg aus dem Erwerbsleben die Chance, endlich all das nachzuholen, wozu bislang
keine Zeit blieb: Reisen, Hobbys, Weiterbildung, Golfen. Mit einem
Sparbudget lässt sich das aber nicht finanzieren.

Ihr Versorgungsstand

Wie viel Sie jährlich aus der staatlichen Rentenkasse zu erwarten
haben, verrät die Rentenauskunft, die alle Versicherten über 27
Jahren seit 2002 einmal im Jahr erhalten. Der Blick auf den aktuellen Rentenanspruch dürfte für viele Versicherte ernüchternd sein.
Keinesfalls trösten sollten Sie sich mit den in der Renteninformati-
on gleichzeitig ausgewiesenen, deutlich höheren Zukunftswerten,
die eine jährliche Rentensteigerung von 1 oder 2 Prozent berücksichtigen. Denn ob es Rentensteigerungen geben wird und wie
sie ausfallen, weiß keiner. Es könnte sogar passieren, dass selbst
der ohne Steigerung ausgewiesene Rentenbetrag in den nächsten
Jahren nicht gehalten werden kann. Das könnte zum Beispiel bei
weiteren Rentenkürzungen passieren, aber auch wenn Ihr Einkommen durch Teilzeitarbeit oder Arbeitslosigkeit in Zukunft sinkt.
Schon zur Jahresmitte 2012 erhielt ein Rentner, der 45 Jahre lang
immer durchschnittlich verdient hat, eine Altersrente von nur rund
1.263 Euro im Monat (neue Bundesländer: 1.121 Euro). Und für die
kommenden Rentnergenerationen dürften die Zeiten noch deutlich
härter werden.

Gehören Sie zu den Glücklichen, denen der Arbeitgeber mit einer
betrieblichen Zusatzversorgung (siehe Kapitel 1, Seite 26) unter
die Arme greift, sollten Sie auch deren voraussichtliche Leistung
abfragen. Im Idealfall informiert Sie ein jährlicher Kontoauszug
darüber. Andernfalls sollten Sie Ihre Betriebsrentenansprüche im
Personalbüro oder beim Versorgungsträger abfragen. Auf eine
entsprechende Auskunft haben Sie einen Rechtsanspruch, wenn
Sie ein berechtigtes Interesse – beispielsweise aufgrund Ihrer Vorsorgeplanung – nachweisen können.

Allein der grobe Überblick über die bereits erworbenen Rentenansprüche wird in den meisten Fällen zeigen, dass die Einkünfte
nicht ausreichen, um den ermittelten Bedarf im Alter zu decken.
Wer den Ruhestand unbeschwert genießen will, benötigt daher
meist ein regelmäßiges monatliches Zusatzeinkommen.

Doch Vorsicht: Statt sich bei
erkennbarer Versorgungs-
lücke gleich eine private
Rentenversicherung, einen
Fondssparplan oder ein anderes Produkt vom Finanzver-
trieb aufschwatzen zu lassen,
prüfen kluge Finanzplaner
erst einmal, ob und wie sich

 Tipp: Sparübersicht anlegen

Listen Sie auf, was Sie bislang gespart haben: hier zum
Beispiel ein Sparbuch, dort ein paar Aktien, vielleicht eine
kleine Lebensversicherung und einen Bausparvertrag.
Tragen Sie die Vermögenswerte in die Checkliste „Bin ich
richtig versorgt? Ihre persönliche Rechnung" (Seite 55) ein.
Sie hilft Ihnen, die wichtigsten Vermögensposten zusam-
menzutragen und für die Vorsorgeanalyse auszuwerten.

das bereits angesammelte Vermögen im Alter verwerten lässt.
Denn kommerzielle Anbieter von Vorsorgeprodukten geben zwar
immer wieder vor, den „Stein der Weisen" gefunden zu haben.
Letztlich geht es ihnen jedoch mehr um den schnellen Abschluss
provisionsträchtiger Standardangebote als um den Aufbau einer
wirklichen individuellen Versorgungsstrategie, die sämtliche bereits angesammelten Vorsorgebausteine einschließt. Machen Sie
deshalb auch bei den Ersparnissen erst einmal einen Kassensturz.
Ermitteln Sie, wie viel Geld
bereits vorhanden und wie es
angelegt ist und ob Sie es für
die Vorsorgeplanung nutzen
können.

Zweifelsohne werden Sie nicht
alles, was Sie bislang auf die
hohe Kante gelegt haben,
auch als Vorsorgevermögen
einstufen. Anlagen, die zur
Ausbildung der Kinder vorgesehen sind oder als deren
Erbe dienen, können selbst-

Achtung!

Eine solche Hochrechnung kann immer nur eine grobe
Schätzung der möglichen Alterseinnahmen liefern. Das gilt
insbesondere, wenn noch viele Jahre bis zum Ruhestand
vor Ihnen liegen. Erstens können Sie die Erträge Ihrer Kapitalanlagen kaum verlässlich über mehrere Jahre prognosti-
zieren. Zweitens können unvorhergesehene Ereignisse Sie
zwingen, Ihr Vermögen vorzeitig anzugreifen oder sogar
ganz aufzuzehren. Drittens können Finanz- und Wirtschafts-
krisen den Wert vermeintlich sicherer Anlagen in Mitleiden-
schaft ziehen. Bewerten Sie vorhandenes Vermögen daher
äußerst vorsichtig, beziehen Sie die Inflationsrate ein und
seien Sie bei der Kalkulation der Rendite lieber zu konservativ als zu optimistisch.

verständlich nicht zur Altersversorgung herangezogen werden. Das gilt ebenso für Vermögenswerte, von denen Sie sich im Alter nicht trennen möchten – dazu zählt bei vielen zum Beispiel das Eigenheim. Das schlägt allenfalls bei den ersparten Ausgaben im Alter zu Buche. Denn das mietfreie Wohnen kann ein dickes Plus im Rentnerhaushaltsbudget sein. Doch der Wert von Haus und Grundstück gehört nur dann in die Vorsorgebilanz, wenn Sie es mit Rentenbeginn verkaufen wollten. Ebenfalls nicht in die Vorsorgebilanz gehört Erspartes,

das für konkrete Ziele fest verplant ist, wie zum Beispiel für eine größere Reise, ein neues Auto oder eventuelle Reparaturen am Eigenheim.

Das restliche Vermögen wird dagegen zum Stichtag bewertet. Hinzu kommen Vermögensanlagen, die erst bei Beginn des Ruhestands ausgezahlt werden. Als aktuellen Wert kalkulieren Sie bei Lebens- und Rentenversicherungen aber nur den Rückkaufswert des Vertrags zum gewählten Stichtag ein, den Sie gegebenenfalls beim Versicherer erfragen. Eventuell zu erwartende Erbschaften oder Erlöse, beispielsweise aus dem Verkauf eines eigenen Unternehmens, können Sie ebenso einkalkulieren. Schätzen Sie den Wert aber – gegebenenfalls nach Rücksprache mit einem Fachmann – äußerst vorsichtig und kalkulieren Sie besser noch einen Risikoabschlag ein. Denn zwischen den rechnerischen Verkehrswerten und tatsächlich erzielbaren Erlösen liegen – je nach Angebot und Nachfrage zum konkreten Verkaufszeitpunkt – oft Welten.

Um die spannende Frage zu beantworten, wie viel Monatsrente Sie mit diesem Vermögen im Alter erwirtschaften können, müssen Sie in die Zukunft schauen. Mithilfe der Tabelle „So wächst Ihr vorhandenes Vermögen" können Sie – abhängig von der jeweiligen Rendite der Anlage – überschlagen, wie stark Ihr Kapitalstock bis zum Beginn des Ruhestands noch wachsen kann.

Im nächsten Schritt gilt es zu prüfen, welche Einnahmen Sie mit dem vorhandenen Vermögen im Alter voraussichtlich erwirtschaften können.

So wächst Ihr vorhandenes Vermögen

	Beispiel	Ihre Werte
Aktueller Vermögenswert (z.B. Aktienfonds)	35.000 Euro	....
Multiplikator (aus Tabelle unten): (bei Geldanlage zu 5 %, 20 Jahre bis zum Ruhestand)	2,650	....
Wert des Vermögens Bei Ruhestand:	92.750 Euro	....

Jahre bis zum Ruhestand	Multiplikator für Ersparnisse *) Bei einer jährlichen Rendite von ...				
	4 %	5 %	6 %	7 %	8 %
1	1,040	1,050	1,060	1,070	1,080
2	1,080	1,100	1,120	1,140	1,170
3	1,120	1,160	1,190	1,230	1,260
4	1,170	1,220	1,260	1,310	1,360
5	1,220	1,280	1,340	1,400	1,470
6	1,270	1,340	1,420	1,500	1,590
7	1,320	1,410	1,500	1,600	1,710
8	1,370	1,480	1,590	1,720	1,850
9	1,420	1,550	1,690	1,840	2,000
10	1,480	1,630	1,790	1,970	2,160
15	1,800	2,080	2,400	2,760	3,170
20	2,190	2,650	3,210	3,870	4,660
25	2,670	3,390	4,290	5,430	6,850
30	3,240	4,320	5,740	7,610	10,060

*) Kalkuliertes Kapitalwachstum bei automatischer Wiederanlage von Erträgen jeweils zum Jahresende, ohne Berücksichtigung von Steuern oder Inflation

Dazu unterteilen Sie Ihr Vermögen in Geldanlagen, die laufende Erträge bringen. Diese Erträge stehen Ihnen – nach Abzug eventueller Kosten – als Zusatzeinkommen zur Verfügung. Anlagen, die keine laufenden Erträge abwerfen, können dagegen meist erst nach Verkauf zur Deckung der Lebenshaltungskosten genutzt werden. Sie müssen sich daher überlegen, welchen Verkaufserlös Sie voraussichtlich erzielen und wie Sie ihn anlegen wollen, um im Alter zusätzliche Monatseinnahmen zu erreichen.

So berücksichtigen Sie die Inflation

Bei der Hochrechnung sollten Sie auch die Auswirkungen der Inflation einkalkulieren. Die schleichende Geldentwertung zehrt an Zins und Kapital. Reichen heute vielleicht noch 1.000 Euro monatlich, um die Rentenlücke zu schließen, liegt die Kaufkraft dieses Monatsbetrags bei beispielsweise 2 Prozent Inflation jährlich nach 20 Jahren nur noch bei 670 Euro.

Bei der Staats- und Betriebsrente spielt das eine untergeordnete Rolle. Die staatliche Rente muss immerhin der Lohnentwicklung angeglichen werden. Die Betriebsrente vom Arbeitgeber muss alle drei Jahre an steigende Lebenshaltungskosten angepasst oder doch zumindest regelmäßig angehoben werden. Bei einer privaten Zusatzrente, aber gegebenenfalls auch bei einer Betriebsrente aus Entgeltumwandlung ist das nicht immer der Fall. Dann müssen Sie den Effekt der Geldentwertung selbst einkalkulieren.

Für die grobe Modellrechnung geht das ganz einfach: Kürzen Sie die Zinssätze für die Hochrechnung von Kapitalwachstum und Monatsrente um die von Ihnen erwartete Inflationsrate. Dazu ein Beispiel: Ihr Kapital ist zu einem Zinssatz von 6 Prozent angelegt, Sie erwarten eine Inflation von jährlich 2 Prozent. Um das reale Wachstum Ihres Vermögens zu ermitteln, legen Sie bei der Hochrechnung nur einen Zinssatz von 4 Prozent zugrunde. So haben Sie den Geldentwertungseffekt bereits einkalkuliert.

Größter Knackpunkt dabei: Sie müssen abschätzen, wie lange das Geld reichen soll. Nun weiß natürlich niemand, wie alt er wird. Und kaum jemand möchte das Risiko eingehen, irgendwann ohne Rentenzubrot dazustehen. Deshalb sollten Sie auf jeden Fall eine Rentenbezugsdauer einkalkulieren, die deutlich über dem hochgerechneten statistischen Durchschnittsalter von etwa 82 Jahren bei Männern und 88 Jahren bei Frauen liegt. Wer ganz sichergehen will, wählt die ewige Rente. Dann leben Sie nur von den Erträgen Ihres Vermögens, das Kapital wird dagegen nicht aufgezehrt, sondern kann später an den Partner oder die Kinder vererbt werden.

Ihre Versorgungslücke

Ergänzen Sie Ihr Alterseinkommen in der Checkliste auf Seite 55 nunmehr um die voraussichtlich zu erwartenden Einnahmen aus Vermögen. Addieren Sie diese zur erwarteten Staatsrente und etwaigen Betriebs-, Riester- oder Rürup-Rentenansprüchen – und stellen Sie das insgesamt zu erwartende Alterseinkommen dem geplanten Bedarf im Alter gegenüber. Dann wissen Sie genau, wie hoch Ihre persönliche Versorgungslücke im Alter sein wird – und können prüfen, ob Sie es problemlos schaffen, diese Lücke zu schließen oder ob zusätzliche Sparanstrengungen nötig sind.

Checkliste: Bin ich richtig versorgt? Ihre persönliche Rechnung

1. Ihr Bedarf im Alter

Ausgaben (im Monat)	Ihre persönlichen Werte
Lebenshaltungskosten	
Miete, Hausnebenkosten, Hausgeld	
Krankenversicherung	
Sonstige Versicherungen	
Telefon, Radio, TV, Internet	
Auto	
Anschaffungen, Reparaturen	
Hobbys	
Urlaub	
Sonstiges	
Bedarf insgesamt (in Euro) (bei Schätzung mindestens 75 Prozent Ihres heutigen Nettogehalts)	

2. Ihr Alterseinkommen

Einnahmen (im Monat)	Ihre persönlichen Werte
Gesetzliche Rente	
Betriebsrente (gegebenenfalls in der Personalabteilung erfragen)	
Riester-Rente	
Rürup-Rente	
Erträge aus Vermögen	
Zinsanlagen	
Wertpapiere	
Investmentfonds	
Kapitallebensversicherung	
Private Rentenversicherung	
Vermietete Immobilien	
– **Pauschbetrag** für Steuern (Seite 222) und Kranken- und Pflegeversicherung (Seite 45)	
Alterseinkommen insgesamt (in Euro)	

3. Ihre Versorgungslücke

	Ihre persönlichen Werte
Alterseinkommen	
– Bedarf im Alter	
= Versorgungslücke im Monat	
x 12	
= Versorgungslücke im Jahr	

So viel Monatsrente[*] bringt Ihr Vermögen

Anlagebetrag bei Rentenbeginn in Euro	Monatsrente in Euro bei Kapitalverzehr in					Ewige Monatsrente[1]
	10 Jahren	15 Jahren	20 Jahren	25 Jahren	30 Jahren	
50.000	506	369	302	263	237	164
100.000	1009	736	602	524	473	328
200.000	2018	1472	1205	1048	947	655
300.000	3027	2208	1807	1572	1420	982
400.000	4037	2945	2409	2096	1893	1310
500.000	5045	3581	3011	2620	2367	1637

*) kalkuliert mit einem Zinssatz von 4 Prozent p.a.; Beträge auf volle Euro gerundet;
1) ohne Kapitalverzehr

✱ Beispiel

Angenommen, Ihre monatliche Versorgungslücke beträgt 500 Euro. Aus der Tabelle „So viel Monatsrente bringt Ihr Vermögen" können Sie ablesen, wie viel Kapital Sie bis zum Rentenalter ansparen müssen, um monatlich 500 Euro entnehmen zu können. Wenn die Rente 25 Jahre lang fließen soll und Sie damit rechnen, das Vorsorgekapital zu einem Zinssatz von 6 Prozent anzulegen, benötigen Sie bei Rentenstart rund 100.000 Euro Euro.

Ist die Vorsorgelücke größer, multiplizieren Sie den Betrag entsprechend. Fehlen Ihnen zum Beispiel 1.000 Euro im Monat, benötigen Sie auch den doppelten Kapitalbetrag. Das macht rund 200.000 Euro. Beträgt die monatliche Versorgungslücke sogar 1.500 Euro, müssen Sie bis zum Rentenstart glatt dreimal so viel Kapital angehäuft haben – also rund 300.000Euro.

So viel müssen Sie im Monat sparen

Jetzt wird es richtig spannend. Denn nun gilt es zu berechnen, wie viel Sie ab sofort zurücklegen müssen, um die ermittelte Versorgungslücke rechtzeitig zum geplanten Ruhestandstermin zu schließen. Mit der Checkliste „So viel müssen Sie monatlich für den Ruhestand sparen" erledigen Sie diese Kalkulation im Handumdrehen: Multiplizieren Sie den errechneten Kapitalbedarf einfach mit dem Zinsfaktor, den Sie je nach Spardauer und Zinssatz aus der Tabelle ablesen können.

Ob Sie die errechnete monatliche Sparrate im Moment übrig haben, zeigt ein Blick auf Ihr aktuelles Haushaltsbudget. Im Zweifel sind Einschnitte beim heutigen Lebensstandard vonnöten, um im Alter genügend Kapital zu besitzen. Das muss zwar nicht so weit gehen, dass Sie heute hungern, um morgen etwas zu essen zu haben. Aber Sie sollten immer im Hinterkopf behalten: Mit der Sparrate von heute legen Sie fest, wie Sie morgen leben werden.

Klaffen zwischen Wunsch und Wirklichkeit unüberbrückbare Lücken, sollten Sie Ihren Finanzbedarf im Alter überprüfen.

So viel müssen Sie monatlich für den Ruhestand sparen

	Beispiel	Ihre Werte
Notwendiges Vorsorgekapital: (z.B. Aktienfonds)	80.000 Euro	....
Zinsfaktor (aus Tabelle unten): (bei Geldanlage zu 6 %, Spardauer 15 Jahre)	0,050	....
Jährliche Sparrate: (Kapital x Zinsfaktor)	4.000 Euro (80.000 x 0,050)	....
Monatliche Sparrate: (jährliche Sparrate/12)	333,33 Euro (4000,00 Euro/12)	....

Jahre bis zum Ruhestand	Zinsfaktoren zum Errechnen der Sparrate Bei einem Zinssatz von ...					
	3 %	4 %	5 %	6 %	7 %	8 %
1	1,000	1,000	1,000	1,000	1,000	1,000
2	0,493	0,490	0,488	0,485	0,482	0,478
3	0,324	0,320	0,317	0,314	0,311	0,307
4	0,239	0,235	0,232	0,229	0,226	0,222
5	0,188	0,185	0,181	0,177	0,174	0,170
10	0,087	0,083	0,080	0,076	0,073	0,069
15	0.054	0,050	0,046	0,043	0,040	0,036
20	0,037	0,034	0,030	0,027	0,024	0,021

> *** Beispiel**
>
> Angenommen, Ihnen fehlen bis zum Rentenstart in 15 Jahren noch 100.000 Euro. Sie wollen das Kapital in einer Anlage mit 4 Prozent Zinsen ansparen. Das entspricht laut Tabelle einem Zinsfaktor von 0,05. Multipliziert mit dem Kapitalbedarf von 100.000 Euro macht das 5.000 Euro. So viel müssen Sie jährlich bis zum Ruhestand sparen. Legen Sie das Geld monatlich zurück, macht das eine Sparrate von rund 416,67 Euro.

Vielleicht haben Sie zu viel Luxus eingeplant oder den gewünschten Ausstiegstermin zu optimistisch angesetzt? In diesem Fall müssen Sie Ihre Vorsorgeziele noch einmal überprüfen und gegebenenfalls Abstriche machen. Vielleicht haben Sie aber auch bei der Verzinsung Ihres Sparkapitals extrem konservativ kalkuliert. Gerade in der Ansparphase ist eine hohe Rendite wichtig, damit Sie sich innerhalb von 20 oder 30 Jahren eine ausreichende private Zusatzrente aufbauen können. Allein mit konservativen Bankeinlagen, die kaum mehr als ein halbes Prozent Zinsen bringen, können Sie ihre Vorsorgeziele in der momentanen Niedrigzinsphase kaum realisieren. Deshalb kommt es auch auf die richtige Anlagemischung an.

Machen Sie aber nicht den Fehler, Anlageformen ausschließlich mit Blick auf die Rendite auszuwählen. Denn grundsätzlich gilt: Je mehr Zinsen eine Geldanlage im Vergleich zum Marktdurchschnitt bringt – gemessen an der Rendite von sicheren Bundeswertpapieren –, desto höher ist auch das Risiko. Geld, das den Grundbedarf im Alter decken soll, sollte in erster Linie sicher und erst in zweiter Linie rentabel angelegt werden. Um das zu erreichen, sollten Sie Ihren Sparbeitrag bei längerer Spardauer ggf. splitten und einen Teil absolut sicher und den anderen Teil ertragreicher investieren.

Wie die optimale Mischung im Einzelfall aussieht, hängt auch davon ab, welche Anlageformen Ihren Erfahrungen und Zukunftswünschen am ehesten gerecht werden. Die nachfolgenden Kapitel erläutern daher zunächst, worauf Sie bei den verschiedenen Anlageformen jeweils achten müssen. Um Ihnen die Qual der Wahl zu erleichtern, möchten wir Ihnen im Anschluss daran zeigen, wie Sie Ihre persönliche Vorsorgestrategie entwickeln und die für Sie sinnvollen Produkte auswählen können. Unsere Empfehlungen orientieren sich dabei in erster Linie am Lebensalter, in dem Sie mit den Vorsorgeanstrengungen beginnen. In zweiter Linie berücksichtigen sie die unterschiedliche Risikobereitschaft von Anlegern.

Kennen Sie sich bei der Geldanlage schon bestens aus, können Sie die Kapitel mit den Produktinformationen (Kapitel 3 bis 5) auch überspringen und sich gleich der Vorsorgestrategie widmen, um all die Punkte abzuklopfen, die in Ihrem Lebensalter bei der Vorsorgeplanung wichtig sind.

 Tipp: Risiko streuen

Natürlich zwingt Sie keiner, Ihr gesamtes Sparkapital in eine einzige Anlageform zu stecken. Im Gegenteil. Wenn Sie das Vorsorgekapital auf verschiedene Anlagen verteilen, können Sie das Risiko streuen und gleichzeitig die Gesamtrendite verbessern. Geld, das Sie für – notfalls verzichtbaren – Luxus ansparen, kann dabei durchaus in riskantere und dafür besser verzinste Anlagen fließen. Mit etwas Geschick sichern Sie sich damit nicht nur den gewünschten Luxus, sondern polstern das finanzielle Ruhekissen für das Alter insgesamt kräftig auf. Lassen Sie sich im Zweifel von einer Verbraucherzentrale beraten, welcher Anlagemix für Sie persönlich der Beste ist.

Im Überblick: die zehn Grundregeln der privaten Altersvorsorge

Blinde Sparwut führt bei der Altersvorsorge schnell in die Irre. Zehn klare Grundregeln für den Aufbau der Privatrente helfen, den Überblick zu bewahren – und zwar unabhängig von der jeweiligen persönlichen Situation.

1. **Sparen Sie niemals auf Kredit.** Bevor Sie anfangen, für das Alter zu sparen, sollten alle Schulden zurückgezahlt sein. Denn Kredite kosten in aller Regel mehr Zinsen als Geldanlagen an Rendite bringen. Schuldenabbau geht daher vor Altersvorsorge. Dieses Motto gilt auch bei der Finanzierung eines Eigenheims. Freie Mittel sollten daher zunächst für einen raschen Schuldenabbau eingesetzt werden. Erst danach geht's an den weiteren Geldvermögensaufbau.

2. **Legen Sie eine Liquiditätsreserve für Notfälle an.** Schon ein kaputtes Auto oder eine defekte Waschmaschine kann die ganze Finanzplanung über den Haufen werfen, wenn zur Finanzierung das Konto überzogen oder langfristig angelegte Gelder flüssig

gemacht werden müssen. Bevor das Geld in den Vorsorgespartopf fließt, muss deshalb erst einmal ein Konto für Notfälle gefüllt werden. Darauf sollten Sie mindestens zwei Nettomonatsgehälter parken – als Rücklage für ungeplante Ausgaben.

3. **Sichern Sie Risiken ab.** Vor dem Alter müssen erst einmal die Risiken von Gegenwart und naher Zukunft abgesichert werden, wie Berufsunfähigkeit, längere Krankheit, Verlust von Hab und Gut, Ausfall des Hauptverdieners. Denn den Grundstock fürs Alter können Sie nicht aufbauen, wenn Sie beispielsweise infolge eines Unfalls oder durch Krankheit arbeitsunfähig werden.

4. **Beteiligen Sie Ihren Arbeitgeber am Vermögensaufbau.** Gehaltsumwandlungen zugunsten einer betrieblichen Altersversorgung helfen zwar, Steuern und Sozialabgaben zu sparen. Doch nur wenn der Arbeitgeber auf die Beiträge seiner Mitarbeiter noch einen kräftigen Zuschuss drauflegt, bringt der Gehaltsverzicht eine höhere Rendite als eine privater Vorsorge. Auch vermögenswirksame Leistungen vom Arbeitgeber sind keine Peanuts, die man verschenken sollte. Daraus lässt sich – gegebenenfalls mit staatlichem Zuschuss – über die Jahre hinweg ein ansehnliches Vorsorgepolster ansparen.

5. **Legen Sie niemals alle Eier in ein Nest.** Streuen Sie das Vorsorgekapital möglichst breit über verschiedene Anlageformen. Dabei gilt: Wählen Sie für den Grundbedarf im Alter ausschließlich sichere Sparformen. Das Geld für Extras kann dagegen auch in riskantere Anlagen fließen. Spekulationsgeschäfte, bei denen ein Totalverlust des Kapitals möglich ist, sind für die Altersvorsorge jedoch grundsätzlich tabu.

6. **Lassen Sie sich nicht von Steuerspareffekten blenden.** Aus ersparten Steuern wird nur selten Vermögen. Meiden Sie Anlagen, die sich – wenn überhaupt – erst nach Steuern auszahlen. Die gehören niemals in der Vorsorgebilanz.

7. **Informieren Sie sich selbst über Vorsorgestrategien.** Banken und Versicherungen bieten zwar vermeintlich kostenfreie Beratungen an. Die Gespräche sind aber gleichzeitig Verkaufsveranstaltungen, bei denen jeder seine eigenen Produkte an den Mann oder die Frau bringen und dabei möglichst hohe Provisionen kassieren will. Die persönlichen Bedürfnisse und Ziele des Kunden bleiben

dabei oft auf der Strecke. Wirklich unabhängigen Rat bieten die Verbraucherzentralen an (Adressen finden Sie auf Seite 264). Die Grundlagen der Vorsorgeplanung können Sie sogar bei der gesetzlichen Rentenversicherung lernen. Dort werden unter dem Namen „Altersvorsorge macht Schule" kostenlose Vorträge und Seminare angeboten.

8. **Nehmen Sie sich Zeit für die Altersvorsorge.** Jede am Wochenende oder nach Feierabend investierte Stunde zahlt sich doppelt und dreifach aus. Wenn Sie Ihre Ziele und finanziellen Rahmenbedingungen kennen, sich einen Überblick über Vor- und Nachteile verschiedener Vorsorgeprodukte verschafft haben, sind Sie nicht nur vor unseriöser Beratung gefeit. Die eigenen Finanzen im Griff zu haben, ist auch der erste Schritt auf dem Weg zu Wohlstand und finanzieller Freiheit.

9. **Sparen Sie mit System.** Vorsorgesparen bedeutet langfristigen Konsumverzicht. Da ist es nur allzu menschlich, wenn der Spareifer zwischendurch erlahmt. Deshalb sollten Sie sich motivieren: Setzen Sie sich feste Sparziele und teilen Sie sich diese Ziele in überschaubare Etappen ein. Belohnen Sie sich, sobald Sie eine Etappe erreicht haben. Denn ständiger Verzicht untergräbt die Sparmoral. Sparen Sie darüber hinaus konsequent. Beispielsweise können Sie einen Dauerauftrag einrichten, der jeden Monat einen festen Betrag automatisch in den Vorsorgespartopf überweist. Oder legen Sie Zusatzeinnahmen, wie zum Beispiel Weihnachtsgeld, konsequent auf die hohe Kante.

10. **Bleiben Sie flexibel. Vorsorgesparen dauert ein Berufsleben lang.** Doch niemand weiß, was die Zukunft bringt. Änderungen der familiären oder beruflichen Situation können zur Anpassung der Vorsorgestrategie, Notfälle zum Rückgriff auf das Ersparte zwingen. Deshalb ist es wichtig, flexibel zu bleiben. Meiden Sie Verträge mit langer, starrer Bindung oder Angebote, bei denen Sie gar nicht oder nur mit Verlust vorzeitig aussteigen können.

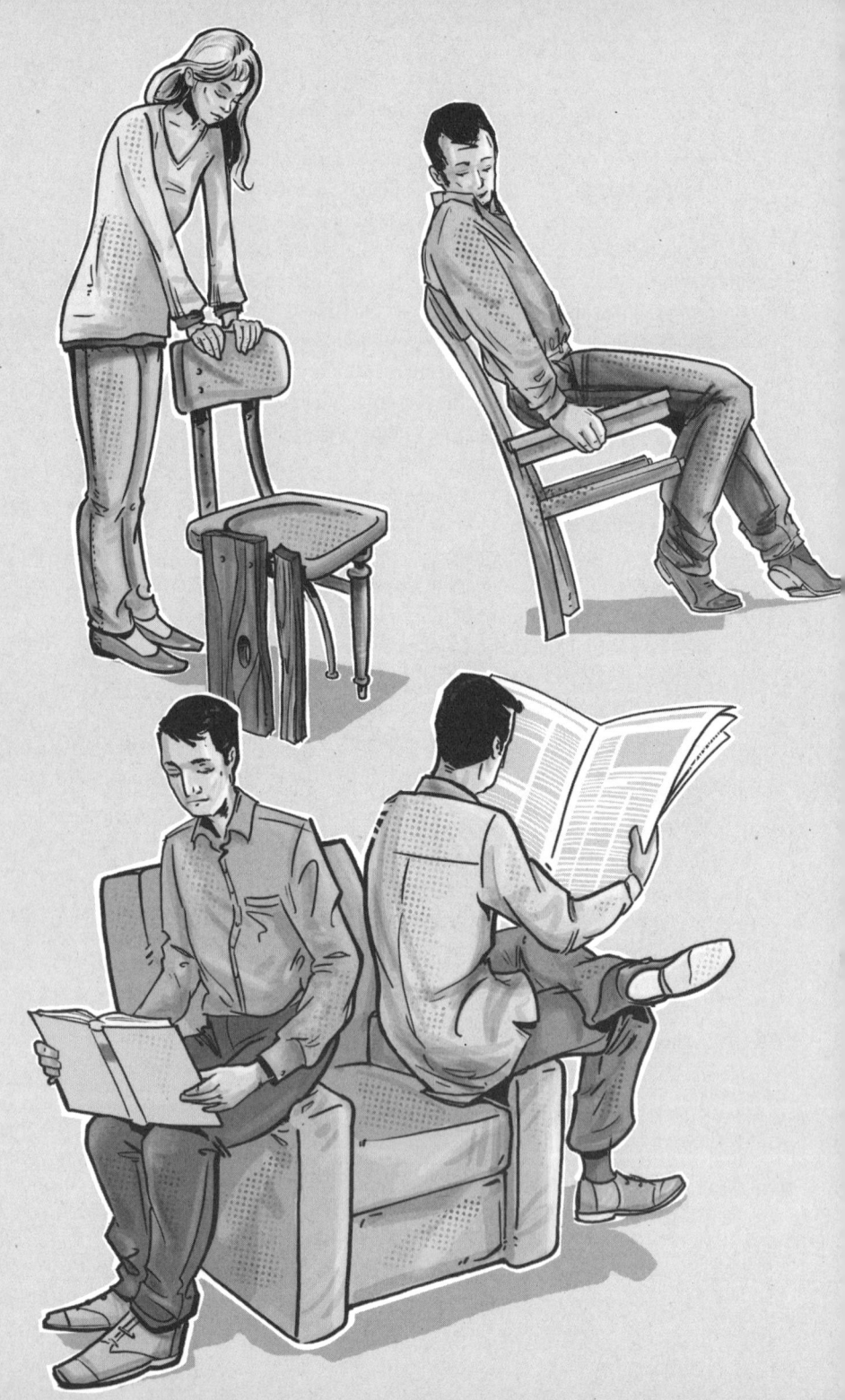

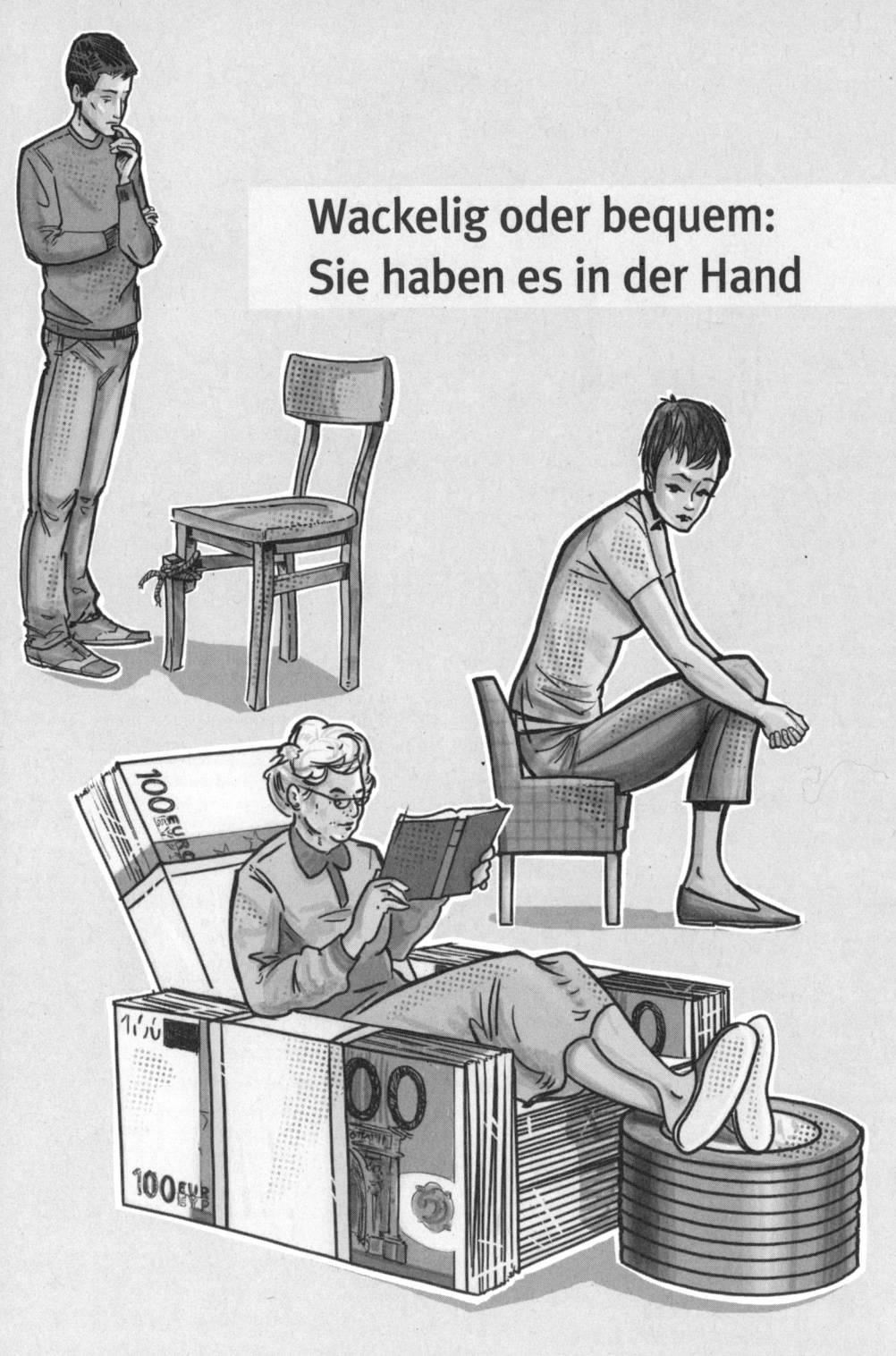

Wackelig oder bequem: Sie haben es in der Hand

3 Die wichtigsten Produktformen

Ertragreich soll sie sein, die private Vorsorge – damit das finanzielle
Altersruhekissen möglichst schnell und möglichst üppig gefüllt
wird. Und flexibel soll sie auch sein. Denn vielleicht muss das in
langen Jahren angesparte Kapital wider Erwarten noch vor der
Rente angegriffen werden, weil Krankheit, Arbeitslosigkeit oder
andere Notlagen eintreten. Gesucht sind daher Produkte, die
beide Anlageziele kombinieren und auch in puncto Sicherheit und
Bequemlichkeit nichts zu wünschen übrig lassen. Doch Vorsicht:
Keine Anlageform erfüllt den Anforderungskatalog in allen Punk-
ten zugleich. Die Kunst optimaler Altersvorsorge besteht deshalb
darin, die Vor- und Nachteile der verschiedenen Möglichkeiten zur
Geldanlage zu kennen – inklusive jener Produkte, die als speziell
für die Altersvorsorge geeignet gepriesen werden – und dann jene
Anlagen herauszufiltern, die zur persönlichen Vorsorgestrategie
(siehe Kapitel 9, ab Seite 242) passen.

Sparanlagen und Termingelder von Banken

Wenn Sie Ihr Geld nur vorübergehend parken wollen, um es nicht zu Minizinsen langfristig binden zu müssen, können Sie zu einem Tagesgeldkonto, dem klassischen Sparbuch oder einer kurz laufenden Festgeldanlage greifen, um die Wartezeit auf bessere Konditionen zinsbringend zu überbrücken. Dabei hat jede der drei Sparformen ihre Vorteile und Nachteile. **Tagesgeldkonten** mit täglicher Zugriffsmöglichkeit auf den gesamten Anlagebetrag sind besonders liquide. Beim klassischen **Sparbuch** sind dagegen nur bis zu 2.000 Euro innerhalb eines Monats jederzeit verfügbar. Größere Beträge können Sie nur nach Einhaltung einer dreimonatigen Kündigungsfrist abheben, sonst fallen Vorschusszinsen in Höhe von einem Viertel der Habenzinsen an. Auf **Festgeld** sollten Sie nur zurückgreifen, wenn Sie genau wissen, wann Sie Ihr Geld wieder brauchen. Denn das Geld muss für drei, sechs, zwölf Monate oder länger festgelegt werden – in dieser Zeit kommen Sie nicht an Ihr Geld heran. Das Gleiche gilt für **Sparbriefe**, die allerdings eine Laufzeit von mindestens einem Jahr haben. Wenn Sie regelmäßig und langfristig sparen wollen, haben Sie mit **Banksparplänen** eine sichere Anlagemöglichkeit für die Altersvorsorge. Doch auch für die Rentenphase gibt es passende Pläne: Dann kann das Ersparte in einen **Auszahlplan** umgeschichtet werden, von dem Sie regelmäßig einen bestimmten Betrag abheben können. Bei allen genannten Anlagen winken aufgrund der anhaltenden Niedrigzinsphase momentan keine üppigen Erträge. Doch es lohnt sich, die Offerten verschiedener Institute zu vergleichen. Behalten Sie dabei aber auch immer die Einlagensicherung der jeweiligen Bank (siehe Seite 75) im Blick.

Tagesgeldkonto

Tagesgeldkonten gibt es in verschiedenen Varianten. Gemeinsam ist allen Angeboten, dass die Sparer über ihr Guthaben jederzeit verfügen können. Ein- und Auszahlungen sind nur auf ein vorher festgelegtes Referenzkonto, meist ein Girokonto, möglich. Das muss aber nicht unbedingt bei derselben Bank eingerichtet werden. Manche Institute erkennen auch das monatliche Gehaltskonto bei der Hausbank als Referenzkonto an. Größere Einmalzahlungen sind ebenso zulässig wie regelmäßige oder unregelmäßige Sparraten in unterschiedlicher Höhe. Die Buchung erfolgt meist online oder per Telefon.

Die Zinsen sind variabel und orientieren sich in der Regel am EONIA, dem Tagesgeldzinssatz im Interbankengeschäft. Wie hoch der Abschlag vom Orientierungszins ist, variiert je nach Bank. Bei der Zinsgestaltung haben die Institute großen Ermessensspielraum. Die besten Zinsen bieten meist Direktbanken sowie ausländische Institute. Allerdings werden bisweilen Mindestanlagen gefordert. Zudem sind über Marktdurchschnitt liegende Zinsen auf Tagesgeldkonten ein beliebtes Mittel zum Kundenfang. Meist kommen nur Neukunden in den Genuss der besten Zinssätze. Bei Lockvogelangeboten gelten die Superzinsen meist nur für kurze Zeit, dann werden die Konditionen kräftig nach unten angepasst. Kurz: Die Wahl der Bank will gut überlegt sein. Das gilt allen voran für die Angebote ausländischer Institute, die nicht selten mit Spitzenkonditionen locken.

> **! Achtung!**
>
> Jeder Prozentpunkt, den der Zins über Marktdurchschnitt liegt, hat seinen Preis. Der Konkurs der isländischen Kaupthing Edge Bank im Oktober 2008 sollte Sparern ein warnendes Beispiel sein. Legen Sie Ihr Geld nicht allzu sorglos bei Auslandsbanken an! Da im Insolvenzfall die Einlagensicherung im Heimatland der jeweiligen Bank gilt, sind die Gelder keinesfalls so sicher wie auf Konten deutscher Banken und Sparkassen. Zudem kann es im Ernstfall oft Monate dauern, bis die Anleger ihr Geld wiedersehen. (Siehe dazu auch in diesem Kapitel, Seite 75.)

Sparbuchvarianten

Im Gegensatz zum Tagesgeldkonto mit direkter Verfügungsgewalt können Anleger beim klassischen Sparbuch erst nach einer Kündigungsfrist von drei Monaten über größere Beträge verfügen. Wer früher an sein Geld will, kann sich jedoch jeden Monat 2.000 Euro auszahlen lassen, ohne dass Vorschusszinsen fällig werden. Für Beträge, die darüber liegen, fällt ein Strafzins in Höhe eines Viertels des Einlagenzinses an, der von der Bank für die Zeit von höchstens drei Monaten erhoben wird. Der Anleger bekommt also letztlich weniger Zinsen.

Das klassische Sparbuch gibt es in vielen Varianten. Während Banken Kleinsparer mit Minizinsen – früher „Spareckzins" genannt – abspeisen, rücken sie für vermögende Kunden auch schon mal das Doppelte und mehr heraus. Meist handelt es sich bei solchen Angeboten um Sparkonten mit Sondervereinbarungen. Bisweilen muss sich der Sparer verpflichten, das Geld für eine bestimmte Dauer – beispielsweise vier Monate, ein Jahr oder länger – auf dem Konto liegen zu lassen. Oder aber das Zinszubrot gibt es nur für Kunden, die einen hohen Betrag von 5.000 Euro oder mehr auf dem Sparbuch anlegen und länger stehen lassen. Manchmal sind bei solchen Verträgen durchaus Abhebungen bis zu einem Mindestbetrag erlaubt, der auf dem Konto verbleiben muss. In anderen Fällen gefährdet jede vorzeitige Abhebung den Zinszuschlag, manchmal geht er sogar rückwirkend verloren. Bei allen Sondersparverträgen kommt es auf das Kleingedruckte an. Das sollten Sie sich vor Vertragsabschluss daher sorgfältig durchlesen!

Weiterer Nachteil vieler bonifizierter Sparbuchverträge: Wollen Sie über das Geld verfügen, müssen Sie trotz vereinbarter Laufzeit drei Monate vor Fälligkeit kündigen. Ansonsten verlängert sich der Vertrag automatisch. Einen monatlichen Freibetrag von 2.000 Euro gibt es für bonifizierte Verträge zudem meist nicht. Wenn Sie Ihr Geld unerwartet brauchen, müssen Sie für die vorzeitige Verfügung Vorschusszinsen bezahlen und können obendrein den Zinszuschlag verlieren.

Darüber hinaus ist das klassische Sparbuch – wie viele andere Produkte – nicht von

Wichtig!

Die jährlich gutgeschriebenen Zinsen auf dem Sparbuch mit vereinbarter Kündigungsfrist können Sie in der Regel nur bis spätestens Ende Februar abheben. Sonst werden sie Bestandteil des Sparguthabens und liegen dann ebenso lange fest wie das eigentliche Guthaben.

der Kreativität der Anlageproduktentwickler verschont geblieben. So bot zum Beispiel die Postbank im Jahr 2009 eine Sparbuchform an, deren Verzinsung von der Entwicklung der wichtigsten deutschen Aktienwerte abhängt. Das gute alte Sparbuch trägt so schon erste Züge eines Zockerpapiers. Auch das Sparbuch in Papierform hat wohl bald ganz ausgedient. Häufig werden von den Banken nur noch Sparkarten aus Plastik ausgegeben. Das rituelle Nachtragen von Zinsen ins Sparbuch nach dem Jahreswechsel gehört demnächst wohl endgültig der Vergangenheit an.

Festgeld / Termingeld

Für Sparer, die eine größere Summe anlegen wollen und genau wissen, wann das Geld frühestens wieder zur Verfügung stehen muss, sind Festgeldanlagen – auch „Termingeld" genannt – eine gute Alternative. Beim Festgeld werden für eine bestimmte Anlagedauer feste Zinsen vereinbart. Üblich sind Laufzeiten von 30, 60, 90, 180 oder 360 Tagen. Während dieser Zeit können Sie nicht an Ihr Geld. Trotzdem können Sie von steigenden Zinsen profitieren. Der Trick: Sie schließen in solchen Zeiten einfach Monat für Monat 30 Tages-Festgeldanlagen ab. Das geht ganz einfach: Wenn Sie die Gelder nicht kurz vor Fälligkeit abrufen, verlängert sich die Anlage automatisch um die gleiche Anlagedauer wie bisher – und zwar zu dem dann jeweils aktuellen Zinssatz. Spätestens auf dem Zinsgipfel sollten Sie Ihr Kapital dann in lang laufende, festverzinste Anlagen umschichten, sonst machen die auf Termingelder angelegten Mittel auch die nachfolgende Zinstalfahrt mit.

▶ **Wichtig!**

Teilen Sie Ihrer Bank rechtzeitig vor Fälligkeit mit, was mit Ihrem Geld geschehen soll. Andernfalls besteht die Gefahr, dass die Festgeldanlage automatisch verlängert wird. Manche Banken erinnern ihre Kunden automatisch an den Ablauftermin, andere setzen ungewöhnlich frühe Fristen für die Entscheidung an – ohne den Kunden darauf aufmerksam zu machen. Deshalb gilt auch hier: Prüfen Sie Sonderbedingungen für Festgeldanlagen vor Vertragsabschluss sorgfältig – lesen Sie das Kleingedruckte! Bisweilen wird das fällige Termingeld nach Ablauf der Festlegungsfrist auch wie Guthaben auf einem Girokonto behandelt. Dann gibt es aber wiederum drei Monate Kündigungsfrist, falls Sie den Ablauftermin verpassen.

Meist haben Festgelder eine Mindestanlagesumme von 2.500 bis 5.000 Euro, bisweilen auch 10.000 Euro und mehr. Die Zinsen hängen von der Höhe der Anlagesumme, der Dauer der Anlage und dem jeweiligen Zinsniveau ab. Einige Banken bieten mehrjährige Festzinsanlagen an und bezeichnen diese als Festgeld. Die Zinsen werden hier entweder jährlich ausgezahlt oder direkt wieder auf dem Festgeldkonto angelegt, was dank Zinseszinseffekt zu höheren Renditen führt.

Grundsätzlich gilt für Festgelder: Je länger der Vertrag läuft und je höher der Anlagebetrag ist, desto mehr Zinsen gibt es. Sie liegen normalerweise über denen von Sparbüchern und sind von Bank zu Bank sehr unterschiedlich, sodass sich ein intensiver Vergleich und Verhandeln mit der Bank auf jeden Fall lohnen. Die besten Zinsen bieten oft Direktbanken und bisweilen Auslandsbanken.

Sparbrief

Bei Sparbriefen, die eine Laufzeit zwischen einem und zehn Jahren haben und von Banken und Sparkassen als Namensschuldverschreibungen auf den Namen des Eigentümers angeboten werden, brauchen Sie als Sparer nicht auf den Fälligkeitstermin zu achten. Eine automatische Verlängerung der Laufzeit ist in der Regel ausgeschlossen, allerdings auch eine vorzeitige Rückgabe oder Kündigung. Die Zinsen von Sparbriefen liegen für die gesamte Laufzeit fest. Oft sind die Sparbriefe aber mit einem Jahr für Jahr steigenden Zinssatz ausgestattet. Je nach Vertragsvariante können Sie wählen, ob die Zinsen jährlich ausgezahlt werden sollen, ob

Achtung!

Sparbriefe standen bisher nicht in Verdacht, mit riskanten Klauseln ausgestattet zu sein. Doch immer mehr Institute koppeln den Abschluss ihrer Sparbriefe an eine „Nachrangabrede" und bieten im Gegenzug höhere Zinsen an. Das Renditeplus erkaufen Sie sich jedoch mit einem erhöhten Risiko. Denn bei Produkten mit Nachrangabrede verzichtet der Anleger freiwillig auf die Einlagensicherungen und muss sich im Fall einer Bankpleite hinten anstellen. Konkret heißt das: Reicht die Insolvenzmasse nicht aus, verlieren Sie Ihr Guthaben. Bei Sparkassen und Volksbanken dürfte das Verlustrisiko zwar gering sein, da diese Geldhäuser grundsätzlich Institutssicherung bieten (siehe hierzu in diesem Kapitel, Seite 77). Doch grundsätzlich ist bei dieser Sparbriefvariante Vorsicht angebracht. Ihre Bank sollte Sie über das Restrisiko informieren, doch das passiert leider nicht immer. Daher gilt auch hier: Achten Sie auf das Kleingedruckte und lassen Sie sich schwer verständliche Klauseln erläutern.

der Zins erst am Ende der Laufzeit in einer Summe fällig wird oder ob die Zinsen wie beim sogenannten abgezinsten Sparbrief vom Kaufpreis abgezogen werden. Dann gibt es bei Fälligkeit den vollen Nennwert, also die Einzahlung plus Zinsen, auf einen Schlag zurück. Darüber hinaus sind Sparbriefe mit Zinsansammlung auf dem Markt, bei denen die Zinsen dem Kapital zugeschlagen und mitverzinst werden. Bei Ratensparbriefen erhalten Sie am Ende eines Anlagejahrs nicht nur die Zinsen ausbezahlt. Ihnen wird zugleich ein Teil des eingezahlten Kapitals zurückerstattet.

Banksparplan

Die Idee ist überzeugend: Sie legen jeden Monat eine kleine Summe beiseite, diese wird zinsbringend gesammelt und so schaffen Sie auf lange Sicht Vermögen fürs Alter. Während eifrige Sparer eine solche Anlagetaktik mit eiserner Disziplin in Eigenregie verfolgen, bevorzugen andere einen bequemeren Weg. Ihnen bieten Banken und Sparkassen langfristige Sparpläne zur Altersvorsorge, wobei Laufzeiten von 1 bis 25 Jahren, bisweilen auch länger, möglich sind. Bei einigen Instituten sind Sparer schon mit 5 Euro monatlich dabei. Die meisten Banken verlangen jedoch monatliche Mindestsparraten zwischen 25 und 50 Euro. Modellrechnungen, die in Cent und Euro aufzeigen, wie das Vermögen über die Jahre hinweg wächst, wirken auf den ersten Blick meist eindrucksvoll. Hinzu kommt, dass das Risiko bei Sparplänen extrem gering ist. Banksparpläne sind durch die Einlagensicherung voll geschützt.

Beim klassischen Sparplan sind die Zinsen variabel. Das bedeutet, die Bank kann die Zinsen wie beim Sparbuch je nach Zinsentwicklung jederzeit ändern. Vorsorgesparer können deshalb nicht abschätzen, wie viel der Sparplan für das Alter letztlich bringt. Um den Sparfleiß anzustacheln, legt

> **! Achtung!**
>
> Komfort und Sicherheit haben ihren Preis: Banksparpläne bringen durchweg weniger Zinsen als zum Beispiel Anleihen. Sparpläne sind daher zwar eine absolut sichere Basis für den Aufbau des Alterseinkommens – eine Quelle üppiger Erträge und raschen Kapitalwachstums sind sie jedoch nicht.

die Bank auf den Grundzins oder die Sparleistung einen Bonus oder eine Prämie drauf, die jährlich oder auch am Ende der Laufzeit ausgezahlt werden. Dabei kann der Zuschlag je nach Bank und Spardauer zwischen 2 und 100 Prozent betragen. Das klingt verlockend, doch diese Sparplanvariante hat gleich mehrere Haken: Oft wird der Bonus nur auf das angesammelte Kapital gewährt – und nicht auf die zwischenzeitlich erwirtschafteten Zinserträge. Das schmälert den Bonusertrag. Gibt es den Zuschlag erst am Ende der Laufzeit, entsteht ein zusätzliches Problem: Wollen oder müssen Sie Ihren Sparplan vorzeitig kündigen, gehen Sie entweder leer aus oder Sie müssen sich mit einem drastisch gekürzten Bonus abfinden. Denn meist ist der Bonus nach Laufzeit gestaffelt.

Außer der Kombination aus variablem Zins plus Bonus werden auch Sparpläne mit festem Zins für die gesamte Laufzeit angeboten. Der Vorteil: Bei solchen Verträgen können Sie genauer kalkulieren, wie das Sparpolster für den Ruhestand wächst. Der Nachteil: Der garantierte Festzins liegt zwar fast immer höher als bei variablen Konditionen, ist aber dennoch bescheiden – vor allem bei Abschluss in einer Niedrigzinsphase. Wer Magerkonditionen

> **Wichtig!**
>
> Nach geltender Rechtsprechung des Bundesgerichtshofs (BGH, Az.: XI ZR 140/03) müssen Banken für Sparpläne mit variablem Zins und Boni eine feste Bezugsgröße angeben, an die sie ihre Sparzinsen koppeln. Die Bank muss den Zinssatz ändern, wenn sich die Bezugsgröße ändert. Dabei muss der Zinsabstand zum Referenzzins immer gleich bleiben. Als Maßstab für eine Zinsänderung kann zum Beispiel der Geldmarktzins Euribor herangezogen werden. Das ist der Zinssatz, zu dem sich Banken im Euroland untereinander Geld leihen und der automatisch an veränderte Marktkonditionen angepasst wird. Bisweilen haben die Banken aber auch verschiedene Marktzinssätze zu einer eigenen Benchmark zusammengefasst, an der sich die Verzinsung orientiert. Das kann zum Beispiel ein Mix aus Dreimonatsfestgeldzinsen und den Konditionen für zehnjährige Staatsanleihen sein.

auf lange Sicht festschreibt, läuft deshalb Gefahr, auf wertvolle Prozente zu verzichten – es sei denn, der Vertrag ist problemlos kündbar. Dann können Sie als Vorsorgesparer später auf besser verzinste Angebote umsteigen. Eine andere Variante sind Sparpläne mit Staffelzins. Dabei steigt der Zinssatz entweder Jahr für Jahr oder zu bestimmten Terminen. Je nach Zinsstaffel kann sich der Abschluss solcher Verträge auch bei niedrigem Zinsniveau lohnen.

Der Konditionenvielfalt sind bei Sparverträgen keine Grenzen gesetzt. Es ist daher sinnvoll, vor Abschluss die Angebote verschiedener Institute zu vergleichen. Dazu lassen Sie sich am besten die effektive Rendite des jeweiligen Sparplans über die gesamte Laufzeit nennen. Ist der Bankberater dazu nicht in der Lage – was gar nicht so selten vorkommt, weil die Kreditwirtschaft bei Sparangeboten nicht zur Nennung des Effektivzinses verpflichtet ist – sollten Sie sich auf jeden Fall den Betrag nennen lassen, der am Ende der Laufzeit samt Zins und Zinseszins auf dem Konto steht.

Besonderes Augenmerk sollten Sie auf die Ausstiegsmöglichkeiten richten. Meist haben Banksparpläne zwar eine Mindestlaufzeit von ein bis drei Jahren und können mit einer dreimonatigen Kündigungsfrist beendet werden. Doch das gilt eben nicht für alle Verträge. Manche schreiben Kündigungsfristen von mehreren Jahren vor. Selbst in Notsituationen müssen Sparer dann so lange warten, bis sie wieder an ihr Geld kommen. In anderen Fällen werden Boni, Prämien oder aber ein vereinbarter Extrazins rückwirkend gestrichen, wenn der Sparer den Vertrag vorzeitig beendet. Verträge mit solchen Fußangeln im Kleingedruckten sollten Sie meiden.

Im Überblick: das Wichtigste rund um Banksparpläne

- Achten Sie besonders auf Verfügungsmöglichkeiten und Kündigungsfristen.
- Sparpläne mit variablen Zinsen erfordern eine laufende Zinsbeobachtung, um bei Zinssenkungen rechtzeitig aus- oder umsteigen zu können. Das erfordert wiederum, dass die Bezugsgröße für die Zinsentwicklung eindeutig benannt wird und vom Sparer regelmäßig verfolgt werden kann.
- Bestehen Sie auf der Angabe des effektiven Jahreszinses. Lassen Sie sich den Zinsertrag und Bonuszahlungen in Euro und Cent vorrechnen.
- Bevorzugen Sie Sparpläne mit jährlichem Bonus und dreimonatiger Kündigungsfrist.
- Prüfen Sie, ob die Sparraten während der Laufzeit ohne Nachteile geändert werden können.

Auszahlpläne

Für Kunden, die das finanzielle Ruhekissen fürs Alter bereits angespart haben, bietet die Kreditwirtschaft sogenannte Auszahlpläne
an. Eine einmalige Summe, beispielsweise 50.000 Euro, wird in den
Auszahlplan investiert und für eine bestimmte Zeit. Üblich sind zwei
bis zehn Jahre, wobei es vereinzelt Pläne mit bis zu 30 Jahren gibt. Für
diese Zeit garantiert die Bank meist eine feste Verzinsung. Angeboten
werden aber auch Auszahlpläne mit variablen Konditionen. Diese
lohnen sich allerdings nur in Zeiten steigender Zinsen – und wenn der
Anpassungsmechanismus an die Marktkonditionen klar geregelt ist,
also feste Termine für die Zinsanpassung vorgesehen sind oder die
Verzinsung an bestimmte Referenzzinssätze, wie zum Beispiel den
Euribor, gekoppelt ist. Außerdem sollte der Vertrag vorzeitig kündbar
sein oder nicht allzu lange laufen.

Genau wie bei Fondsauszahlplänen (siehe hierzu ab Seite 140) können
Vorsorgesparer auch bei den Kreditinstituten zwischen zwei Varianten
wählen: Auszahlpläne mit oder ohne Kapitalerhalt. Wer seinen Erben
noch etwas hinterlassen will, bessert sein Alterseinkommen nur mit
dem Zinsertrag des Ersparten auf. Für 50.000 Euro Anlagesumme
kassieren Sie bei einem Auszahlplan mit Kapitalerhalt und einem Guthabenzins von 2,3 Prozent knapp 96 Euro „ewige" Monatsrente. Bei
einem Auszahlplan mit Kapitalverzehr gibt es bei gleicher Verzinsung
fast fünfmal so viel, wenn das Geld in zehn Jahren verbraucht werden
kann. Wenn Sie das Zubrot zur Rente 20 Jahre lang verzehren wollen,
können Sie mit 259 Euro Monatsrente rechnen.

Zusammengefasst: Sparanlagen und Termingelder

Geeignet für Geldanleger und Vorsorgesparer, die großen Wert auf eine
sichere und bequeme Anlage legen. Die Flexibilität hängt von der Produktauswahl ab: Während Tagesgeldkonten jederzeit verfügbar sind, gibt es
bei Sparbriefen und Festgeld feste Laufzeiten, bei einzelnen Sparbuch-
varianten unterschiedliche Kündigungsfristen.

Renditechancen: bis   Sicherheit:

Flexibilität: bis   Bequemlichkeit:

Bausparen

Bausparen ist im Grunde genommen nichts anderes als zweckge-richtetes Sparen. Denn das typische Bausparprinzip lautet: Erst sparen, dann bauen. Die Habenzinsen in der Ansparphase sind meist niedrig. Mit diesem Zinsverzicht in der Sparphase sichern Sie sich aber den Anspruch auf ein zinsgünstiges Darlehen in der Tilgungsphase. Bausparverträge sind daher vor allem für Sparer interessant, die in ein paar Jahren bauen oder ihre Immobilie mo-dernisieren wollen und sich bis dahin vor einem möglichen Zins-anstieg für ihre Baufinanzierung schützen möchten. Für Sparer, die keine Bau- oder Kaufabsichten hegen, lohnen sie dagegen nicht – es sei denn, sie können zugleich von der staatlichen Vermögens-förderung profitieren (Einzelheiten siehe ab Seite 212).

Ob sich ein Bausparvertrag rentiert, hängt einerseits von den Zielen des Bausparers ab, andererseits von den Zinskonditionen und dem Zinsniveau. Beim klassischen Bausparen liegt der wichtigste Vorteil darin, dass von vornherein feste Kreditzinsen zugesagt werden. Somit besteht kein Zinsänderungsrisiko. Außerdem sind üblicher-weise Sondertilgungen in beliebiger Höhe möglich. Dafür ist das Bausparen aber mit hohen Gebühren in Form von Abschlussgebühr, laufender Kontoführungsgebühr und gegebenenfalls Darlehens-gebühr bei Kreditauszahlung verbunden.

Niedrige Darlehenszinsen allein sind daher kein Maßstab, um eine Bausparfinanzierung zu beurteilen. Wie gut ein Bausparvertrag ist, hängt unter anderem davon ab, in welcher Zinssituation Sie den Vertrag abschließen und wann Sie mit dem Bau oder Hauskauf be-ginnen. Rechnen Sie mit einer Hochzinsphase, kann es ratsam sein, sich die niedrigen Bauzinskonditionen für einen Teil der Finanzie-rung zu sichern. In Zeiten niedriger Zinsen ist Bausparen dagegen wenig sinnvoll. Dann können Sie die Immobilie schließlich auch mit einem günstigen Hypothekendarlehen finanzieren (siehe hierzu auch Kapitel 6, Seite 192).

Sparerschutz und Einlagensicherung

Auch Sicherheitsfanatiker müssen ihre Notgroschen und ihr Erspartes nicht unter der Matratze verstecken, wie es in der Finanzkrise
2008/2009 durchaus einige getan haben. Wenn eine Bank Konkurs
anmelden muss, ist das Geld der Kunden nicht verloren. In jedem
EU-Land gibt es mittlerweile eine Einlagensicherung für Spar- und
Wertpapieranlagen. Der Mindestschutz ist EU-weit einheitlich geregelt. Ersetzt werden Einlagen und Wertpapiere bis zum Höchstbetrag von 100.000 Euro. Die Brüsseler Vorgaben sind allerdings
nur eine Mindestsicherung. Jedem Land bleibt es überlassen,
Sparern und Anlegern bessere Schutzsysteme zu bieten. Auf diesen
Zusatzschutz haben Sparer aber keinen Rechtsanspruch. Deshalb
hängt es vom jeweiligen Sicherungssystem ab, ob der Zusatzschutz
auch greift. Grundsätzlich können Großpleiten jedes Sicherungssystem aber extrem belasten. Wer größere Anlagensummen unterbringen will, sollte das Geld daher auf verschiedene Institute
verteilen.

Gesichert sind nicht nur Guthaben auf Girokonten und Spareinlagen
aller Art wie beispielsweise Sparbücher, Festgelder oder Sparbriefe,
soweit sie auf den Namen der Kunden lauten. Auch bis zur Konkurs-
eröffnung anfallende Zinsen sind geschützt, wenn auch nur in Höhe
marktüblicher Zinsen.

Sogenannte Inhaberpapiere wie Bankschuldverschreibungen oder
Inhabereinlagenzertifikate, Anleihen, Aktien, Fondsanteile und
andere Wertpapiere in den Wertpapierdepots der Banken fallen
zwar nicht unter die Einlagensicherung des Staats und der Bankenverbände. Geschützt sind sie dennoch. Da die Anleger rechtliche
Eigentümer dieser Papiere bleiben, zählen diese Anlagen nicht zur
Konkursmasse der Institute. Es gibt nur zwei Ausnahmen:

■ Die Bank hat selbst das entsprechende Papier emittiert. Dieses
  Geld ist dann nicht geschützt.
■ Die Bank ist (pflichtwidrig) nicht imstande, die sich im Eigentum
  des Kunden befindlichen und von der Bank verwahrten Wert-

papiere zurückzugeben. Für diesen Fall haben Anleger Anspruch auf 90 Prozent der Verbindlichkeiten aus Wertpapiergeschäften bis zum Höchstbetrag von 20.000 Euro.

Geschützt sind zudem nur Anlagen, die auf Euro oder die Währung eines EU-Mitgliedstaats lauten.

■ **Die staatliche Einlagensicherung**
In Deutschland werden die EU-Vorgaben durch das Einlagensicherungs- und Anlegerentschädigungsgesetz umgesetzt und durch die Entschädigungseinrichtung deutscher Banken GmbH (EdB) erfüllt. Daneben haben die Geschäftsbanken, Volks- und Raiffeisenbanken sowie die Sparkassen und die Bausparkassen eigene Sicherungssysteme, die Sparern einen zusätzlichen Einlagenschutz bieten.

■ **Die zusätzliche Absicherung deutscher Bankenverbände**
Die Einlagensicherungsfonds der verschiedenen Bankenverbände in Deutschland bieten Sicherheiten, die weit über den gesetzlichen Mindestschutz hinausgehen. Diese freiwilligen Einlagensicherungssysteme berücksichtigen jedoch den Sockelbetrag der staatlichen Einlagensicherung. Das gilt nicht nur für die deutschen Banken, sondern auch für ausländische Institute, die zugleich Mitglied in einem freiwilligen deutschen Sicherungssystem sind. Hier gilt grundsätzlich: Leistet die gesetzliche Einlagensicherung im jeweiligen Heimatland nicht, so wird dieser Betrag auch nicht von der Einlagensicherung der deutschen Banken ersetzt. Alle Kreditinstitute sind verpflichtet, ihren Kunden mitzuteilen, welcher Sicherungseinrichtung sie angehören. Neukunden müssen sogar direkt über die Bestimmungen einschließlich Höhe und Umfang der Sicherung informiert werden.

■ **Der Einlagensicherungsfonds deutscher Banken**
Bei Banken, die dem Einlagensicherungsfonds des Bundesverbands deutscher Banken angeschlossen sind, werden Guthaben einschließlich der angefallenen Zinsen bis zum 1. Januar 2015 pro Anleger in Höhe von bis zu 30 Prozent des haftenden Eigenkapitals der Bank abgesichert. Da das Mindesteigenkapital eine Bank in Deutschland bei fünf Millionen Euro liegt, sind damit pro

Anleger 1,5 Mio. Euro geschützt. Ab 2015 wird die Höhe der Einlagensicherung reduziert. Für neu aufgenommene Institute beträgt
sie bis zum Ende des dritten Jahres nach Aufnahme nur 250.000
Euro. Dennoch gilt: Für die meisten Kontoinhaber bedeutet das
einen praktisch vollständigen Schutz ihrer Ersparnisse.

■ **Die Einlagensicherung der Sparkassen**

Bei öffentlich-rechtlichen Sparkassen sollen die kommunalen
Körperschaften wie Städte und Gemeinden die drohende Pleite
eines Mitgliedsinstituts durch Sanierung abwenden. Zusätzlich
haben die regionalen Sparkassen- und Giroverbände Stützungs-
fonds gebildet, die bei Zahlungsschwierigkeiten einspringen.
Reicht das nicht aus, können sie auf die Sicherungsreserve der
Landesbanken und Girozentralen zurückgreifen. Sollten auch
diese Reserven nicht ausreichen, um die Entschädigungsansprü-
che abzudecken, kommt es zu einem überregionalen Ausgleich
aller Sparkassen-Stützungsfonds, die notfalls ihr gesamtes
Finanzvolumen zur Verfügung stellen. Durch dieses System sind
letztlich die Institute selbst vor einem Konkurs geschützt.

■ **Die Einlagensicherung der Genossenschaftsbanken**

Das Einlagensicherungssystem der Volks- und Raiffeisenbanken
besteht aus mehreren Garantiefonds und dem Garantieverbund.
Gerät eine Genossenschaftsbank in Zahlungsschwierigkeiten,
greifen ihr die Garantiefonds mit Barzuschüssen, verzinslichen
oder unverzinslichen Darlehen unter die Arme. Alle angeschlos-
senen Banken zahlen solidarisch in diese Fonds ein. Dadurch
sind die Geldanlagen zu 100 Prozent abgedeckt. Darüber hinaus
sichert ein Garantieverbund die Bank insgesamt ab. Er verhindert, dass sie zahlungsunfähig wird und übernimmt schlimmstenfalls Bürgschaften und Garantien.

■ **Die Einlagensicherung der Bausparkassen**

Einlagen bei Bausparverträgen sind einschließlich der Zinsen in
unbegrenzter Höhe abgesichert. Die meisten Bausparkassen
gehören dem Bausparkassen-Einlagensicherungsfonds an. Er
deckt allerdings nur Einlagen bis zu 250.000 Euro ab. Doch alle
Institute haben noch eine zweite Sicherung. Bausparanbieter,
die zu großen Banken gehören, sind durch den Einlagensicherungsfonds für Bank-Bausparkassen geschützt, der das Gut-

haben aller Kunden unbegrenzt absichert. Für Einlagen öffentlicher Bausparkassen – das sind die Landesbausparkassen
(LBS) – tritt das Sicherungssystem des Deutschen Sparkassen-
und Giroverbands ein. Die zum genossenschaftlichen Bereich
gehörende Bausparkasse Schwäbisch Hall gehört dem Sicherungssystem der genossenschaftlichen Banken an.

■ **Die Entschädigungseinrichtung deutscher Banken**

Die wenigen deutschen Kreditinstitute, die keinem Einlagensicherungsfonds der Bankenverbände angehören – oft sind
das kleinere Banken –, sind durch die 1998 neu gegründete
Entschädigungseinrichtung deutscher Banken GmbH geschützt.
Sie bietet allerdings nur die gesetzliche Mindestabsicherung
von 100.000 Euro für Spar- und die zusätzliche Absicherung für
Wertpapiere bis zu maximal 20.000 Euro.

■ **Einlagensicherung bei ausländischen Banken**

Grundsätzlich gelten die Garantien der verschiedenen Siche-
rungseinrichtungen in Deutschland nicht für ausländische Banken. Diese sind in der Regel den Einlagensicherungssystemen
in dem Land angeschlossen, in dem die jeweilige Bank ihren
Hauptsitz hat. So gibt es in fast jedem Land außerhalb der EU
eigene staatliche Einlagengarantien. In den USA beispielsweise
beträgt der Garantiebetrag der Einlagensicherung 250.000 US-
Dollar, in der Schweiz 100.000 Schweizer Franken und in Japan
10.000.000 Yen.

Fast alle EU-Staaten bieten dagegen nur den gesetzlich veran-
kerten Mindestschutz. Privatrechtliche Sicherungssysteme, die
einen höheren Einlagenschutz bieten, existieren dagegen nicht.
Einzelne ausländische Banken sind mit ihrer deutschen Niederlassung dem Einlagensicherungsfonds deutscher Banken beige-
treten. Dieser Schutz beginnt jedoch erst dort, wo die Sicherung
des Heimatlands aufhört. Das heißt: Die Grundabsicherung
erfolgt über die Sicherungseinrichtung des Heimatlands. Anleger
müssen sich daher im Ernstfall die ersten 100.000 Euro des angelegten Kapitals von der ausländischen Einlagensicherung erstatten lassen. Das kann dauern – und bei kleineren EU-Ländern
sogar problematisch sein. Sicherheitsbewusste Sparer sollten

daher Institute bevorzugen, die der deutschen Einlagensicherung unterliegen.

Sonderfall Einlagensicherung in der Türkei

In der Türkei gibt es eine staatliche Einlagensicherung durch das türkische Schatzamt. Diese gilt jedoch nicht für Devisenausländer. Wer also sein Geld von Deutschland aus direkt bei Banken in der Türkei anlegen möchte, kann die Einlagensicherung im Schadensfall nicht beanspruchen.

Belastungsgrenzen der Einlagensicherung

Unendlich belastbar sind die Garantien der Bankenverbände nicht. Um mit der Insolvenz der deutschen Niederlassung der Investmentbank Lehman Brothers fertig zu werden, benötigte der Bankenverband zum Beispiel eine Garantie des staatlichen Bankenrettungsfonds SoFFin. Denn grundsätzlich besteht zwar eine Nachschusspflicht der Mitglieder, wenn die Gelder für eine Bankenrettung nicht ausreichen. Doch in der Finanzkrise fehlten vielen Banken dazu die Mittel. Das war letztlich auch der Grund, warum die Bundesregierung 2008 eine mündliche Staatsgarantie für Bankeneinlagen abgegeben hat. Die wurde aber niemals in Gesetzesform gegossen. Deshalb ist auch die staatliche Einlagensicherung letztlich nur so gut wie die Bonität und Zahlungsfähigkeit des jeweiligen Landes.

Festverzinsliche Wertpapiere

Sie müssen beim Aufbau Ihrer Altersvorsorge nicht unbedingt auf Angebote von der Stange zurückgreifen. Sie können das Kapital für die private Zusatzrente auch in einem individuellen Wertpapierdepot wachsen lassen. Schaffen Sie sich Ihr finanzielles Ruhepolster zum Beispiel mit einer Mischung aus sicheren, festverzinslichen Wertpapieren und renditestarken Werten wie Aktien.

Festverzinsliche Wertpapiere – auch „Anleihen", „Bonds", „Rentenpapiere", „Obligationen" oder „Schuldverschreibungen" genannt – sind bei Sparern beliebt. Denn sie bieten nicht nur regelmäßige Zinszahlungen und lange Laufzeiten. Anleihen bringen meist auch etwas bessere Zinskonditionen als Sparbücher, Sparbriefe oder Festgeld. Festverzinsliche Wertpapiere sind zwar meist wie Sparbriefe oder Festgeld mit einem festen Zins für die gesamte Laufzeit ausgestattet, auch die Rückzahlung des Kapitals zu 100 Prozent am Ende der Laufzeit ist garantiert. Doch im Gegensatz zu Sparbrief oder Festgeld können Anleihen täglich über den „Rentenmarkt", wie die Börse für Anleihen genannt wird, wieder flüssig gemacht werden. Der Liquiditätsvorteil hat allerdings einen Haken: Über den Preis (Kurs) entscheiden Angebot und Nachfrage. Denn direkt nach der Erstausgabe – auch „Emission" genannt – kommen die Bonds in den Börsenhandel, wo sie jederzeit zum aktuellen Börsenkurs an- und verkauft werden können. Je nach Nachfrage- und Zinsentwicklung kann der Börsenkurs mehr oder minder stark schwanken. Das trifft aber nur Anleger, die die Papiere vor dem offiziellen Rückzahlungstermin wieder verkaufen wollen. Wer Anleihen bis zur Fälligkeit hält, geht kein Kursrisiko ein.

Ausgegeben werden Anleihen von einzelnen Staaten wie der Bundesrepublik Deutschland, aber auch von anderen öffentlichen Haushalten wie Bundesländern und Kommunen. Daneben legen auch Geschäftsbanken, Sparkassen, Hypothekenbanken sowie Landeszentralbanken und andere Kreditinstitute Anleihen auf. Und

nicht zuletzt emittieren auch Unternehmen Anleihen. Alle diese
Emittenten finanzieren durch die Ausgabe von Schuldverschreibungen einen großen Teil ihres mittel- und langfristigen Kapital-
und Investitionsbedarfs.

So funktionieren Anleihen

Anleihen haben einen bestimmten Nennwert wie zum Beispiel
1.000 Euro, zu dem sie am Laufzeitende ausbezahlt werden. An
der Börse notieren Anleihen bis zum Laufzeitende in Prozent ihres
Nennwerts. Ein Kurs von 100 Prozent bedeutet also, dass die Anleihe genau zu dem Preis gehandelt wird, zu dem sie der Emittent
am Ende der Laufzeit zurückzahlt. Ein Kurs von 95 Prozent besagt,
dass ein Käufer nur 95 Prozent des Nennwerts – also 950 Euro –
für das Papier zahlen muss. Liegt der Nennwert bei 105 Prozent,
kostet die Anleihe 1.050 Euro. Umgekehrt erzielt der Verkäufer
einen Gewinn bzw. erleidet einen Verlust.

Bis zum Laufzeitende unterliegen die Anleihen einem Kursände-
rungsrisiko. Zum Zeitpunkt ihrer Ausgabe wird eine Anleihe mit
dem Zins ausgestattet, der dem aktuellen Niveau am Kapitalmarkt
entspricht. Dieser Zinssatz liegt üblicherweise für die gesamte
Laufzeit der Anleihe fest. Das können 5, 10, aber auch 20, 30 oder
35 Jahre sein. In dieser Zeit bleibt das Zinsniveau am Kapitalmarkt
jedoch keineswegs konstant. In wirtschaftlichen Flautezeiten –
wie seit Beginn der Finanzkrise 2008/2009 – sinken die Zinsen,
während sie in konjunkturellen Hochzeiten steigen. Der alte Zins
wird daher im Lauf der Zeit kaum noch marktgerecht sein. Es
ergibt sich folgender Mechanismus: Steigen die Zinsen am Kapitalmarkt, sinken die Kurse der Anleihen. Der Grund: Es kommen
neue Anleihen auf den Markt, die besser verzinst sind als die
alte Anleihe, die zu konstant niedrigeren Zinsen emittiert wurde.
Würde der Kurs nicht sinken, gäbe es für Anleger keinen Grund,
die älteren, schlechter verzinsten Papiere zu kaufen. Das Ganze
gilt natürlich auch in umgekehrter Richtung. Sinken die Zinsen am
Markt, sind die neuen Anleihen weniger attraktiv als die alten, höher verzinsten, deren Kurse folglich steigen.

> ▶ **Wichtig!**
>
> Wichtig für Sie als Anleger ist weniger der Zinssatz, mit dem die Anleihe ausgestattet ist (auch „Nominalzins" genannt), als vielmehr die Rendite, die sich aus dem Nominalzins, der Restlaufzeit und dem Kaufpreis ergibt. Im Internet gibt es zahlreiche Rechentools – wie von der Stiftung Warentest unter www.test.de –, mit denen sich die Renditen von Anleihen ganz leicht berechnen lassen.

Ein weiterer Grund für Kursänderungen kann in einem veränderten Bonitätsrisiko des Emittenten begründet sein. Gerät ein Staat oder Unternehmen in Schwierigkeiten, verschlechtern sich die Aussichten, dass die Anleiheschulden beglichen werden können. Deshalb werden die Papiere mit Kursabschlag gehandelt. Umgekehrt steigt der Anleihekurs, wenn sich die Bonität verbessert.

Wie hoch das Ausfallrisiko einer Anleihe ist, bewerten Ratingagenturen wie Moody's oder Standard & Poor's. Sie prüfen staatliche und private Anleiheemittenten und vergeben Noten für deren Zahlungsfähigkeit, sprich: Bonität. Weitgehende Sicherheit bieten nur Topschuldner, die mit „A" bis „AAA" benotet werden.

Staatsanleihen

Die Bundesrepublik Deutschland bietet eine Reihe von Anleihen an (mehr Informationen dazu in diesem Kapitel, ab Seite 89). Sie gelten wie Anleihen Frankreichs, der Niederlande, der Schweiz, der USA oder Kanadas überwiegend als ausfallsicher. Im Zuge der Finanzkrise wurde allerdings deutlich, dass dies längst nicht für alle Staatsanleihen aus Industrienationen gilt. Zudem bestehen bei Bonds, die von Staaten außerhalb des Euro-Währungsverbunds ausgegeben werden, gegebenenfalls Währungsrisiken. Staatsanleihen der Schweiz oder der USA beispielsweise gelten zwar als erstklassig. Sind sie auf Schweizer Franken oder US-Dollar ausgestellt, müssen deutsche Anleger jedoch Kursabstriche hinnehmen, falls der jeweilige Währungskurs gegenüber dem Euro fällt. Das Gleiche gilt für alle anderen Fremdwährungsanleihen, die nicht auf Euro lauten. Umgekehrt sind mit Fremdwährungsanleihen aber auch zusätzliche Gewinne möglich, wenn der Kurs der ausländischen Währung gegenüber dem Euro steigt. Darauf zu spekulieren ist jedoch ein

riskantes Geschäft. Deshalb sind Fremdwährungsanleihen für die
Altersvorsorge nur bedingt geeignet.

Auf Anleihen weniger zahlungskräftiger Staaten und Schwellenlän-
der, zum Beispiel auf Anleihen aus südlichen EU-Ländern oder aus
Osteuropa oder Lateinamerika, sollten Sie beim Vorsorgesparen
ebenfalls verzichten. Sie bringen zwar hohe Zinsen, bergen aber
auch immense Risiken. Es besteht die Gefahr, dass die Anleihen
nicht voll oder gar nicht zurückgezahlt werden können. So erlitten
Anleger in den 1990er-Jahren hohe Verluste, nachdem Argentinien
im Zuge einer tiefgreifenden Wirtschaftskrise weder Zinsen noch
die Anleihen selbst zurückzahlen konnte. Ähnlich sieht es infolge
des Schuldenschnitts bei griechischen und zyprischen Anleihen
aus.

Die Noten der Prüfer

Bonitätsbewertung	Standard & Poor's	Moody's	Risikobereich
Beste Bonität, äußerst geringes Ausfallrisiko	AAA	Aaa	Sicher oder geringes Risiko
Sehr gute Bonität, hohe Wahrscheinlichkeit für Zins- und Rückzahlung	AA+, AA, AA-	Aa1, Aa2, Aa3	
Gute Bonität, viele Kriterien deuten auf korrekte Zins- und Rückzahlung, es gibt aber Restrisiken	A+, A, A-	A1, A2, A3	
Schlechte Bonität, Zins und Tilgung werden geleistet, langfristig hohes Risiko eines Zahlungsausfalls	BB+, BB, BB-	Ba1, Ba2, Ba3	Spekulativ und sehr hohes Risiko
Sehr spekulative Anlage, Ausfall wahrscheinlich	B+, B, B-	B1, B2, B3	
Hochspekulative Anlage, Zahlungsverzug von Zins und Tilgung droht (S & P) oder ist bereits eingetreten (Moody's)	CCC, CC, C	Caa, Ca, C	

Pfandbriefe

Pfandbriefe sind Anleihen von Hypothekenbanken, die durch die Eintragung von erstrangigen Grundpfandrechten (Hypotheken) gesichert sind. Sie sind in Stücken ab 50 Euro zu haben und werden meist ein bisschen besser verzinst als Bundesanleihen mit vergleichbarer Laufzeit. Allerdings werden sie weitaus weniger gehandelt als Bundeswertpapiere, sind also nicht so liquide. Ein Verkauf kann unter Umständen Schwierigkeiten bereiten. Ratingagenturen schätzen die Bonität dieser Wertpapiere fast immer mit der Bestnote AAA ein.

In der Finanzkrise wurde das Vertrauen in Pfandbriefe auf eine harte Probe gestellt. Mit einem Marktanteil von 5,5 Prozent gehört ausgerechnet die inzwischen verstaatlichte Hypo Real Estate (HRE) mit ihrer Tochter, der Depfa Bank, zu den größten Emittenten. Nur der Staat konnte HRE im Herbst 2008 mit einer dreistelligen Milliardensumme retten und tat dies erklärtermaßen auch wegen der Bedeutung der Bank für den Pfandbriefmarkt. Die Kurse der Pfandbriefe rauschten dennoch in den Keller, oft bis auf 85 Prozent des Nennwerts. Der Handel stockte. Dass theoretisch nichts passieren konnte, weil die Papiere grundpfandrechtlich besichert waren, tröstete die Anleger im Herbst 2008 nicht. Viele von ihnen erlebten schlaflose Nächte, weil die Papiere zeitweise kaum handelbar waren. Die dadurch ausgelöste Unsicherheit und geringere Nachfrage führte dazu, dass Banken zumindest im Jahr 2009 den Anlegern höhere Zinssätze bieten mussten, um Pfandbriefe am Markt platzieren zu können. Die Ratingagenturen Standard & Poor's und Fitch richten die Beurteilung der Pfandbriefe seither stärker an der Qualität der ausgebenden Banken aus.

Eine Alternative sind Jumbo-Pfandbriefe. Diese haben ein Volumen von mindestens 1 Milliarde Euro und werden börsentäglich gehandelt. Anleger müssen hier mindestens 1.000 Euro investieren. Makler stellen fortlaufend Kurse, sodass Anleger die Papiere jederzeit kaufen und verkaufen können. Wermutstropfen: Der Renditevorsprung gegenüber Bundesanleihen ist geringer als bei Pfandbriefen mit kleinerem Emissionsvolumen.

Inhaberschuldverschreibungen

Verzinste Wertpapiere, die als Inhaberschuldverschreibungen von
Banken ausgegeben werden, bieten wegen des größeren Risikos
höhere Zinsen als Bundesanleihen. Denn das Risiko eines Totalver-
lusts bei einer Bankenpleite wird mittlerweile auch bei deutschen
Instituten nicht mehr grundsätzlich ausgeschlossen. Schließlich
haben die Finanzkrise 2008/2009 und insbesondere der Konkurs
der Lehman Brothers Bank gezeigt, dass ein bis dato für unmöglich
gehaltener Konkursfall sehr wohl eintreten kann. Ob der deutsche
Staat systemrelevante Großbanken in die Insolvenz gehen lassen
würde, ist aber nach wie vor umstritten. Bislang hat er die Kreditinstitute mit Staatshilfen unterstützt oder sie verstaatlicht. Bei
Großpleiten, die womöglich Kettenreaktionen nach sich ziehen,
wird das aber nicht immer möglich sein. Deshalb sollten Anleger
immer auf die Bonität der Emittenten von Bankschuldverschreibungen achten. Sparkassen
und Volksbanken werden allerdings durch ihre institutionelle Sicherung grundsätzlich
vor einer Pleite geschützt. Ihre
Schuldverschreibungen gelten
daher auch als vergleichsweise
sicher.

Achtung!

Viele Bankschuldverschreibungen sind nicht börsennotiert.
Vor allem kleinere Institute wie Volksbanken organisieren
stattdessen einen hausinternen Handel. An solchen Märkten ist die Kursbildung jedoch nicht immer transparent und
Anleger laufen Gefahr, bei einem Verkauf vor Fälligkeit nicht
den wahren Marktwert des Papiers zu bekommen.

Nicht nur Banken, auch Versicherungen und Industrieunternehmen
emittieren Anleihen – ganz besonders in Zeiten der Finanzkrise, wo
Banken mit Krediten knausern. Viele Unternehmen sind daher gera-
dezu gezwungen, Investitionen über Anleihen zu finanzieren. Dabei
müssen sie tiefer in die Tasche greifen und höhere Zinsen zahlen als
zum Beispiel der Staat. Die Papiere bieten daher oft bessere Renditen als öffentliche Anleihen. Im Gegenzug müssen Sie als Anleger
allerdings auch höhere Risiken in Kauf nehmen. Ein Totalverlust bei
einer Unternehmenspleite ist nicht ausgeschlossen. Wie groß das
Risiko ist, lässt sich am Zinskupon ablesen. Denn grundsätzlich gilt:
Je schlechter die Kreditwürdigkeit eines Unternehmens eingestuft
wird, umso höhere Zinsen muss es zahlen. Für die Altersvorsorge

gilt daher als Regel, dass nur Papiere infrage kommen, die von Ratingagenturen mit den Bestnoten AAA bis A bewertet sind. Schlechter eingestufte Unternehmensanleihen sind zu riskant.

Floater: variabel verzinste Anleihen

Anleihen müssen nicht zwingend einen festen Zinssatz haben. Es gibt auch variabel verzinste Anleihen. Sie werden nach ihrem amerikanischen Vorbild auch „Floating Rate Notes" oder kurz „Floater" genannt. Sie haben meist eine Laufzeit zwischen 4 und 15 Jahren. Die Zinsen dieser Papiere liegen nicht für die gesamte Laufzeit fest, sondern werden in regelmäßigen Abständen, meist viertel- oder halbjährlich, der aktuellen Zinsentwicklung angepasst. Die Zinsanpassung erfolgt aber nicht willkürlich. Vielmehr wird in den Emissionsbedingungen festgelegt, nach welchem offiziell gültigen Zinssatz sich die Zahlungen richten. Meist ist das der Interbankenzinssatz Euribor. Üblicherweise legen die Anleihebedingungen einen konstanten Abschlag wie beispielsweise 0,25 Prozent auf den Euribor fest. Infolge der regelmäßigen Zinsanpassung notiert der Kurs variabel verzinster Anleihen immer nahe dem Rückzahlungskurs von 100 Prozent. Bei den herkömmlichen Floatern sind Verluste – abgesehen vom Totalverlustrisiko bei einer Insolvenz des Emittenten – daher so gut wie ausgeschlossen. Dies gilt vor allem für Floater mit dreimonatiger Zinsanpassung. Ausgegeben werden Floater vor allem von öffentlichen Schuldnern, der Kreditwirtschaft und ausländischen Schuldnern. Sie gelten als ideale Anlage bei steigenden Zinsen. Kehrseite der Medaille: Bei sinkenden Zinsen sinkt auch der Ertrag der Floater fortlaufend. Als Daueranlage für die Altersvorsorge sind die Papiere deshalb ungeeignet.

Zusammengefasst: Anleihen

Geeignet für Vorsorgesparer, die ihr Vorsorgedepot nach individuellem Chance-Risiko-Raster selbst zusammenstellen und verwalten wollen. Ertrag und Sicherheit hängen von der Bonität des Schuldners, der Laufzeit der Papiere und der Kapitalmarktentwicklung ab.

Renditechancen: bis   Sicherheit: bis

Flexibilität: Bequemlichkeit:

Inflationsgeschützte Anleihen

Seit rund acht Jahren werden am deutschen Rentenmarkt auch inflationsgeschützte Anleihen angeboten. Bei diesen Papieren sind der Zinssatz und/oder der Rückzahlungskurs an die Entwicklung des Preisindexes geknüpft. Das soll Anlagekapital und Zinsen vor Kaufkraftverlusten schützen. Allerdings bergen auch inflationsgeschützte Anleihen Risiken. Ob sich der Einstieg in die auch „Linker" genannten Anleihen gegenüber nominal verzinsten Papieren tatsächlich lohnt, hängt in erster Linie von den Inflationserwartungen ab. Denn zunächst ist der Zinssatz bei Anleihen mit Inflationsschutz niedriger als bei herkömmlichen Bonds, wobei die Differenz exakt der erwarteten Inflationsrate entspricht. Klettert die künftige Teuerungsrate jedoch während der Laufzeit des Papiers über die im Zinskupon eingepreiste erwartete Inflationsrate, lohnt sich die Investition. Denn dann steigen Zinskupon und/oder Rückzahlungspreis der Anleihe. Bleibt die tatsächliche Preissteigerung dagegen bis zur Fälligkeit der Papiere hinter dem erwarteten Inflationstrend zurück, sind herkömmliche Anleihen profitabler. Denn dann gibt es bei den inflationsgeschützten Papieren keinen Zuschlag auf den Zinskupon und/oder Rückzahlungspreis.

Ein weiteres, zurzeit wenig wahrscheinliches Risiko: Sinken die Preissteigerungsraten (Deflation), können die Linker sogar Verluste am Laufzeitende bringen, wenn keine Rückzahlung zu 100 Prozent garantiert ist. Eine derartige Entwicklung ist mittelfristig aber kaum zu erwarten. Der Grund: Zur Bekämpfung der Finanzkrise wurden weltweit gigantische Konjunkturprogramme aufgelegt, die allesamt durch Staatsverschuldung finanziert werden. Zugleich haben die Notenbanken rund um den Globus den Geldhahn aufgedreht. Das könnte zu einem Problem werden, wenn die überschüssige Liquidität im Zuge der erwarteten Erholung der Weltwirtschaft nicht rechtzeitig wieder abgeschöpft wird. Hohe Geldentwertungsraten sind zudem für hoch verschuldete Staaten der bequemste Weg, ihre immensen Schulden einzudämmen. Denn so wird ein Teil der Schulden einfach „weginflationiert".

Kein Wunder also, dass inflationsgeschützte Anleihen bei institutionellen Anlegern derzeit heiß begehrt sind. Sogar die Bundesregierung hat entsprechende Papiere aufgelegt. Auf direktem Weg kommen Anleger an die Papiere jedoch bisweilen schwer heran. Sie sind oft nur über die Banken und Börsen erhältlich. Hier fallen bei kleinen Anlagesummen meist überproportional hohe Kosten an. Privatanlegern werden jedoch mittlerweile spezielle Rentenfonds angeboten, die in diese Papiere investieren (siehe hierzu ab Seite 126).

Im Überblick: das Wichtigste rund um festverzinsliche Wertpapiere

■ Flexibilität zahlt sich aus. Wenn Sie sich vor dem Anleihekauf gründlich über die Zinsentwicklung informieren, dann die zum Zinstrend passende Anleihe auswählen und obendrein bereit sind, Ihr Depot bei Änderung des Zinstrends anzupassen, erzielen Sie deutlich bessere Ergebnisse als Anleger, die ihre Papiere grundsätzlich bis zur Fälligkeit halten.

■ Bei niedrigem Zinsniveau ist es wenig sinnvoll, lang laufende Festzinsanleihen zu kaufen – auch wenn zum Beispiel zehnjährige Papiere in dieser Zinsphase höhere Renditen bieten als Emissionen mit zweijähriger Laufzeit. Wenn Sie in diesem Fall zu Langläufern greifen, werden Sie möglicherweise entweder auf den niedrig verzinsten Anleihen festsitzen, wenn am Markt längst wieder höhere Zinsen geboten werden, oder es drohen Kursverluste beim Verkauf.

■ Wenn Sie dagegen im Zinstal zu Anlagen mit kurzer Restlaufzeit bis zu drei Jahren greifen, können Sie sich der Zinsentwicklung besser anpassen.

■ Zur Altersvorsorge eignen sich nur sichere Papiere mit bestem Rating. Das Depot sollte daher ausschließlich aus Anleihen des Bundes oder anderer öffentlicher Emittenten bestehen. Höher verzinste, aber auch risikoreichere Bonds wie Unternehmensanleihen eignen sich innerhalb einer Vorsorgestrategie allenfalls als Beimischung für Anleger, die Verluste verkraften können.

■ Wenn Ihnen die Direktanlage zu aufwendig erscheint, können Sie auch zu Rentenfonds greifen, die in diese Papiere investieren. Das lohnt sich aber nicht, wenn nur deutsche Staatsanleihen gekauft werden sollen. Hier ist die Direktinvestition in Bundeswertpapiere günstiger.

Bundeswertpapiere

Für Vorsorgesparer, die ihr Geld sicher und rentabel anlegen wollen, waren Bundeswertpapiere bislang eine hervorragende Wahl. Denn bei diesen Zinsanlagen steht der Staat mit seinem Vermögen und Steueraufkommen für die Schulden gerade – letztlich also der Steuerzahler selbst. Die Staatspapiere sind obendrein für jeden erschwinglich. Es gibt sie schon in kleiner Stückelung. Zum Jahreswechsel 2012/2013 hat der Staat die Ausgabe seiner Sparbriefe, wie Bundesschatzbriefe und Finanzierungsschätze jedoch eingestellt. Auch seine Tagesanleihe, ursprünglich als Konkurrenzprodukt zu Tagesgeldkonten gedacht, bietet er nicht mehr an. Lediglich börsennotierte Bundeswertpapiere, wie Bundesobligationen, Bundesanleihen und unverzinsliche Schatzanweisungen gibt es auch weiterhin. Aus dem Geschäft mit Privatanlegern hat sich der Bund allerdings komplett zurückgezogen, so dass Sparer und Anleger auch diese Papiere nur noch über Banken erwerben und auch nur dort verwahren lassen können.

Bundesobligationen und -anleihen

Während der Bund mit seinen Schatzbriefen und Finanzierungsschätzen früher den Sparangeboten der Banken Konkurrenz machte, wetteifert er mittlerweile nur noch auf dem Anleihenmarkt um die Gunst der Sparer. Die Anleihen der Bundesrepublik Deutschland sind aufgrund ihrer erstklassigen Bonität, vor allem aber seit

Beginn der Finanzkrise heiß begehrt. Bundesobligationen haben
eine Laufzeit von fünf Jahren. Der Zinssatz ist über die gesamte
Laufzeit festgeschrieben. Die Papiere können über die Börse ge-
und verkauft werden. Beim vorzeitigen Verkauf besteht das Risiko,
bei inzwischen gestiegenen Zinsen Kursverluste in Kauf nehmen
zu müssen. Die Zinszahlung erfolgt bei Bundesobligationen einmal
pro Jahr. Das Geld wird zum Beispiel auf das Girokonto des Sparers
ausgezahlt. Die Mindestanlagesumme beträgt rein rechtlich nur
0,01 Euro. Bei Erwerb über die Börse gibt es formal sogar keinen
Mindestauftrag. Allerdings setzen die meisten Banken eine Min-
destsumme fest oder aber sie berechnen Mindestspesen, so dass
sich der Kauf der Papiere erst ab einer bestimmten Anlagesumme
(zum Beispiel ab 1000 bis 5000 Euro) lohnt.

Bundesanleihen sind ohnehin eher für institutionelle Anleger bestimmt. Sie haben eine Laufzeit von 10 bis 30 Jahren und werden in
großer Stückelung (Mindestangebot 1 Million Euro) über die Börse
emittiert. Über Banken und Sparkassen können Privatanleger aber
auch diese Papiere erwerben, wobei dasselbe wie für Bundesobligationen gilt: Formal gibt es keine Mindestanlagesumme, bisweilen
setzen die Banken aber Mindestbeträge fest oder der Kauf lohnt
aufgrund der Spesen erst ab einem größeren Anlagebetrag. Darüber hinaus müssen Bundesanleihen und -obligationen bei den
Banken in ein Wertpapierdepot gegeben werden. Das ist selten
kostenfrei.

Zusammengefasst: Bundeswertpapiere

Geeignet für Vorsorgesparer, die eine sichere und kostengünstige Anlage
suchen. Die Rentabilität hängt von der Laufzeit des jeweiligen Papiers und
der Zinsentwicklung am Kapitalmarkt ab.

Renditechancen: bis   Sicherheit:

Flexibilität: Bequemlichkeit: bis

Versicherungsprodukte

Kapitallebensversicherungen

Bis zur Jahrtausendwende galten Kapitallebensversicherungen als klassische Anlage für die private Altersversorgung. Weil der Gesetzgeber seit 2002 jedoch überwiegend Produkte fördert, die eine lebenslange Rentenzahlung vorsehen, ist die Kapitallebensversicherung mittlerweile eigentlich ein Auslaufmodell. Lediglich die Einführung der Abgeltungsteuer 2009 verschaffte ihr wieder einen kleinen Schub. Denn unter bestimmten Voraussetzungen (Vertragslaufzeit mindestens zwölf Jahre, Auszahlung erst nach dem 60. Lebensjahr bzw. ab dem 62. bei Neuverträgen seit 2012) können Anleger mit einer Kapitallebensversicherung die neue Abgeltungsteuer umgehen (mehr Informationen hierzu in Kapitel 8, Seite 231). Doch trotz der steuerlichen Sonderbehandlung sollten Sie als Anleger und Vorsorgesparer gründlich prüfen, ob sich der Abschluss einer Kapitallebensversicherung für Sie wirklich lohnt.

Mit der Kapitallebensversicherung erwerben Sie als Vorsorgesparer ein Paketprodukt, das zwei Leistungen mite inander verknüpft: eine Risikoversicherung für den Todesfall, die Hinterbliebene absichert, und einen langfristigen Sparplan. Wie viel von der Monats- oder Jahresprämie in den Sparplan fließt und wie viel der Versicherungsschutz kostet – darüber schweigen sich die Versicherer jedoch geflissentlich aus.

Der Versicherungsvertrag sieht grundsätzlich eine bestimmte Laufzeit vor. Darüber hinaus wird bei Vertragsabschluss die sogenannte Todesfallleistung festgelegt. Das ist die vereinbarte Versicherungssumme, die von Vertragsbeginn an in

> **! Achtung!**
>
> Mit der Kapitallebensversicherung lassen Sie sich auf ein höchst undurchsichtiges Produkt ein, das obendrein auch noch teuer und vergleichsweise unflexibel ist.

voller Höhe ausgezahlt wird, falls die versicherte Person vor Ablauf
der vereinbarten Laufzeit stirbt. Dabei gilt als Faustregel: Je älter
der Vorsorgesparer bei Abschluss der Police ist und je länger der
Vertrag läuft, desto höher ist der Prämienanteil für diese Todesfallleistung. Der Rest des Monatsbeitrags wird dagegen von der Versicherung nach Abzug weiterer Kosten (Abschluss-, Vertriebs- und
Verwaltungskosten) in einen vergleichsweise konservativen Mix aus
maximal 35 Prozent Aktien, festverzinsten Anleihen und Immobilien
angelegt. Dafür garantieren die Versicherer seit 1. Januar 2012 nur
noch eine Mindestverzinsung von 1,75 Prozent. Das mag sich in
Zeiten, in denen klassische Sparbücher nicht einmal 1 Prozent Zinsen abwerfen, einigermaßen respektabel anhören. Doch Vorsicht:
Den garantierten Zins gibt es nicht auf die gesamte Prämie, sondern
nur auf den darin enthaltenen, in seiner Höhe letztlich unbekannten
Sparanteil. Bezogen auf die tatsächlich eingezahlten Beiträge liegt
die sichere Verzinsung daher – je nach Kostenbelastung und Laufzeit des Vertrags – nur bei mageren 0,86 Prozent.

In der Praxis erwirtschaften die Versicherungsunternehmen an den
Kapitalmärkten natürlich mehr als den Garantiezins. Hinzu kommt,
dass die Versicherer ihre Gewinne nicht nur aus der Anlage des
Sparteils ziehen. Weil sie den Aufwand für das versicherungs-
technische Risiko und die Verwaltung des Vertrags mit einem –
teilweise erheblichen – Risikopuffer kalkulieren, fallen außer den
Kapitalerträgen in der Praxis auch sogenannte Risiko- und Kosten-
gewinne an. Auch diese Gewinne werden an die Kunden weiterge-
geben – allerdings nicht in voller Höhe.

Tendenziell befinden sich die Überschusserträge der Versicherer
seit Jahren im Sinkflug. 2013 lag die durchschnittliche Gesamtver-
zinsung der Verträge bei 3,6 bis 4,6 Prozent. Ob Renditen in dieser
Höhe auch in Zukunft erreicht werden, ist jedoch höchst ungewiss.
Erstens sind die Überschusserträge der Versicherer nicht garantiert.
Je nach Entwicklung an den Kapitalmärkten, Kostenentwicklung
beim Versicherer und Veränderungen bei der Risikokalkulation
können die künftigen Überschusserträge durchaus sinken. Zweitens sind die Kapitalerträge infolge der Finanzkrise und der seither

**Mindestzuführungsverordnung:
So beteiligen Versicherer ihre Kunden am Gewinn**

Wie stark Versicherer ihre Kunden an den verschiedenen Gewinntöpfen beteiligen müssen, regelt bei privaten Kapitallebens- und Rentenversicherungsverträgen seit April 2008 die sogenannte Mindestzuführungsverordnung. Danach müssen die Versicherer ihre Kunden an den Kapitalgewinnen zu mindestens 90 Prozent beteiligen. An den Risiko- und Kostengewinnen partizipieren die Versicherten hingegen nur zu 75 bzw. 50 Prozent. Der Rest vom Gewinn bleibt beim Versicherer und kann als Dividende an die Aktionäre – meist die Muttergesellschaften der Versicherungskonzerne – ausgeschüttet werden.

anhaltenden Niedrigzinsphase unter Druck geraten. Je nach Kapitalmarktentwicklung sind daher künftig deutlich niedrigere Renditen bei Kapitallebensversicherungen drin.

Ob sich der Abschluss einer Kapitallebensversicherung im Erlebensfall auch für den Vorsorgesparer rechnet, ist daher höchst ungewiss. De facto wissen die Versicherten immer erst im Nachhinein – wenn die vereinbarte Ablaufleistung aus der vereinbarten Versicherungssumme (Garantieteil der Police) plus zusätzlich erwirtschafteter Überschüsse (auch Gewinnteil oder Überschussbeteiligung genannt) fällig wird –, ob das Ganze ein gutes Geschäft war oder nicht. Zu einem Blick in die Glaskugel sollten sich Vorsorgesparer daher nie verführen lassen: Wer sich für eine Lebensversicherung interessiert, orientiert sich bei der Auswahl in erster Linie an der garantierten Auszahlleistung. Darüber hinaus sollten Vorsorgesparer auch auf Bonität und Kapitalstärke des Versicherers achten.

Ein weiterer Nachteil dieser Form der Geldanlage: Wer eine Lebensversicherung abschließt, verpflichtet sich, für viele Jahre relativ hohe Beiträge zu zahlen. Die Mindestlaufzeit der Police beträgt meist schon aus steuerlichen Gründen wenigstens zwölf Jahre, nicht selten läuft der Vertrag aber auch über 20 bis 30 Jahre oder mehr. Ein Ausstieg ist zwar theoretisch möglich. Doch die Kündigung ist fast immer ein Zuschussgeschäft. Denn in diesem Fall zahlt die Versicherung nur den sogenannten Rückkaufswert zurück. Und der ist gerade in den Anfangsjahren ausgesprochen mager. Er setzt sich lediglich aus den angesammelten Sparanteilen der Monatsprämie zusammen – abzüglich der Provision für den Abschluss der Versicherung und abzüglich Verwaltungskosten. Obendrein bitten manche Anbieter abtrünnige Kunden auch noch extra zur Kasse. Sie verlangen bei vorzeitiger Vertragskündigung einen sogenannten Stornoabzug. Kurz: Unterm Strich bleibt in vielen Fällen weniger übrig, als der Kunde eingezahlt hat. Daran hat sich auch nichts geändert, seit der Gesetzgeber bestimmte Mindestvorgaben zur Berechnung des Rückkaufswerts eingeführt hat. Im Gegenteil: Weil im Zuge der Finanzkrise immer mehr Verbraucher ihre Versicherungen vorzeitig kündigen, behält sich die Branche neuerdings sogar vor, die in den jährlichen Standmitteilungen ausgewiesenen Rückkaufswerte im Notfall kürzen zu können.

> **Wichtig!**
>
> Bei einer vorzeitigen Kündigung fordert auch das Finanzamt seinen Tribut. Sofern der Vertrag zum Kündigungszeitpunkt noch keine zwölf Jahre lief und der Versicherte noch keine 60 Jahre alt ist, sind die im Rückkaufswert enthaltenen Ertragsanteile abgeltungsteuerpflichtig.

Mehr Geld bei Kündigung

Das Versicherungsvertragsgesetz sieht seit 2008 vor, dass den Kunden bei vorzeitiger Kündigung wenigstens ein Mindestbetrag zu erstatten ist. Als Faustformel gilt, dass wenigstens etwa knapp die Hälfte der eingezahlten Beiträge zurückgezahlt werden sollen. Um dieses Ziel zu erreichen, schreibt der Gesetzgeber nunmehr vor, dass die Abschlusskosten des Vertrags mindestens auf die ersten fünf Jahre der Police zu verteilen sind. Früher wurden sie oft komplett mit den ersten Beiträgen verrechnet – mit der Folge, dass es bei Kündigung in den Anfangsjahren überhaupt kein Geld zurück gab. Denn bei den meisten Verträgen werden die Abschlusskosten nach wie vor „gezillmert". Das bedeutet: Der Versicherer berechnet die Provision auf die Gesamtsumme aller bis zur Fälligkeit der Police zu zahlenden Beiträge und zieht diese Kosten dann von den ersten Monatsbeiträgen ab. Das kann extrem teuer werden. Bei einer Police mit 20 Jahren Laufzeit und 100 Euro Monatsbeitrag fallen zum Beispiel insgesamt 24.000 Euro an Beiträgen an. Wird

die Provision – üblich sind 4 Prozent der Beitragssumme – darauf
berechnet, sind immerhin 960 Euro Abschlusskosten fällig. Bei
Vollzillmerung wurde die gesamte Provision komplett mit den
ersten Beiträgen verrechnet. Das bedeutet: Im Musterfall würde
der Kunde erst zehn Monate lang die Abschlusskosten abstottern,
bevor er selbst Kapital in der Police aufbaut. Seit 2008 müssen die
Abschlusskosten im Fall der Kündigung wenigstens auf fünf Jahre
verteilt werden. Auch das kommt noch teuer, vermeidet bei Kündigung aber immerhin den Totalverlust. Im Musterfall wären fünf
Jahre jeweils 192 Euro pro Jahr an Provision fällig – und die bereits
gezahlten Provisionen gibt es bei Kündigung weiterhin nicht zurück.
Darüber hinaus dürfen die Versicherer auch keine exorbitant hohen
Stornoabschläge mehr in Rechnung stellen. Beide Vorschriften können Verluste bei vorzeitiger Vertragskündigung zwar nicht vermeiden, ab wenigstens etwas begrenzen.

Die Kündigung ist dennoch – auch in Notfällen – grundsätzlich die
denkbar schlechteste Lösung. Wer dringend Barkapital benötigt
oder den Vertrag aus finanziellen Gründen nicht weiter bedienen
kann, wählt andere Auswege:

■ **Beitragsfreistellung.** Es lässt sich eine Beitragsfreistellung der
Versicherung vereinbaren. Die Prämie muss dann nicht mehr
bezahlt werden. Der Vertrag läuft allerdings bis zum vereinbarten
Ende weiter. Die Versicherungssumme wird gekürzt, die Auszahlung am Ende auch.
■ **Ruhen des Vertrags.** Falls es sich nur um eine vorübergehende
Notlage handelt, kann der Vertrag auch ruhen. Für diese Zeit
müssen dann keine Beiträge gezahlt, bisweilen müssen sie aber
später nachentrichtet werden. Voraussetzung für solche Zahlpausen ist meist, dass der Vertrag schon mindestens ein bis zwei
Jahre besteht und dass nach der Ruhepause weitergezahlt wird.
■ **Beleihung.** Wenn die Versicherung schon längere Zeit besteht
und bereits einen beachtlichen Rückkaufswert erreicht hat,
lässt sie sich auch beleihen. Besonders zinsgünstig ist ein soge-
nanntes Policendarlehen, bei dem der Versicherte einen Kredit
in Höhe des Rückkaufswerts direkt vom Versicherer erhält. Ein

solches Darlehen wird auch bei der Bauf inanzierung vereinzelt verwendet.

■ **Verkauf.** Gegebenenfalls kommt auch ein Verkauf der Police in Frage. In den letzten Jahren hat sich auch in Deutschland ein Zweitmarkt für Lebens- und Rentenversicherungen nach angelsächsischem Vorbild entwickelt. Darauf spezialisierte Unternehmen kaufen in bestimmten Fällen die Lebensversicherung und bieten bis zu 15 Prozent mehr als die Rückkaufswerte, weil auf Stornogebühren verzichtet wird und spätere Gewinngutschriften berücksichtigt werden. Im Zuge der Finanzkrise sind die Verkaufspreise allerdings auch unter Druck geraten. Zudem nehmen die Aufkäufer nur noch Policen von bonitätsstarken Versicherern an. Weitere Bedingung: Aufgekauft werden meist nur Verträge mit einer Restlaufzeit von maximal 15 Jahren und mindestens 15.000 bis 20.000 Euro Rückkaufswert. Außerdem muss auch die steuerliche Behandlung berücksichtigt werden. Bei Verträgen, die nach 2004 abgeschlossen wurden, unterliegt der Verkaufspreis der Abgeltungsteuer, wenn die Police noch keine zwölf Jahre besteht bzw. der Verkauf vor dem 60. Lebensjahr des Sparers erfolgt. Besteuert wird die Differenz aus Verkaufspreis und den eingezahlten Beiträgen.

Tipp: Genau prüfen

Prüfen Sie vor Abschluss einer Kapitallebensversicherung grundsätzlich, ob sich diese Anlageform in ihrem Fall lohnt. Generell gilt: Meist ist es vorteilhafter, Sparvorgang und Versicherung zu trennen. Preiswerten Risikoschutz bietet eine reine Risikolebensversicherung. Für einen geringen Monatsbeitrag kann der Versicherungsnehmer dabei seine Hinterbliebenen absichern. Im Unterschied zur Kapitallebensversicherung gibt es im Erlebensfall aber keine Auszahlung. Holen Sie aber auch hier Angebote ein, denn bei gleicher Leistung gibt es auch bei Risikopolicen sehr große Preisunterschiede.

Für den Sparvorgang stehen dem Anleger diverse Sparangebote (siehe dazu ab Seite 109) und Investmentfondsangebote offen. Wer dennoch eine Kapitallebensversicherung vorzieht, sollte größte Sorgfalt auf die Auswahl der Gesellschaft legen. Suchen Sie den Rat unabhängiger Experten, die auch die Kapitalstärke der Versicherer untersucht haben und Informationen darüber geben können, welcher Anbieter seine Verpflichtungen auch bei extrem ungünstiger Kapitalmarktentwicklung dauerhaft erfüllen kann.

Vertragsvarianten für verschiedene Anlegertypen
Damit die klassische Kapitallebensversicherung nicht zum Laden-
hüter wird, hat sich die Branche in den vergangenen Jahren einiges
einfallen lassen. Verschiedene Vertragsvarianten und Tarife sollen
den Bedürfnissen der Kunden nach mehr Flexibilität oder mehr Rendite entgegenkommen. Doch eines gilt für alle Angebote: Der beste
Vertrag oder Tarif nutzt wenig, wenn er bei einer schwachen Gesellschaft abgeschlossen wird. Das A und O für die Zusatzrente aus der
Versicherung bleibt daher die Auswahl eines guten Anbieters.

■ **Für Singles: Police mit niedrigerem Todesfallschutz**
Wer keine Hinterbliebenen absichern will, kann den Todesfallschutz absenken. Dann steht ein höherer Anteil der Prämie für
den Sparvorgang zur Verfügung, das bringt ein Plus bei der Rendite. Der Todesfallschutz muss aber mindestens 50 Prozent der
Beitragssumme betragen. Sonst sieht der Fiskus in dem Vertrag
keine Versicherung mehr – und streicht sämtliche Steuervorteile.

■ **Für Jüngere: die Ratenpolice**
Bei der üblichen Lebensversicherung kommen Vorsorgesparer
vor Ablauf der Vertragslaufzeit nicht an ihr Geld. Fast die Hälfte
aller Verträge wird nicht durchgehalten, weil die Versicherten
aufgrund von Änderungen in der Lebensplanung, beispielsweise Familiengründung, Scheidung, Hausbau, früher ans Kapital
wollen. Dem Wunsch nach mehr Flexibilität kommen sogenannte
Tarife mit Teilauszahlung entgegen. Dabei können Vorsorgesparer die Versicherungsleistung in Raten kassieren. Die erste Teilauszahlung erfolgt nach zwölf Jahren und dann in vier oder fünf
weiteren Raten bis zum endgültigen Ablauftermin. So viel Flexibilität hat jedoch ihren Preis: Die Rendite ist ausgesprochen mager,
die Tarifkalkulation undurchsichtig und wenn der Vorsorgesparer
mal auf eine Rate verzichten oder sie aufschieben möchte, ist das
meist nicht möglich.

■ **Für Vorsichtige und Sparer ohne Berufsunfähigkeitsschutz: die
Dread-Disease-Police**
In finanzielle Notlagen geraten viele nicht nur, wenn der Haupt-
ernährer der Familie stirbt. Auch schwere Erkrankungen machen

oft finanzielle Soforthilfen erforderlich. In diesem Fall kann eine Dread-Disease-Police schützen. Das gilt insbesondere für Berufsgruppen, die wegen hoher Berufsrisiken, eines unscharfen Berufsbilds oder wegen bestimmter Vorerkrankungen wie Allergien, psychischer Erkrankung oder auch nur infolge eines eigentlich harmlosen Rückenleidens keine Berufsunfähigkeitsversicherung erhalten können. Bei dieser Lebensversicherungsvariante zahlt der Versicherer die vereinbarte Ablaufleistung bereits aus, wenn der Versicherte an einer schweren Erkrankung wie Krebs oder gravierenden Herz-Kreislauf-Störungen leidet. Der zusätzliche Risikoschutz zehrt zwar am Ertrag. Dennoch kann der Abschluss im Einzelfall lohnen – sofern das Risiko finanzieller Einbußen bei schwerer Erkrankung nicht anderweitig abgesichert ist.

Renditekiller bei der Lebensversicherung

Auch die Vertragsgestaltung hat Einfluss auf die Höhe der Ablaufleistung. Hier können Vorsorgesparer selbst bei bestehenden Verträgen noch an der Renditeschraube drehen. Folgende Vertragsvereinbarungen sind Renditekiller und sollten deshalb vermieden werden:

■ **Beitragsdynamik.** Bei dieser Vertragsvariante wird die Versicherungssumme Jahr für Jahr um einen bestimmten Prozentsatz erhöht. Entsprechend kräftig klettern die Beiträge. Allerdings wird der Zusatzbeitrag nicht nach dem Einstiegsalter bemessen, sondern nach dem jeweiligen Lebensalter. Das macht die Beitragsdynamik vor allem in den letzten Laufzeitjahren ab dem 45. bis 50. Lebensjahr extrem teuer. Denn vom Zusatzbeitrag fließt immer weniger in den Spar- und immer mehr in den Risikotopf. Obendrein zieht der Versicherer von jedem erhöhten Beitrag auch noch Provisionen ab. Das macht die Beitragsdynamik zwar zum liebsten Kind der Versicherungsvertreter, doch für Vorsorgesparer ist sie extrem unvorteilhaft. Die Ablaufleistung erhöht sich dadurch nur wenig. Deshalb sollten Vorsorgesparer nicht nur bei Neuabschluss auf Beitragsdynamik verzichten. Auch bei älteren Verträgen lässt sich die Rendite erhöhen, wenn die Beitragsdynamik beendet wird. Das ist problemlos möglich.

■ **Falsches Überschusssystem.** Viele Verträge sind mit einem
Bonussystem ausgestattet, bei dem die erwirtschafteten Überschüsse nicht mitverzinst werden, sondern als Todesfallbonus
die Auszahlungsleistung bei Tod des Versicherten erhöhen. Dadurch sind zwar die Hinterbliebenen besser abgesichert, doch
im Erlebensfall gibt es weniger Geld. Vorsorgesparer sollten den
Vertrag daher auf verzinsliche Ansammlung der Überschüsse um-
stellen. Das geht – bei bestehenden Verträgen – jedoch nur mit
Zustimmung der Versicherungsgesellschaft.

■ **Monatliche Zahlweise.** Wer seine Beiträge monatlich überweist,
zahlt – meist ohne es zu merken – grundsätzlich mehr. Denn üblicherweise werden dafür Ratenzuschläge berechnet, die bis zu
5 Prozent mehr Jahresprämie kosten. Wer es sich finanziell
einigermaßen erlauben kann, stellt den Vertrag daher auf jährliche Zahlweise um.

■ **Überflüssige Zusatzleistungen.** Mit einer Kapitallebensversicherung werden oft auch noch Zusatzprodukte, wie eine Unfallversicherung oder erhöhter Todesfallschutz, verbunden. Beides
macht selten Sinn, kostet aber viel Geld. Deshalb sollten die Zu-
satzverträge – mit Ausnahme der wichtigen Berufsunfähigkeits-
Zusatzversicherung – gekündigt werden.

> **Zusammengefasst: Kapitallebensversicherungen**
>
> Kapitalpolicen sind ein Auslaufmodell. Allenfalls aus steuerlichen Gründen
> können sie im Einzelfall noch lohnen. Sonst gilt: Sparvorgang und Risiko-
> schutz strikt trennen.
>
> Renditechancen: ↘   Anlagesicherheit: ↗
>
> Flexibilität: ↓   Bequemlichkeit: ↗

Private Rentenversicherungen

Seit der Gesetzgeber die Altersvorsorge mit staatlichen Mitteln
fördert, gelten private Rentenversicherungen als erste Wahl für
Vorsorgesparer. Bei dieser Variante der Lebensversicherung handelt

es sich aber um einen reinen Sparvertrag ohne Risikoschutz. Zudem erhält der Versicherte die Ablaufleistung aus der Police üblicherweise nicht auf einmal ausbezahlt, sondern in laufenden monatlichen Raten. Im Fachjargon wird die private Rentenpolice daher auch Leibrentenversicherung genannt. Ihr großes Plus: Anders als bei allen anderen Anlagen müssen sich Vorsorgesparer keine Gedanken machen, ob sie eines Tages womöglich ohne Rentenzubrot dastehen, falls sie ein biblisches Alter erreichen. Die private Rentenversicherung zahlt ein Leben lang. Darüber hinaus ist diese Versicherungsform auch steuerlich interessant. Alle Erträge der Police bleiben in der Ansparphase steuerfrei, erst bei Auszahlung greift der Fiskus zu. Hat der Versicherte den Vertrag ungefördert aus dem Netto angespart und lässt er sich das Geld später als lebenslange Rente auszahlen, muss nur der sogenannte Ertragsanteil versteuert werden. Und dessen Höhe bemisst sich am Alter bei Rentenbeginn. Wer sich die Privatrente ab 60 auszahlen lässt, für den zählen lediglich 22 Prozent der Jahresrente zum steuerpflichtigen Einkommen. Bei Rentenbeginn ab 65 sind es sogar nur 18 Prozent.

Beachten Sie unbedingt: Als Hinterbliebenenschutz ist die private Rentenversicherung nicht geeignet. Denn die Erben erhalten – je nach gewähltem Tarif – auch im günstigsten Fall nur einen Bruchteil des Gelds, das der Versicherte als Rente erhalten würden. Für den Todesfall in der Ansparphase wird meist eine Beitragsrückgewähr vereinbart. Dann zahlt der Versicherer bislang gezahlte Prämien und teilweise auch die bis dahin angefallenen Überschussanteile zurück. Für den Tod in der Rentenbezugsphase wird meist eine Rentengarantiezeit vereinbart. Das bedeutet: Der Versicherer verpflichtet sich, die vereinbarte Rente auf jeden Fall für die Dauer der Rentengarantiezeit zu zahlen – egal ob der Versicherte noch lebt oder nicht. Im Fall des Falles können sich die Hinterbliebenen die noch ausstehenden Garantierenten aber auch als Abfindung auf einen Schlag auszahlen lassen. Stirbt der Versicherte jedoch nach Ende der Garantiezeit, sehen die Erben keinen Cent mehr vom Restkapital der Police. Das fällt dann an die Versichertengemeinschaft. Alternativ bieten manche Versicherer daher neuerdings aber auch Tarife, bei denen das komplette Restkapital vom Vertrag an die

Erben ausgeschüttet wird. Doch egal, welche Todesfallvariante der Kunde auch wählt: Diese Zusatzleistung gibt es nicht umsonst. Sie schmälert daher die Höhe der Altersrente – und zwar umso mehr, je höher die Hinterbliebenenleistung ist.

Auch Rentenversicherungen gibt es in verschiedenen Varianten:

- **Aufgeschobene Rente.** Wer frühzeitig mit der Vorsorge beginnt, spart das Kapital für die Zusatzrente wie bei der Lebensversicherung über Jahre hinweg an. Bei ungeförderten Renten können die Versicherten kurz vor Rentenbeginn dann noch mal wählen, ob sie das Angesparte wie bei der Lebensversicherung auf einen Schlag als einmalige Kapitalleistung erhalten wollen oder als lebenslange Rente.
- **Sofortrente.** Wer schon kurz vor dem Pensionsalter steht, kann sich dagegen durch Einzahlung eines größeren Betrages eine sofort beginnende lebenslange Rente erkaufen. Bei der klassischen Sofortrente beginnt die Rentenzahlung unmittelbar nach Kapitaleinlage. Beliebt ist aber auch eine andere Variante, bei der das Kapital zwar ebenfalls auf einen Schlag eingezahlt wird, die Rentenphase jedoch erst ein paar Jahre später beginnt. Diese aufgeschobene Rentenversicherung gegen Einmalbetrag bietet den Vorteil, dass das Kapital im Versicherungstopf bis zum Rentenbeginn steuerfrei vermehrt werden kann – vorausgesetzt, es wird später wirklich in Form einen lebenslangen Rente abgerufen. Deshalb wird diese Vertragsvariante gern Hochbesteuerten empfohlen, deren Kapitalerträge über dem Sparer-Pauschbertrag liegen.

Doch Vorsicht: Der Abschluss einer Rentenversicherung will gut überlegt sein. Sobald Vorsorgesparer die erste Rentenauszahlung erhalten haben, gibt es für sie kein Zurück mehr: Private Rentenversicherungen lassen sich nach Start der Auszahlphase normalerweise nicht mehr kündigen. Umso wichtiger sind die Wahl des richtigen Anbieters und die Gestaltung der Auszahlphase. Denn auch hier gibt es viele Varianten (siehe dazu Seite 104).

Neuerdings gibt es zwar auch Anbieter, die die Rentenphase flexibel gestalten und Kündigungen sowie Teilauszahlungen im Rentenbezug zulassen oder zeitlich begrenzte Rente bieten. Aber: So viel Flexibilität im Rentenbezug schätzt der Fiskus nicht. Steuerlich begünstigt ist lediglich die lebenslange Leibrente. Bei allen anderen Auszahlvarianten geht der Steuervorteil verloren und die Auszahlung wird abgeltungsteuerpflichtig. Dabei muss für jede Teilauszahlung dann exakt berechnet werden, wie hoch der in der Auszahlrate enthaltene Gewinnanteil und die darauf berechnete Steuerschuld ist.

Ob sich die lebenslange Leibrente lohnt, ist vor allem eine Frage der Lebenserwartung. Im Prinzip wettet der Vorsorgesparer beim Abschluss auf ein langes Leben. Denn nur wer die Rentenzahlungen möglichst lange kassieren kann, macht mit der Police ein gutes Geschäft. Stirbt der Vorsorgesparer dagegen kurz nach Rentenbeginn, macht der Versicherer ein dickes Plus. Das gilt umso mehr, als die Versicherer schon fast übervorsichtig kalkulieren und ihren Rentenversicherungskunden allesamt ein überaus langes Leben unterstellen. Das Problem dabei: Je länger das Angesparte im Alter reichen muss, desto niedriger ist die Monatsrente und desto mehr Rentenzahlungen muss der Kunde erhalten, damit auch die Rendite auf seine Einzahlungen stimmt. Das Risiko liegt also eher beim Vorsorgesparer, weniger beim Versicherer

Steigende Lebenserwartung zehrt am Ertrag

Ein sorgenfreies Alter ist mit privaten Rentenpolicen ohnehin nicht garantiert. Denn wenn die Leistung bei Vertragsende fällig wird, gibt es oft erheblich weniger Geld als ursprünglich kalkuliert. Diese schmerzhafte Erfahrung mussten in den vergangenen Jahren zum Beispiel Kunden machen, die schon eine Privatrente beziehen. Statt – wie bei Vertragsabschluss in Aussicht gestellt – eine jährliche Rentenerhöhung zu erhalten, fällt die Überweisung vom Versicherer bei ihnen häufig von Jahr zu Jahr niedriger aus. Auch wer einen Vertrag abgeschlossen hat und noch in der Ansparphase ist, kann oft schon anhand der jährlichen Bestandsmitteilung erkennen, dass es im Alter weniger Geld gibt als bei Vertragsabschluss versprochen –

womit die ursprüngliche Finanzplanung für den Ruhestand oft hinfällig ist.

Hintergrund: Privatrenten setzen sich immer aus zwei Teilen zusammen. Zum einen gibt es die fest zugesagte Garantierente. Die wird wie bei einer Kapitallebenspolice mit dem gesetzlichen Mindestzins von (derzeit) 1,75 Prozent kalkuliert und ist meist minimal. Zum anderen gibt es zusätzlich die Gewinnrente. Doch deren Höhe ist unverbindlich und wird aus den Überschüssen der Versicherer finanziert. Das Problem: Die Überschüsse, die die Gesellschaften an ihre Kunden ausschütten, befinden sich seit Jahren im Sinkflug. Im Schnitt, so die Kölner Ratingagentur Assekurata, ist die laufende Verzinsung von Rentenversicherungen von 6,13 Prozent im Jahr 2002 auf 4,09 Prozent 2006 gesunken. 2013 lag sie mit 3,61 Prozent zwar noch niedriger und 2014 werden die Überschüsse infolge der Niedrigzinsphase vermutlich noch weiter sinken. Kurz: Auf diese Leistungen ist kein Verlass. Und grundsätzlich gilt: Je niedriger die Überschusserträge sind, desto magerer fallen die Rentenleistungen aus.

Bei den meisten Rententarifen der privaten Versicherer haben Vorsorgesparer aber auch in guten Jahren kaum eine Chance, eine angemessene Verzinsung ihrer Beiträge zu erhalten. Das gilt zumindest, wenn sie nach Ablauf der Ansparphase anstelle der Kapitalabfindung die Auszahlung in Form einer lebenslangen Rente wählen. Um auf Basis der derzeit in Aussicht gestellten prognostizierten Rentenleistungen der Versicherer eine Verzinsung ihrer eingezahlten Beiträge von 2 bis 3 Prozent zu erhalten – so viel wie sichere Sparanlagen im Schnitt bringen – müssen Vorsorgesparer im Schnitt 90 bis 100 Jahre alt werden. Vereinzelt erreichen sie eine solche Verzinsung sogar erst mit 109 Jahren oder später. „Für Johannes Heesters wären die Angebote ein gutes Geschäft", kommentierte zum Beispiel das *Manager-Magazin* die erste marktbreite Untersuchung der Rentenrenditen, die die Zeitschrift *Öko-Test* 2008 durchführte.

Anders als bei den meisten Tarifvergleichen hat *Öko-Test* damals zum ersten Mal auch die Rentenphase detailliert unter die Lupe genommen. Die Ergebnisse sind erschreckend und machen – anders als Produkttests, die sich ausschließlich auf die Analyse der Ansparphase konzentrieren – deutlich, wo es in der geförderten Altersvorsorge wirklich hakt: Die Versicherer kassieren nicht nur in den ersten Vertragsjahren ab. Vielmehr bitten sie in der Rentenphase mit erhöhten Verwaltungs- und Biometriekosten noch einmal kräftig zur Kasse. Denn die Versicherer gehen durchweg davon aus, dass ihre Kunden älter werden als der Bevölkerungsdurchschnitt.

Das können die Vorsorgesparer auf Anhieb aber kaum erkennen. Denn trotz aller Bemühungen des Gesetzgebers, die Angebote der Versicherer transparenter zu machen, investieren sie bei den meisten Produkten zur Altersvorsorge nach wie vor in eine Black Box. Sie können nicht nachprüfen, ob sie über die Leistungen und insbesondere die Überschussgutschriften ihres Vorsorgevertrags angemessen informiert und korrekt beteiligt werden. Ebenso wenig können sie erkennen, ob die seit Sommer 2008 in Euro und Cent auszuweisenden Vertragskosten wirklich alle Positionen umfassen, sodass die Offerten verschiedener Anbieter auch vergleichbar sind. Der Grund: Auf die vom Gesetzgeber nunmehr geforderte Transparenz hat die Branche eher mit Vernebelungstaktik reagiert. Die Kosten werden nach wie vor nicht oder nur unzureichend offengelegt. Abhilfe könnte allenfalls das Produktinformationsblatt bringen, das der Gesetzgeber ab 2015 verbindlich vorschreiben will. Die Details darin sollen in einer Verordnung geregelt werden, die aber voraussichtlich erst nach der Bundestagswahl 2013 im Detail geregelt und verabschiedet wird.

Auszahlvarianten

Vorsorgesparer können auch bei Rententarifen wählen, in welcher Form die vom Versicherer erwirtschafteten Überschüsse an sie ausgezahlt werden sollen. Mit der Entscheidung für eine von drei möglichen Rentenvarianten bestimmen sie dann zugleich die Höhe der Monatsrente. Folgende Auszahlungsvarianten stehen zur Auswahl:

■ Bei der konstanten Rente, neuerdings auch zutreffender „flexible Rente" genannt, wird bereits ab Rentenbeginn nicht nur die Garantierente gezahlt. Vielmehr werden die bereits erwirtschafteten und in der Rentenphase vermutlich noch anfallenden Überschüsse in Form einer konstanten Gewinnrente gleich mit ausgeschüttet. Das bringt – vor allem in den Anfangsjahren – eine deutlich höhere Monatsrente als bei allen anderen Auszahlvarianten. Außerdem soll der Gewinnanteil – und damit auch die Rente – im Prinzip während der gesamten Rentenbezugsdauer gleich bleiben.

Vorteil: Der Vorsorgesparer profitiert sofort von der Überschussbeteiligung und erhält gleich zu Beginn eine hohe Rente.

Nachteil: Die Monatsrente steigt nicht mehr. Es gibt keinen Inflationsausgleich. Obendrein ist der Vorsorgesparer vor dem Risiko einer Rentenkürzung nicht gefeit. Denn der Gewinnanteil der Monatsrente kann jederzeit gekürzt werden, wenn die Überschüsse doch nicht so üppig sprudeln, wie vom Versicherer angenommen.

■ Bei der **teildynamischen Rente** bekommt der Vorsorgesparer ab Rentenbeginn lediglich einen Teil der Gewinnrente sofort mit ausgezahlt. Aus dem Rest der Überschussbeteiligung wird dagegen eine jährliche Rentenerhöhung – üblich sind 0,5 bis 1,5 Prozent – finanziert.

Vorteil: Die Rente ist vergleichsweise sicher und wertstabil. Denn die jährliche Erhöhung gewährt einen kleinen Inflationsausgleich, sodass der Lebensstandard im gesamten Rentenalter erhalten bleibt.

Nachteil: Die Zusatzrente ist am Anfang niedriger und wächst erst mit den Jahren – sofern Veränderungen der Sterblichkeitsraten keine Kürzung der Gewinnrente erzwingen.

■ Bei der **dynamischen Rente** erhalten Vorsorgesparer dagegen zunächst lediglich die Garantierente. Aus den Überschüssen wird dagegen eine dynamische Erhöhung der Rente in den Folgejahren finanziert. Die jährlichen Rentensteigerungen fallen mit 1,0 bis 2,5 Prozent pro Jahr aber einen Tick höher aus als bei der teildynamischen Rente. Das einmal erreichte Rentenniveau ist zudem voll abgesichert. Kürzungen des einmal erreichten Monatsbetrages sind ausgeschlossen.

Vorteil: Das Alterseinkommen wächst im Laufe der Jahre. Böse Überraschungen durch veränderte Überschüsse sind ausgeschlossen. Wer zum Beispiel später die Kosten fürs Seniorenheim von seiner Privatrente bestreiten muss, kann mit dieser Rentenvariante sicherer kalkulieren

Nachteil: Die Monatszahlungen sind zu Rentenbeginn über 30 Prozent niedriger als bei der konstanten Rente und steigen erst im Lauf der Jahre. Lukrativ ist diese Variante daher nur für Vorsorgesparer, die ein sehr hohes Alter erreichen. Als Faustregel gilt: Wer damit rechnet, nur 80 bis 85 Jahre alt zu werden, macht mit den anderen beiden Auszahlvarianten ein besseres Geschäft und erzielt bis dahin meist eine höhere Rente. Erst ab 85 dreht sich der Trend um: Dann liegt die dynamische Rente höher. Doch das lohnt sich nur für kerngesunde Senioren mit überdurchschnittlich hoher Lebenserwartung.

Was die Rentenpolice flexibler macht

Die klassische Rentenpolice ist nicht nur eine Wette auf ein langes Leben. Wer den Vertrag bereits in jungen Jahren beginnt, legt sich auf viele Jahre fest, obwohl er meist noch gar nicht genau planen kann, wann er die Zusatzrente wirklich benötigt bzw. ob er dann noch so gesund ist, dass sich die lebenslange Rente lohnt. Umso wichtiger ist es, den Vertrag flexibel zu halten. Das lässt sich durch einige Extras zum Vertrag erreichen. Die wichtigsten:

■ **Abruf- und Aufschuboption.** Mit einer Abrufoption ist ein vorgezogener Rentenbeginn möglich. Je nach Anbieter und Tarif kann die Rentenleistung meist bis zu fünf Jahre vor dem eigentlich vereinbarten Ablauftermin bereits vorzeitig abgerufen werden. Allerdings gibt es bei vorzeitigem Abruf auch weniger Rente. Üblicherweise liegt der früheste Rentenbeginn meist bei 60 Jahren bzw. 62 Jahren (bei Verträgen ab 2012). Doch auch andere Varianten sind denkbar. Bei einigen Tarifen kann der Rentenbeginn auch hinausgeschoben werden. Dann wird der Vertrag entweder zwei bis fünf Jahre länger bespart. Oder aber der Vertrag wird einige Jahre beitragsfrei fortgeführt. Die Rente fällt dann höher aus als bei ursprünglichem Beginn.

■ **Kapitalwahlrecht.** Bei den meisten ungeförderten Rententarifen können Vorsorgesparer zu Rentenbeginn wählen, in welcher Form das angesparte Kapital abgerufen werden soll: als lebenslange Monatsrente oder als einmalige Kapitalabfindung. Auch bei vielen betrieblichen Tarifen haben Betriebsrentner zumindest die Option, sich für die Kapitalauszahlung zu entscheiden. Bei Riester-Renten ist zumindest eine Auszahlung von 30 Prozent des angesparten Kapitals förderunschädlich.

Teilauszahlungen in der Rentenphase. Lebenslange Leibrenten sind vergleichsweise unflexibel. Deshalb bieten Versicherer neuerdings auch Tarife mit Kündigungsmöglichkeit in der Rentenbezugsphase oder der Entnahme größerer Teilbeträge im Rentenbezug an. In diesem Fall entfallen jedoch die günstigen Besteuerungsvorschriften. Der Fiskus stuft derart flexible Policen als Kapitalanlagen ein, die der Abgeltungssteuer unterliegen.

Zusammengefasst: Rentenversicherungen

Rentenpolicen schützen Vorsorgesparer zwar davor, im hohen Alter womöglich ohne Zusatzeinkommen dazustehen. Letztlich sind sie jedoch nichts anderes als eine Wette auf ein langes Leben: Nur wer steinalt wird, macht auch Gewinn. Empfehlenswert sind sie nur für Sparer, die auf die Zusatzrente angewiesen sind. Alle anderen sollten prüfen, ob es im Alter nicht auch andere Auszahlpläne gibt.

Renditechancen: Sicherheit:

Flexibilität: bis   Bequemlichkeit:

Fondsgebundene Lebens- oder Rentenversicherungen

Vorsorgesparern, die bereit sind, für höhere Renditechancen größere Risiken in Kauf zu nehmen, bieten Versicherer fondsgebundene Policen an. Investieren klassische Lebens- und Rentenversicherungen vorwiegend in einen Mix aus Anleihen und Immobilien sowie maximal 35 Prozent Aktien, wird bei den fondsgebundenen Varianten der Monats- oder Jahresbeitrag nach Abzug der Kosten in Aktien-, Renten-, Immobilien- oder auch Garantiefonds angelegt. In welche Fonds die Beiträge fließen, kann der Versicherte oft selbst bestimmen. Allerdings bieten die meisten Versicherer nur eine begrenzte Anzahl von Fonds zur Auswahl an. Daneben gibt es Policen mit gemanagten Fondsdepots. Hier trifft der Versicherer die Einzelfondsauswahl, der Vorsorgesparer entscheidet sich nur für die jeweilige Risikoklasse des Depots. Für den Anlageerfolg übernimmt der Versicherer üblicherweise keine Garantie. Vielmehr trägt der Kunde das Kapitalmarktrisiko. Fondspolicen sollen risikofreudigen Anlegern daher höhere Gewinnchancen bieten. Doch der Ertrag der Police hängt nicht nur von der Wertentwicklung der Fondsanteile und der Börsenentwicklung ab. Großen Einfluss haben auch die Kosten. Verglichen mit klassischen Lebens- und Rentenversicherungen sind Fondspolicen ausgesprochen teuer. Denn zu den Kosten für den Versicherungsmantel kommen noch die Kosten für die Fondsanlage hinzu. Zwar berechnen die meisten Versicherer keinen Ausgabeaufschlag für den Erwerb der Fondsanteile. Aber bei einem Fondswechsel fallen bisweilen Gebühren an. Darüber hinaus muss der Versicherungskunde – genau wie der Fondssparer – die fondsinternen Verwaltungskosten des Fonds tragen. Und Policen mit kostengünstigem Versicherungsmantel, die zugleich in preiswerte, passiv gemanagte Indexfonds investieren (siehe Seite 129), sind am Markt bislang noch eine Rarität.

Ein weiteres Manko der Fondspolice besteht darin, dass im Fall eines Börsencrashs kurz vor Auslaufen des Vertrags die Ablaufleistung der Police oder die Monatsrente unter Umständen ausgesprochen mickrig ausfällt. Vorsorgesparer können die Police daher nicht einfach kaufen bzw. besparen und liegen lassen. Damit etwaige erzielte Fondsgewinne nicht wieder schmelzen wie Schnee in der Sonne, muss das Fondsvermögen – genau wie bei einem Fondsparplan – regelmäßig überwacht werden. Spätestens vor Rentenbeginn muss das Kapital zudem aus ertragsstarken, aber risikoreichen Aktienfonds in sichere Anleihe- oder Geldmarktfonds umgeschichtet werden. Wem das zu aufwendig ist, der kann zu einer Police mit automatischem Ablaufmanagement greifen, dann wird zu festen Terminen umgeschichtet. Doch das Ergebnis ist meist suboptimal, weil die Börsenentwicklung dabei nicht beachtet wird. Alternativ bieten auch gemanagte Policen oft ein Ablaufmanagement. Doch grundsätzlich gilt: Je mehr Service der Versicherer bietet, desto teurer kommt meist der Vertrag.

Fondspolicen mit Garantie

Weil Sparer, die für ihr Alter vorsorgen, meist Wert auf Sicherheit legen, werden auch fondsgebundene Rententarife oder Kapitallebenspolicen immer öfter mit Garantieleistung angeboten. Das gilt insbesondere seit der Finanzkrise. Seither steht die Anlagesicherheit besonders hoch im Kurs. Doch Garantieleistungen kommen nicht nur teuer und zehren am Ertrag. Längst nicht jede Garantie hält auch wirklich, was sie auf den ersten Blick verspricht. Anbei ein Überblick über die wichtigsten Modelle.

■ **Garantie durch den Versicherer.** Bei sogenannten Hybridprodukten werden die Beiträge des Sparers gesplittet: Ein Teil des Monatsbeitrags wandert in einen klassischen Deckungsstock, der genauso konservativ angelegt wird wie bei einem lupenreinen Klassiktarif. Der Rest vom Monatsbeitrag wird in Investmentfonds angelegt, die der Kunde aus der Palette des Versicherers frei wählen kann. Garantiert sind üblicherweise die eingezahlten Bruttobeiträge bei Fälligkeit der Police. Bisweilen können auch höhere Garantieleistungen vereinbart werden. Diese Garantie wird aus dem Klassikteil der Police finanziert. Die Fondserträge erwirtschaften nur die Überschüsse – und bessern die Ablaufleistung der Police auf. Selbst ein Totalverlust der Fonds kann die Garantie nicht infrage stellen. Zugleich sind jedoch die Renditechancen beschränkt, weil nur ein kleiner Teil vom Monatsbeitrag wirklich in Fonds fließt.

■ **Höchststands-Fondspolicen.** Wie bei Hybridpolicen wird das Kapital teilweise in Fonds investiert. Zur Auswahl stehen aber keine frei wählbaren Fonds, sondern nur Garantiefonds. Dieses Garantiemodell erlaubt eine höhere Fondsquote als Hybridpolicen. Dafür trägt nicht nur der Versicherer, sondern auch die Fondsgesellschaft einen Teil der Garantie. Denn der Garantiefonds sichert bei Fälligkeit oder zu bestimmten Terminen einen Teil vom zugesagten Kapitalerhalt ab. Bei vielen Garantiefonds wird das Kurssicherungsniveau zudem an bestimmten Stichtagen nachgezogen, sodass auch bereits erzielte Kursgewinne abgesichert sind. Das klingt gut, hat aber seinen Preis. Garantien sind auch in der Fondsbranche nicht zum Nulltarif zu haben. Die Police sieht also auf den ersten Blick gut aus, die Renditechancen sind jedoch begrenzt. Und zwischen den Kurssicherungsterminen kann das Fondsvermögen durchaus in den Keller rutschen.

■ **Dynamische Wertsicherungskonzepte.** Wie bei Hybridprodukten werden die Beiträge auf einen konventionellen Deckungsstock und Fonds aufgeteilt. Als Investmentanlage kommen dabei sowohl Garantiefonds als auch frei wählbare Fonds zum Einsatz. Der Wertsicherungsfonds garantiert dann, dass die in den Fonds eingezahlten Gelder zu bestimmten Terminen zu 90 bis 100 Prozent zur Verfügung stehen. Durch den regelmäßigen Austausch der Wertsicherungsfonds wird die Portfoliostruktur zudem der Marktentwicklung angepasst. Das Konzept erlaubt, den vom Versicherer verwalteten Deckungsstock in guten Börsenzeiten auf Null zu setzen und in schlechten wieder hochzufahren. Das soll bessere Ertragschancen bei geringeren Garantiekosten bieten. Doch je nach Wertsicherungsfonds und Umschichtungskonzept können durchaus erhebliche Risiken drohen, wenn Anleger zwischenzeitig aussteigen. Denn die Garantie auf Kapitalerhalt gilt nur zum Fälligkeitstermin.

■ **Policen mit Garantiefonds.** Bisweilen übernimmt der Versicherer selbst gar keine Garantie. Stattdessen wird der Teil vom Monatsbeitrag, der für den Kapitalerhalt nötig ist, komplett in Garantiefonds investiert. Dabei handelt es sich meistens um Laufzeitfonds, die den Kapitalerhalt nur bei Fälligkeit sicherstellen. Das Konzept soll ebenfalls höhere Erträge bei geringeren Garantiekosten bringen, birgt aber auch ein hohes Risiko. Denn bis zum Rentenbeginn gibt es keine Garantien. Ein Vertragsabbruch kann daher teuer werden. Bei schlechter Börsenentwicklung sind die Beiträge unter Umständen komplett verloren.

■ **Variable Annuities.** Bei diesen Policen werden die Beiträge nach Abzug der Vertragskosten komplett in Fonds investiert. Die Garantie stellt der Versicherer dagegen am Kapitalmarkt sicher. Die Kosten dafür werden dem Fondskapital entnommen. Allerdings gilt auch diese Garantie nur bei Fälligkeit der Police zu Rentenbeginn. Zwischenzeitlich sind keinerlei Leistungen garantiert. Ein Vertragsabbruch kann zudem selbst bei guter Börsenentwicklung extrem teuer werden: Weil die Garantie langfristig angelegt ist, kassiert der Anbieter je nach Restlaufzeit der Police bis zu 50 Prozent vom vorhandenen Kapital als Entschädigung. Deutschen Versicherern ist die Auflage von Variable Annuities bislang nicht erlaubt. Denn das Absicherungskonzept birgt auch für den Versicherer erhebliche Risiken.

Zusammengefasst: Fondsgebundene Lebens- oder Rentenversicherungen

Steuerlich bietet ein Fondssparplan im Versicherungsmantel zweifelsohne Vorteile. Doch die meisten Policen sind teuer. Auch nach Steuern kann sich ein Fondssparplan daher eher lohnen als eine Fondspolice.

Renditechance: bis   Anlagerisiko:

Flexibilität: Bequemlichkeit:

Sicherheitsnetz für Versicherungen

Vertraut man den Aussagen der Versicherungsbranche, dann ist die Finanzmarktkrise seit 2008 in erster Linie eine Bankenkrise. Doch auch die Lebensversicherungsunternehmen bleiben nicht

verschont. Schließlich sind sie einer der größten Anleger am Kapitalmarkt. Allein die Lebens- und Rentenversicherer verwalten in
über 93,2 Millionen Verträgen mehr als 821 Milliarden Euro Kunden-
gelder, investiert in die unterschiedlichsten Kapitalanlagen. Daher
besteht auch bei Lebensversicherern die Gefahr einer Schieflage.

Allerdings kann ein Versicherungsunternehmen – abhängig vom
Grad der Gefährdung – verschiedene Maßnahmen ergreifen, um
eine Bedrohung abzuwenden. So kann zunächst die Überschussbeteiligung herabgesetzt werden, was bei vielen Unternehmen
derzeit bereits zu beobachten ist. Außerdem können die Versicherer
auch die Rückkaufswerte der Policen herabsetzen, falls es zu Mas-
senkündigungen kommt. Sollten beide Maßnahmen nicht ausreichen, um eine drohende Insolvenz des Unternehmens abzuwenden,
sorgt ein staatlicher Sicherungsfonds – ähnlich wie die Einlagensicherung bei Banken – dafür, dass den Versicherten durch den
Konkurs des Unternehmens kein allzu großer Schaden entsteht.

Die Bestände des Versicherungsunternehmens, das ins Trudeln
gerät, werden dann auf die Protektor AG übertragen. Das ist ein
Lebensversicherungsunternehmen, das als „Auffanggesellschaft"
bzw. Sicherungsfonds fungiert. Gegründet wurde Protektor bereits
2003, als die Mannheimer Lebensversicherungs AG ins Straucheln
geriet. Zwei Jahre später verabschiedete der Gesetzgeber dann die
Rahmenbedingungen für den gesetzlichen Sicherungsfonds, dessen Aufgaben von der Protektor AG übernommen wurden.

Die Übertragung der Versicherungsverträge auf den Sicherungsfonds erfolgt grundsätzlich auf Anordnung der Aufsichtsbehörde
BaFin. Die Versicherungsnehmer haben daher keine Möglichkeit,
dem zu widersprechen. Die BaFin kann auch – gegebenenfalls zeitlich befristet – ein Verbot sämtlicher Zahlungen aus den Verträgen,
auch von Versicherungsleistungen oder Rückkaufswerten – aus-
setzen, Vertragsänderungen, wie Beitragsfreistellungen, zeitweilig
unterbinden und ein Verbot von weiteren Zuweisungen von Überschüssen aussprechen.

Das alles dient aber nur dem Zweck, den Schadensumfang festzu-
stellen und zu ermitteln, ob die Mittel des Sicherungsfonds ausreichen, um alle Verträge unverändert zu übernehmen. Ist dies nicht
der Fall, so können die Garantieleistungen der Verträge schlimmstenfalls um bis zu 5 Prozent herabgesetzt werden. Auch hiergegen
können die Versicherungsnehmer nicht widersprechen.

Grundsätzlich soll der Sicherungsfonds die Verträge der Versicherten jedoch unverändert, also wie „normale" Versicherungsverträge bei einem „normalen" Versicherungsunternehmen fortführen.
Insbesondere heißt das, dass sie auch gegebenenfalls eine Überschussbeteiligung von Protektor erhalten. Die Übernahme durch
Protektor muss also nicht die schlimmste aller Möglichkeiten sein.
In 2009 erhielten die Kunden
der ehemaligen Mannheimer
Leben zum Beispiel eine
höhere Zinsüberschuss-
beteiligung als bei einigen
„regulären" Versicherungsunternehmen. Das ist mittlerweile aber nicht mehr der Fall.

> **Wichtig!**
>
> Der staatliche Sicherungsfonds gilt nur für deutsche Le-
> bensversicherungsunternehmen und Pensionskassen, so-
> fern sie Mitglied bei Protektor sind. Geschützt sind zudem
> nur die klassischen versicherungsförmigen Leistungen. Bei
> Fondspolicen sind dagegen nur jene Leistungen geschützt,
> für die der Versicherer die Garantie übernimmt.
>
> Ist der Versicherungsvertrag bei einem ausländischen
> Versicherer, der kein Protektor-Mitglied ist, abgeschlossen
> worden – etwa bei einem irischen, luxemburgischen oder
> britischen Versicherer –, so gilt zudem das Aufsichtsrecht
> des Landes, in dem das entsprechende Versicherungsunter-
> nehmen seinen Sitz hat. Es gilt dann im Falle einer Schief-
> lage des Unternehmens zu prüfen, ob in dem Heimatland
> des Versicherers überhaupt ein Sicherungsfonds besteht
> bzw. welche Leistungen hier abgesichert sind.
>
> Seit dem 1. Juli 2008 muss der Verbraucher jedoch in den
> Verbraucherinformationen für seinen Vertrag aufgeklärt
> werden, ob ein – und wenn ja, welcher – Sicherungsfonds
> für den Vertrag greift.

Aktien

Aktien für die selbst geschmiedete Altersvorsorge – ist das nicht
viel zu riskant? Tatsächlich – auf den ersten Blick scheint es so.
Denn wer die Entwicklung der Aktienkurse in den vergangenen
zwölf Jahren mit zwei großen Börsencrashs als Maßstab nimmt,
kann kaum verstehen, dass Aktien eine passende Geldanlage
gerade für die Altersvorsorge sein sollen. Doch Schlechtwetter-Pe-
rioden am Aktienmarkt sind selten von längerer Dauer. So wurden
Verlustphasen an der Börse bisher nach zwei bis spätestens vier
Jahren wieder ausgemerzt. Einzige Ausnahme blieb im vergangenen
Jahrhundert die auf den „Schwarzen Freitag" von 1929 folgende
Depression. Seinerzeit brauchte der amerikanische Aktienindex
Dow Jones glatte 25 Jahre, um sein Ausgangsniveau wieder zu er-
reichen. Ansonsten konnten mit Aktien über längere Zeiträume aber
durchweg bessere Renditen erzielt werden als mit Anleihen oder
Zinspapieren.

Mit Strategie zum Ziel

Für Börsenexperten steht außer Frage, dass sich Aktien – ein Spar-
horizont von mindestens zehn Jahren vorausgesetzt – hervorragend
zur Altersvorsorge eignen. Allerdings: Allein auf Aktien zu bauen,
wäre eine zu gefährliche Strategie. Das Aktiendepot sollte vielmehr
nur eine – wenn auch wichtige – Säule der Altersvorsorge sein. Daneben gehören unbedingt sichere Zinsanlagen wie Bundesanleihen
oder andere festverzinsliche Rentenpapiere ins Vorsorgedepot.

Wenn es um den richtigen Aktienanteil am Gesamtvermögen geht,
variieren Experten gern eine alte Faustregel. Danach sollte der
Anteil von Dividendenwerten am Gesamtvermögen 100 Prozent
abzüglich Lebensalter nicht überschreiten. Hinter diesem pauschalen Rezept steht die Erfahrung, dass Anleger am Aktienmarkt zwar
hohe Ertragschancen haben, aber immer wieder auch mal eine

So funktionieren Aktien

Aktien sind Wertpapiere, die Teilhaberrechte am Grundkapital einer Aktiengesellschaft verbriefen. Wer Aktien kauft, wird daher nicht nur Aktionär, sondern zugleich Miteigentümer des jeweiligen Unternehmens. Er ist – wie jeder Unternehmer – am Gewinn, aber auch faktisch am Verlust seiner AG beteiligt. Sein Risiko ist allerdings auf den für die Aktien gezahlten Kaufpreis begrenzt. Als Mitunternehmer der AG haben Sie als Aktionär zwar keinen Anspruch auf eine feste Verzinsung ihres Kapitals, Ihnen steht aber eine Beteiligung am Unternehmensgewinn zu: die Dividende. Sie wird einmal jährlich an die Aktionäre ausgeschüttet, kann in ihrer Höhe aber je nach Erfolg der AG schwanken und in schlechten Geschäftsjahren auch ganz ausfallen.

Aktien börsennotierter Unternehmen werden an der Börse gehandelt, wobei nicht nur die Geschäftsentwicklung des Unternehmens selbst, sondern auch die allgemeine Wirtschaftslage sowie Angebot und Nachfrage den Börsenkurs bestimmen. Weil der Markt sehr empfindlich auf all diese Einflussfaktoren reagiert, kann der Börsenkurs von Aktien stark schwanken. Ihnen als Aktionär steht es vollkommen frei, wie lange Sie Ihre Aktienanteile halten wollen, denn die Laufzeit ist nicht begrenzt. Im Fall einer Unternehmenspleite werden die Dividendenpapiere jedoch wertlos.

Durststrecke durchstehen müssen. Das fällt mitten im Berufsleben leichter als kurz vor dem Ruhestand, wenn man auf das angesparte Vermögen zurückgreifen will. Deshalb ist es mit zunehmendem Alter unerlässlich, den Anteil sicherer Reserven am Depot zu erhöhen.

Über den richtigen Anlagemix entscheidet nicht allein das Lebensalter. Je größer Ihr Vermögenspolster – und je höher die laufenden Einnahmen, aus denen Sie Ihren Lebensunterhalt bestreiten –, desto größer kann das Risiko sein, das Sie auch im fortgeschrittenen Alter zumindest theoretisch verkraften können. Doch was nützt das schönste Aktiendepot, wenn der Vorsorgesparer bei jeder kleinen Turbulenz an der Börse keinen Schlaf mehr findet? Wer an der Börse Erfolg haben will, muss auch seine Psyche einkalkulieren. Der 1999 verstorbene Börsenaltmeister André Kostolany hatte dafür eine simple Regel parat: „Kaufen Sie Aktien, nehmen Sie Schlaftabletten und schauen Sie sich die Papiere nicht mehr an. Nach vielen Jahren werden Sie sehen: Sie sind reich."

Kostolanys Tipp ist zwar nicht grundsätzlich falsch. Er sollte aber nicht zum Tiefschlaf führen. Wer zur Vorsorge auf Aktien setzt, sollte sein Depot in allen Börsenphasen im Blick behalten – und die gewählte und individuell gewünschte Risikomischung stets beibehalten. In Boomphasen gilt es daher, zwischenzeitlich erzielte Kursgewinne rechtzeitig abzuschöpfen, um sie sicher anzulegen. Geschieht das nicht, steigt der Aktienanteil im Depot und entspricht nicht mehr der ursprünglich gewünschten Risikoverteilung. Bittere Folge: Kippen die Börsenkurse irgendwann, ist der Fall bei gestiegenem Aktienanteil umso tiefer. Umgekehrt sollte der Aktienanteil nach einer Crashphase wieder erhöht werden, um an der nachfolgenden Kurserholung partizipieren zu können. „Re-Balancing" sagen Experten zu diesem Depotüberwachungssystem.

Den richtigen Mix finden

Mithilfe von etwas Mathematik lassen sich die Verlustrisiken sogar minimieren und die Ertragschancen erhöhen. Wer genau weiß, für wie lange er einen bestimmten Betrag (zum Beispiel 10.000 Euro) anlegen will und wie hoch der Zinssatz für sichere Anlagen ist, kann exakt ausrechnen, wie viel vom Anlagebetrag er in sichere Zinspapiere investieren muss, damit der Kapitalerhalt zum gewünschten Termin gesichert ist. Der Rest des Gelds kann dann in Aktien angelegt werden. Das große Plus bei dieser Strategie: Sogar bei einem Totalverlust der Aktien wäre der Kapitalerhalt noch gewährleistet. Denn aus der sicheren Zinsanlage fließt der ursprüngliche Anlagebetrag bei Fälligkeit wieder zurück. Wird der Aktienanteil jedoch zusätzlich regelmäßig „ausbalanciert" und werden die erzielten Kursgewinne

✱ Beispiel

Angenommen, 10.000 Euro sollen für 20 Jahre angelegt werden. Der Zinssatz für sichere Anlagen beträgt 3 Prozent. Dann müsste der Anleger lediglich rund 5.536 Euro in das Zinspapier investieren, um in 20 Jahren die 10.000 Euro zurückzuerhalten. Die restlichen 4.464 Euro kann er in Aktien investieren. Sogar bei einem Kursverlust der Aktien von 50 Prozent würden dem Anleger noch 2.232 Euro bleiben. Das entspricht einer Verzinsung des gesamten Kapitaleinsatzes von 1 Prozent. Bei einem Kursverlust der Aktien von nur 25 Prozent wären dem Anleger trotz allem bereits 1,45 Prozent Ertrag sicher. Geht die Aktienanlage plus/minus null auf, liegt die Rendite bereits bei 1,86 Prozent. Steigen die Aktien allerdings im Schnitt jährlich nur um knapp 6 Prozent, liegt die Gesamtrendite am Ende sogar bei 4,54 Prozent.

und Erträge nach gleichem Schema investiert, ist ein höherer Ertrag sicher als bei ausschließlich sicherer Zinsanlage.

Gezielte Titelauswahl

Bei der Direktanlage in Aktien ist nicht nur der richtige Anlagemix, sondern auch die richtige Titelauswahl von entscheidender Bedeutung. Dabei lautet das oberste Gebot: flexibel bleiben und niemals alle Eier in einen Korb legen. Kein Börsenprofi setzt sein ganzes Geld auf eine einzige

 Tipp: Wertpapiere kombinieren

Das clevere Kombiverfahren funktioniert nicht nur mit Aktien, sondern mit allen Arten von Wertpapieren. Die Kurse von Aktien und Anleihen entwickeln sich weitgehend unabhängig voneinander, ein Mix aus beiden Anlageformen senkt daher das Risiko im Depot. Aber selbst Anlagen aus verschiedenen Branchen und Währungen lassen sich nach diesem wissenschaftlichen Prinzip miteinander kombinieren – und sorgen so für mehr Stabilität im Vorsorgedepot.

Aktie. Firmenpleiten sind nie völlig auszuschließen, Kursverluste in einzelnen Branchen und Märkten ebenso wenig. Deshalb muss das Kapital für die Aktienanlage über mehrere Werte gestreut werden. Verzetteln sollten sich Vorsorgesparer aber auch nicht. Untersuchungen haben gezeigt, dass bereits ein Depot mit fünf bis zehn verschiedenen Aktien aus unterschiedlichen Branchen, also zum Beispiel Papiere von Banken, Versicherungen, Energieversorgern, Chemie- oder Pharmawerte, die erforderliche Risikostreuung erreicht. Jeder Posten sollte ein Volumen von mindestens 1.000 bis 3.000 Euro haben. Sonst zehren die Börsenspesen zu stark am Ertrag. Um die 20.000 Euro müssten Sie als Direktanleger also schon mitbringen, wenn sie auf Angebote von der Stange verzichten und das Polster für die private Zusatzrente in einem individuellen Wertpapierdepot wachsen lassen wollen. Bei kleineren Beträgen ist es dagegen ratsam, erst einmal mit Aktienfonds zu beginnen. Besonders kostengünstig sind börsengehandelte Aktienindexfonds, deren Kurs strikt der Wertentwicklung eines Börsenbarometers wie zum Beispiel dem DAX, dem EuroStoxx oder anderen gängigen Börsenindizes folgt (siehe hierzu ab Seite 129).

Blue Chips für das Vorsorgedepot

Wenn Sie mit Aktien fürs Alter vorsorgen wollen, sollten Sie aber auch nicht zu breit streuen und zu viele verschiedene Werte ins Depot nehmen. Sonst verlieren Sie möglicherweise den Überblick. Obendrein vereinfacht ein überschaubares Depot auch die Titelauswahl. Wenn der Branchenmix stimmt, können Anleger durchaus nach Sympathie kaufen – also Unternehmen, deren Produkte sie nicht mögen, einfach links liegen lassen. Das klingt profan, doch gesunder Menschenverstand hat sich als Auswahlkriterium bei der Aktienanlage durchaus bewährt. Der legendäre US-Börsenguru Warren Buffet hat sich und die Aktionäre seiner Investmentfirma Berkshire Hathaway beispielsweise mit einer vergleichsweise simplen Strategie reich gemacht: Er kauft nur Aktien von Firmen, in denen er sich gut auskennt und deren Waren oder Dienstleistungen die Menschen auch in den kommenden Jahren fast täglich brauchen werden.

Wer die Top-Ten-Aktien Europas oder der Welt in seinem Depot vereint bzw. breit gestreut in Aktienindexanlagen investiert, muss sich zudem nicht täglich um seine Wertpapiere kümmern. Denn zahlreiche Untersuchungen bestätigen: Mit einem solchen Depot können auch Anleger, die sich aus Mangel an Zeit und/oder Fachwissen nicht näher mit der Börse auseinandersetzen, über einen Zeitraum von 10 bis 20 Jahren eine deutlich höhere Rendite erzielen als mit Anleihen oder anderen Zinspapieren. Weiteres Plus: Der Geldbeutel wird nicht überstrapaziert, weil nicht ständig neue Gebühren für den An- und Verkauf der Wertpapiere an der erzielten Rendite zehren.

Zusammengefasst: Aktien

Geeignet für aktive und risikobereite Vorsorgesparer, die ihr Vorsorgedepot nach eigenen Wünschen zusammenstellen und verwalten wollen.

Renditechancen: Sicherheit:

Flexibilität: Bequemlichkeit:

Billigst oder bestens ordern: das kleine Einmaleins des Aktienkaufs

Normalerweise würde wohl niemand ein Angebot annehmen, bei dem er nicht weiß, was es kostet. Doch genau das geschieht beim Aktienkauf. Der Käufer kennt den Preis, zu dem das Aktiengeschäft tatsächlich abgeschlossen wird, im Voraus nicht. Bestenfalls weiß er den zuletzt gezahlten Kaufkurs. Profis überlegen sich deshalb schon vor dem Aktienkauf ganz genau, wie viel Geld sie für jede einzelne Aktie wirklich ausgeben wollen – und halten diese persönliche Preisobergrenze im Kaufauftrag als „Limit" fest. Diese Limitvorgabe verbietet es dem Börsenmakler, den genannten Preis beim Kauf der Aktie zu überschreiten. Er darf den Auftrag lediglich zu einem niedrigeren Kurs ausführen. Wer seiner Bank keinen Höchstkurs für den Einstieg an der Börse vorgibt, kauft dagegen „billigst", das heißt zum günstigsten Kurs, der gerade erzielbar ist. Umgekehrt gilt für den Verkauf: Wer keine Kursuntergrenze für einen Verkaufsauftrag nennt, verkauft lediglich „bestens", das heißt zum gerade höchstmöglichen Kurs. Ganz ohne Risiko ist aber auch die Limitvorgabe nicht: Setzt die Aktie gerade zu einem Höhenflug an und ist das Limit zu knapp gesetzt, wird der Kaufauftrag nicht ausgeführt. Anleger benötigen deshalb etwas Fingerspitzengefühl für die Tageskursschwankungen der jeweiligen Aktie („Volatilität" genannt), um das Limit knapp über dem aktuellen Kurs der Aktie zu setzen.

Erfahrene Börsianer planen nicht nur den Einstieg an der Börse, sondern betreiben auch konsequentes Verlustmanagement. Sie schützen sich vor einem unerwarteten Börsencrash, indem sie ihrer Bank eine Stopp-Loss-Order erteilen. Dann werden die Aktien automatisch verkauft, sobald die Börsenkurse unter eine vom Anleger genannte Stoppmarke fallen. Auch hier bedarf es allerdings einer gehörigen Portion Fingerspitzengefühls, um die Stoppmarke richtig zu platzieren. Wird sie zu knapp unter den letzten Höchstkurs gesetzt, fliegt die Aktie schon bei vorübergehenden Kursschwankungen aus dem Depot – und der Anleger geht beim nachfolgenden Kursaufschwung leer aus. Als Faustregel gilt: Bei DAX-Werten sollte die Depotposition mit einer Stoppmarke von 10 Prozent unter dem aktuellen Kurs abgesichert werden. Bei Nebenwerten ist eine Spanne von 20 Prozent besser.

Im Überblick: das Wichtigste rund um Aktien

■ Schaffen Sie sich Unabhängigkeit, indem Sie nur Mittel anlegen, die Sie kurz- und mittelfristig nicht benötigen. Dadurch vermeiden Sie Notverkäufe, die häufig mit Verlusten enden.

■ Eine alte Börsenregel lautet: „Zu niedrigen Kursen kaufen, zu hohen Kursen verkaufen." Die Regel stimmt zwar grundsätzlich auch für Vorsorgesparer. Dennoch sollten Sie Ihre Aktien so auswählen, dass Sie sie möglichst langfristig gewinnbringend halten können.

■ Für den Kauf gilt: nicht auf Tiefstkurse warten, denn hellsehen kann schließlich niemand. Wer weiß schon, wann der niedrigste Stand einer Aktie oder der Börse insgesamt erreicht ist?

■ Auch für den Ausstieg gilt: nicht auf Höchstkurse warten. Haben Sie als Vorsorgesparer mit einer Aktie einen schönen Kursgewinn realisiert, sollten Sie ihn abschöpfen und in sichere Anlagen investieren. Bei hohen Verlusten gilt dagegen: Ein Ende mit Schrecken ist besser als ein Schrecken ohne Ende. Ziehen Sie also im Notfall rechtzeitig die Reißleine!

■ Schauen Sie sich das Unternehmen genau an, dessen Aktien Sie kaufen möchten. Die Ergebnisse der Vergangenheit sind zwar aufschlussreich, entscheidend ist aber die künftige Ertragsentwicklung. Ausblicke veröffentlicht die Wirtschaftspresse.

■ Mindern Sie Ihr Risiko durch Streuung Ihrer Anlagen auf verschiedene Aktien unterschiedlicher Branchen und Länder. Setzen Sie nie alles auf einen Titel. Aber kaufen Sie auch nicht zu viele verschiedene Aktien. Sind zu viele Titel im Depot, verliert man leicht die Übersicht.

■ Häufiges Umschichten eines Depots zahlt sich nicht aus. Bei einem Anlagehorizont von 20 Jahren und mehr können Sie durchaus eine Kaufen-und-Halten-Anlagestrategie verfolgen. Überdurchschnittliche Kursgewinne sollten Sie jedoch zwischenzeitlich abschöpfen und alle Titel kurz vor Ende der Anlagedauer nach und nach in sichere Anlagen umschichten.

■ Den absolut sicheren Börsentipp gibt es nicht. Deshalb Vorsicht vor „Experten", die „sichere Gewinne" voraussagen. Verlassen Sie sich niemals ausschließlich auf Analysten und das Urteil von

Beratern. Ein funktionierendes System zur Kursprognose hat bis heute noch niemand erfunden. Die Anlage muss vielmehr zu Ihrer individuellen Situation, Ihren persönlichen Anlagezielen, Ihrer Risikobereitschaft und Ihren Vermögensverhältnissen passen.

Investmentfonds

Anleger, denen das Risiko der Direktanlage in Aktien oder Anleihen zu groß ist, haben mit Investmentfonds eine bewährte Alternative für die Altersvorsorge. Das Prinzip der Fonds ist ebenso einfach wie überzeugend: Das Geld vieler Anleger wird in einem gemeinsamen Topf gesammelt. Ein professionelles Management übernimmt die Verwaltung der eingesammelten Gelder und legt sie in Wertpapieren oder anderen Vermögenswerten an. Damit erschließen sich für Sie als Fondssparer all jene Vorteile, die sonst lediglich Großanleger genießen. Sie nutzen das Know-how professioneller Fondsmanager und zahlen dafür niedrigere Wertpapierspesen als beim direkten Kauf. Vor allem aber erhalten Sie die Möglichkeit, das Risiko zu streuen, weil sich das Fondsvermögen auf verschiedene Einzelwerte verteilt. Verluste bei einem Wertpapier im Fondstopf können durch Gewinne bei einem anderen aufgefangen oder auch überkompensiert werden.

> **! Achtung!**
>
> So viel Komfort schürt bisweilen den Irrglauben, man brauche Investmentfonds nach dem Kauf nicht weiter im Auge zu behalten, weil das Vermögen automatisch wächst. Doch das ist eine gefährliche Illusion. Kein Fondsmanager der Welt kann einen Börsencrash verhindern oder die Zinslandschaft umkrempeln, um seine Fondssparer vor Verlusten zu schützen. Dem Kursrisiko der Börse sind Fondssparer genauso ausgesetzt wie Direktanleger. Allerdings hilft die breite Streuung, große Rückschläge zu verhindern.

Damit müssen Sie als Fondssparer nicht mehr die Wertentwicklung vieler Einzeltitel überwachen und sich auch nicht um die Wiederanlage Ihrer Erträge und fällig gewordener Erträge kümmern. Es genügt ein kurzer Blick in die Investmentfondstabellen großer Tageszeitungen, um die Wertentwicklung eines Fonds zu verfolgen.

Fondsauswahl

Ob sich das Vorsorgesparen mit Investmentfonds lohnt, steht und fällt mit der Wahl des Fonds. Den richtigen Fonds für die jeweilige Börsenlage und die persönlichen Anlageziele zu finden, ist gar nicht so einfach. Investmentfonds gibt es mittlerweile in unzähligen Varianten. Allein in Deutschland werden über 10.000 verschiedene Fonds angeboten, die – je nach Anlageschwerpunkt – das Geld der Fondsanleger in Aktien, Anleihen (Renten), andere Wertpapiere wie Wandelanleihen oder Genussscheine, aber auch in Immobilien und Derivate anlegen. Manche Fonds mischen verschiedene Anlageklassen und geben vor, je nach Börsenlage und Wirtschaftsentwicklung stets die besten Anlagen an Bord zu nehmen. Wieder andere versprechen den Anlegern, in jeder Börsensituation positive Erträge zu erzielen oder zumindest keine Verluste einzufahren. Das Problem für den Anleger: Ein optimales und auf seine individuellen Anlagebedürfnisse abgestimmtes Chance-Risiko-Verhältnis kann kein Fonds allein präsentieren. Selbst sogenannte Mischfonds, bei denen die Manager bei der Asset-Auswahl freie Hand haben und die deshalb den Wünschen privater Anleger nach einer gemanagten Vermögensverwaltung sehr nahekommen, stimmen im Einzelnen meist nur unzureichend mit den persönlichen Anlagezielen überein. Als Vorsorgesparer müssen Sie sich daher – genau wie bei der Direktanlage in Aktien und Anleihen – entweder ein komplettes Depot mit verschiedenen aktiv gemanagten Fonds zusammenstellen, das Ihren Anlagezielen und Ihrer individuellen Risikoneigung entspricht. Dieses Depot müssen Sie ebenfalls regelmäßig überwachen, gegebenenfalls anpassen und umschichten.

Ein schlechter Fondsmanager, eine falsche Strategie oder eine Fehlprognose über die wirtschaftliche Entwicklung können das Verlustrisiko bei aktiv gemanagten Investmentfonds erhöhen. Darüber hinaus ist die Fondsanlage vergleichsweise teuer. Denn außer den Kaufkosten fallen laufende Verwaltungskosten und gegebenenfalls sogar noch erfolgsabhängige Kosten an. Seit 2008 gewinnen daher sogenannte Indexfonds immer mehr an Bedeutung. Bei ihnen erübrigt sich die aktive Suche des Fondsmanagements nach gewinnbringenden Anlagen. Stattdessen bilden sogenannte passiv gemanagte Indexfonds lediglich einen Börsenindex wie den DAX, den EuroStoxx oder den Dow Jones nach. Die Wertentwicklung des Indexfonds folgt dann automatisch dem Kursverlauf des jeweiligen Indexes. Auch immer mehr Privatanleger entscheiden sich daher für einen passiv gemanagten Indexfonds (siehe hierzu auch in diesem Kapitel ab Seite 129). Dann kommt es nur noch auf die richtige Indexauswahl und die Anlagemischung bzw. Kombination mit sicheren Zins- und/oder Immobilienanlagen an. Grundsätzlich können Fondssparer bei jeder Fondsvariante ab einem Mindestanlagebetrag von 50 Euro die Sparform frei wählen. So ist es möglich, einen Einmalbetrag zu leisten oder auch je nach Kassenlage immer wieder größere Beträge in Investmentfonds zu investieren. Wenn Sie regelmäßig sparen wollen, können Sie sich auch für einen Fondssparplan entscheiden, was sich für die Altersvorsorge besonders anbietet.

Fondssparpläne

Die Grundidee bei Fondssparplänen ist immer gleich: Der Vorsorgesparer investiert jeden Monat einen festen Betrag von mindestens 50 Euro. Für dieses Geld erwirbt die Fondsgesellschaft Anteile an einem Investmentfonds, den der Sparer zuvor ausgewählt hat, und schreibt sie dem Sparplankonto des Anlegers gut. Dabei erhält der Vorsorgesparer für seine feste Sparrate mal mehr, mal weniger Fondsanteile gutgeschrieben. Denn die Preise der Fonds können wie Börsenkurse schwanken. Dank der regelmäßigen Einzahlungen (und bei guter Börsenentwicklung) wächst das Fondsvermögen kontinuierlich – vor allem, wenn die Erträge des Fonds nicht an den Sparer ausgeschüttet, sondern automatisch wiederangelegt werden. Damit ist der Grundstein für die Altersabsicherung gelegt. Allerdings kann ein Börsencrash kurz vor Rentenbeginn auch zu herben Verlusten führen. Deshalb sind Risikostreuung und gelegentliche Gewinnabschöpfung wie bei der Direktanlage in Aktien wichtig.

> *** Beispiel**
>
> Bei einer Rendite von 5 Prozent und 100 Euro Sparrate pro Monat liegen nach zehn Jahren mindestens 15.502 Euro auf dem Sparplankonto. In 20 Sparjahren sammeln sich 40.754 Euro an. Und bei 30 Sparjahren stehen 81.886 Euro für die Altersvorsorge zur Verfügung. Erwirtschaftet der Fonds höhere Erträge, beispielsweise eine Rendite von 8 Prozent jährlich, werden aus 100 Euro Sparrate in 30 Jahren sogar rund 116.945 Euro.

Fondssparpläne sind außerordentlich flexibel, denn Vorsorgesparer können sowohl die Laufzeit als auch die Höhe des Sparbeitrags frei festlegen und sogar die Einzahltermine variieren. So können Sparpläne in monatlichen Raten, aber auch nur viertel- oder halbjährlich bespart werden. Auch Zahlpausen sind meist jederzeit möglich. Das Gleiche gilt für die Kündigung.

Fondssparpläne für vermögenswirksame Leistungen

Auch vermögenswirksame Leistungen (vL) vom Arbeitgeber können über Fonds für die Altersvorsorge eingesetzt werden. Der Sparer ist dann allerdings bei der Fondsauswahl eingeschränkt. Denn der Staat fördert das Fondssparen nur, wenn die vL-Leistungen in Investmentfonds mit mindestens 60 Prozent Aktienanteil fließen (siehe dazu auch im Kapitel 7 ab Seite 212).

Fondsliste im Internet

Der Bundesverband deutscher Investmentgesellschaften veröffentlicht im Internet unter www.bvi.de eine jährlich aktualisierte Liste der Fonds, die für die Anlage vermögenswirksamer Leistungen geeignet sind. Wer seine Fonds kostengünstig über Fondsvermittler im Internet erwirbt, kann bisweilen aber auch dort einen kostengünstigen vL-Sparplan einrichten. Die jeweiligen Vermittler wiederum haben eigene Listen jener Fonds, für die sie einen vL-Sparplan führen. Ein Vergleich mit der offiziellen BVI-Liste kann sich lohnen. Denn einige Vermittler bieten weit mehr Fonds für einen vL-Sparplan an als auf der offiziellen Liste zu finden sind. Darüber hinaus gibt es die Fonds bei den Vermittlern bisweilen kostengünstiger als bei Abschluss des VL-Sparplans direkt bei der Fondsgesellschaft.

Fondssparpläne für vermögenswirksame Leistungen haben grundsätzlich eine Laufzeit von sieben Jahren, wobei nach sechs Sparjahren ein Jahr Ruhepause folgt. Werden die Einzahlungen mit staatlicher Sparzulage gefördert, kommen Vorsorgesparer zudem nur nach Ablauf der siebenjährigen Frist oder bei besonderen Notlagen an das Ersparte heran. Andernfalls entfällt die Förderung.

Fondssparpläne als Altersvorsorge: Vor- und Nachteile auf einen Blick

Vorteile	Nachteile
■ hohe Ertragschancen,	■ Risiko von Ertragsschwankungen und Kursverlusten,
■ Aufbau des Vorsorgepolsters schon mit kleineren Beträgen möglich,	■ Risiko der falschen Fondsauswahl,
■ bei Aktienfonds – je nach Einkommen – zusätzlich staatliche Förderung,	■ hoher Zeitaufwand für Fondsauswahl – und je nach Fondsvariante eventuell auch für die Betreuung der Anlage und Umschichtung des Geldes zu Rentenbeginn,
■ maßgeschneiderte Anlagemischung möglich,	
■ außerordentlich flexible Anlage, Laufzeit, Sparbetrag, Sparrhythmus frei wählbar,	■ keine garantierte Ablaufleistung,
■ steuergünstige Konstruktion möglich,	■ eventuell hohe Anlagekosten.
■ Zusatzrente aus Auszahlplänen, Höhe der Fondsrente und Laufzeit frei wählbar.	

Aktiv gemanagte Fondsvarianten

■ **Aktienfonds** investieren überwiegend in börsennotierte Aktien, wobei die Titelauswahl weltweit erfolgen oder auf den deutschen oder europäischen Markt begrenzt sein kann. Daneben gibt es Aktienfondsspezialitäten, die ausschließlich in einzelnen Ländern und Regionen wie Osteuropa, Asien oder Lateinamerika investieren. Andere Fonds sind auf einzelne Branchen spezialisiert, investieren in Aktien von Pharma-, Finanzdienstleistungs- oder Chemieunternehmen. Wieder andere widmen sich Themen wie Energie, Rohstoffe oder Infrastruktur.

Chancen	Risiken
Aktienfonds bieten die höchsten Erträge von allen Investmentfonds.	Über die Wertentwicklung entscheidet vor allem das Auf und Ab der Börsen. Mehrjährige Verlustphasen sind daher nicht auszuschließen. Je enger das Anlagespektrum, desto größer ist zudem das Risiko.

■ **Rentenfonds** investieren überwiegend in börsennotierte Anleihen. Da die regelmäßigen Zinsausschüttungen dieser Papiere im Fachjargon als „Renten" bezeichnet werden, tragen auch die Fonds diesen Namen. Für die Altersvorsorge eignen sich nur europäische oder internationale Rentenfonds, die in sichere Staatsanleihen investieren. Zudem sollten sie als Euroanleihen für die Anleger kein Wechselkursrisiko bergen.

Chancen	Risiken
Die Ertragschancen hängen von der jeweiligen Anlagemischung ab und liegen im Schnitt bei einer Jahresrendite bis zu 6 Prozent.	Bei starkem Zinsanstieg am Kapitalmarkt sind Kursverluste auch bei Rentenfonds nicht auszuschließen.

■ **Inflationsschutzfonds** investieren in inflationsgeschützte Anleihen (siehe hierzu auch in diesem Kapitel, Seite 87). Diese Anleihevariante profitiert, wenn die tatsächliche Inflation höher ist als die erwartete Geldsteigerungsrate. Die Fondsvariante eignet sich für Anleger, die sich gegen hohe Inflationsraten absichern wollen und bei herkömmlichen Nominalanleihen einen realen Wertverlust durch steigende Preise fürchten.

Chancen	Risiken
Reale Wertsicherung und bessere Verzinsung als bei Nominalanleihen, wenn das Preisniveau höher steigt als erwartet.	Die Inflationsraten bleiben hinter den Erwartungen zurück. Die Verzinsung von herkömmlichen Nominalanleihen liegt höher.

■ **Geldmarktfonds** investieren vorwiegend in kurz laufende Zinspapiere. Aufgrund der geringen Verzinsung eignen sie sich allenfalls als kurzfristige Parkstationen. In Verruf geraten sind

Geldmarktfonds, weil einige Fondsmanager dem Portefeuille zur Renditesteigerung hoch riskante Papiere beigemischt hatten, die in der Finanzkrise wertlos wurden. Bei einigen Fonds ist immer noch ungeklärt, wie viele dieser Giftmüllpapiere sich noch im Fondstopf befinden.

Chancen	Risiken
Die Zinsen von Geld-marktfonds steigen mit den Geldmarktzinsen. Die Wertschwankungen liegen bei null.	Manche Fonds verlangen Gebühren, die selbst Minirenditen zunichte machen. Ihnen sollten Anleger die Rote Karte zeigen. Fonds mit überdurchschnittlichen Renditen haben auch hoch riskante Papiere im Portfolio.

■ **Offene Immobilienfonds** investieren weltweit oder in Regionen wie den USA, Asien oder Europa vorzugsweise in gewerblich genutzte Immobilien wie Bürohäuser, Einkaufszentren oder Supermärkte. Sie galten einst als relativ krisenfeste Anlage. Entgegen früherer Einschätzung sind bei Immobilienkrisen und damit verbundenen Abwertungen des Immobilienbestands allerdings auch Verluste möglich. Nach starken Mittelabzügen wurden 2008 und 2009 mehrere Fonds längere Zeit für den Anteilsverkauf geschlossen. Viele davon werden jetzt mit Verlust abgewickelt. Bei Neuanlage in offenen Immobilienfonds können Anleger heute frühestens nach 24 Monaten wieder aussteigen, wobei sie die Kündigung bereits zwölf Monate vor dem Ausstieg aussprechen müssen. Für Anleger, die vor dem 21. Juli 2013 eingestiegen sind, gelten noch etwas flexiblere Regelungen.

Chancen	Risiken
Offene Immobilienfonds bieten zwar nur bescheidene Erträge von durchschnittlich 3 bis 5 Prozent. Ein Teil davon bleibt aber steuerfrei.	Flauten am Immobilienmarkt und Bewertungskorrekturen des Fondsvermögens schlagen sich in sinkender Wertentwicklung nieder. Vorübergehende Fondsschließungen schränken den Anteilsverkauf ein.

■ **Mischfonds** investieren breit gestreut in einen Mix aus Anleihen, Aktien und kurzfristigen Geldmarktpapieren. Vereinzelt ist die Wertpapierauswahl auf bestimmte Regionen begrenzt oder es gibt Anlageschwerpunkte (etwa ein Übergewicht des Aktien- oder Anleiheanteils). Zu den gemischten Fonds zählen auch sogenannte Superfonds und Multi-Asset-Fonds, bei denen das Management bei der Zusammenstellung völlig freie Hand hat.

Chancen	Risiken
Mischfonds können eine komplette Vermögensverwaltung aus einer Hand bieten. Sie sind daher ideal für Anleger, die sich um ihre Geldanlage wenig kümmern wollen. Die Gewinnchancen reichen bis an den Ertrag von Aktienfonds heran.	Die Wertentwicklung hängt stark vom jeweiligen Anlagemix sowie von der Qualität des Fondsmanagements ab. Gerade Mischfonds erfordern vom Management viel Know-how.

■ **Absolute-Return-Fonds** investieren in alle Anlageklassen, wobei der Einsatz von Derivaten dafür sorgen soll, dass Verluste möglichst ausgeschlossen werden. Meist wird eine Rendite in Höhe von ein paar Prozentpunkten über dem Geldmarktzins angestrebt, aber nicht garantiert.

Chancen	Risiken
Aufgrund der geringen Wertschwankungen sind die Risiken gering. Gut gemanagte Fonds erfüllen mehr als die im Fondsprospekt angegebenen Renditeziele.	Wie das Kapital angelegt wird, verraten die Fondsmanager nur selten. Der größte Teil der Absolute-Return-Fonds erreicht das Anlageziel nicht und macht in miesen Börsenzeiten sogar Verluste.

■ **Garantiefonds** versprechen gute Gewinnchancen im Börsenaufschwung und Kapitalerhalt oder zumindest umfassenden Schutz vor Verlusten, wenn die Kurse abstürzen. Klassische Garantiefonds sichern zum Laufzeitende die volle oder prozentuale Rückzahlung des Ausgabepreises ab – meist allerdings abzüglich des Ausgabeaufschlags. Bisweilen werden auch nur 80 oder 90 Prozent des Kapitals garantiert. Die Geld-zurück-Garantie greift immer erst zum Fälligkeitstag. Zwischenzeitliche Verluste sind damit möglich. Eine Variante sind Wertsicherungsfonds, die Höchststände fortwährend – meist monatlich – absichern, aber keine echte Garantie dafür übernehmen, dass die Wertsicherung auch hält.

Chancen	Risiken
Garantien geben dem Anleger die Sicherheit, dass er dem Verlustrisiko der Börsen nicht ungeschützt ausgesetzt ist. Diese Sicherheit hat ihren Preis. Die mit der Garantie verbundenen Kurssicherungsgeschäfte sind teuer und schmälern die Rendite erheblich. Garantiefonds lohnen sich daher – wenn überhaupt – nur bei kurzer Anlagedauer.	Nicht jede Garantie hält, was sie verspricht. Bisweilen wird dem Anleger mehr Sicherheit vorgegaukelt, als tatsächlich geboten wird. Wer langfristig spart, verschenkt mit Garantiefonds viele Börsenchancen.

■ **Dachfonds** legen das Geld der Fondssparer in Anteilen an anderen offenen Investmentfonds an. Das können – je nach Fondskonzept – Geldmarkt-, Renten-, Aktien-, offene Immobilienfonds oder auch Mischfonds sein. Üblich sind Angebote in verschiedenen Risikoklassen, wobei vor allem der Aktienanteil stark variiert.

Chancen	Risiken
Dachfonds bieten eine bequeme Fondsvermögensverwaltung in einem Wertpapier. Sie nehmen Vorsorgesparern die Qual der Fondsauswahl ab und bieten eine noch breitere Risikostreuung als Einzelfonds.	Der Anlageerfolg hängt von Qualität und Breite der Fondsauswahl und vom Geschick des Managements ab. Da bei jedem Fonds im Fondstopf Kosten anfallen, ist die Kostenbelastung für Käufer von Dachfonds höher als beim Kauf von Einzelfonds.

Indexfonds

Jahr für Jahr investieren Banken und Investmenthäuser Milliardenbeträge in Personal und Analysen, um bessere Ergebnisse als der Marktdurchschnitt (Index) zu erzielen – allerdings mit begrenztem Erfolg. Den Markt dauerhaft zu schlagen schaffen allerhöchstens 1 bis 2 Prozent der Fondsmanager, haben Studien u. a. am Center for Financial Research an der Universität zu Köln herausgefunden. Mehr noch: In kritischen Börsenzeiten wie der Finanzkrise 2008/2009 oder dem Crash nach dem 11. September 2001 gelang es vielen der aktiv gemanagten Fonds nicht, die Kursstürze an den Börsen für die Anleger wenigstens abzufedern. Im Gegenteil: Weil Fondsmanager auf der Suche nach Outperformance zwangsläufig höhere Risiken eingehen, hinken die meisten aktiv verwalteten Fonds dem Markt hinterher.

Kein Wunder also, dass inzwischen eine Fondsvariante großen Erfolg hat, die hierzulande noch vor wenigen Jahren ein Schattendasein führte: Indexfonds, die ebenfalls als Sparpläne zu haben sind. Bei diesen Fonds wird das Fondsvermögen von vornherein in einem Wertpapierportfolio angelegt, das in seiner Zusammensetzung dem Aktienkorb eines führenden Börsenindexes – beispielsweise dem Deutschen Aktienindex DAX, dem europäischen EuroStoxx oder einem anderen Länder- oder Branchenindex – entspricht. Der Vorteil: Anleger kaufen mit einem einzigen Fondsanteil den ganzen Aktienmarkt auf einmal – oder zumindest das Börsensegment, das der Index repräsentiert. Das garantiert nicht nur breite Risikostreuung. Darüber hinaus erzielt der Indexfonds auch Monat für Monat annähernd dieselbe Performance wie sein Indexvorbild und erreicht mit dieser passiven Strategie oft bessere Erträge als die meisten aktiv gemanagten Konkurrenten. Denn bei einem Indexfonds sind Anleger nur dem Auf und Ab der Börse unmittelbar ausgesetzt. Die Risiken, die durch die Tätigkeit des Managements entstehen können, wie zum Beispiel falsche Titelauswahl oder falsches Timing, sind dagegen ausgeschaltet. Gerade in langfristig aufwärts gerichteten Marktphasen sind Indexfonds deshalb oft die bessere Wahl.

Der Verzicht auf aktives Fondsmanagement und aufwendiges Aktienresearch zahlt sich außerdem bei den Fondskosten aus. Aktiv geführte Fonds schichten ihre Depotbestände häufig um und schmälern ihre Kursgewinne um die An- und Verkaufsspesen. Bei Indexfonds fallen Transaktionskosten dagegen nur an, wenn das Portefeuille an das Börsenbarometer angepasst werden muss. Klassische Indexfonds bilden den Börsenindex fast eins zu eins nach, das heißt Fondsstruktur und Zusammensetzung des Börsenindexes stimmen praktisch überein. Die völlig gleiche Abbildung eines Börsenbarometers ist jedoch bei marktbreiten Indizes mit mehreren

Hundert Aktien weder möglich noch sinnvoll. Beim Standard-&-Poor's-500-Indexfonds (S & P 500) beispielsweise mit über 500 Einzeltiteln ist es schon aus Kostengründen oft nicht sinnvoll, alle Aktien des Vorbilds zu kaufen. Deshalb ist es bei Indexfonds durchaus üblich, das Vorbild nur mit den Werten nachzubilden, die den Index im Wesentlichen repräsentieren.

> **Achtung!**
>
> Es gibt Indexfonds, die lediglich unter dem Etikett der exakten Nachbildung laufen. Diese Fonds legen beispielsweise rund 80 Prozent des Fondsvermögens indexnah an, die restlichen 20 Prozent werden aktiv gemanagt, um die Rendite zu verbessern. Eine solche Anlagestrategie verursacht nicht nur höhere Kosten, sondern erhöht zugleich das Risiko. Mit klassischen Indexfonds lassen sich solche Angebote daher nicht vergleichen. Die Beliebtheit von Indexfonds hat zudem dazu geführt, dass bisweilen spezielle Indizes für solche Fonds entwickelt oder Strategieindizes konzipiert werden, die wiederum einen Mehrertrag sichern sollen. Sie sind wesentlich teurer als herkömmliche Indexfonds und haben ein ganz anderes Chance-/Risiko-Profil. Bei solchen Indexvarianten ist Vorsicht geboten!

Je mehr Titel ein Index enthält, umso teurer wird seine exakte Nachbildung. Aufgabe eines guten Indexfondsmanagers ist es deshalb, die Aktienauswahl so zu gestalten, dass der Abstand zum Index – im Fachjargon „tracking error" oder „Nachbildungsfehler" genannt – so gering wie möglich bleibt, andererseits aber auch die Transaktionskosten nicht ausufern dürfen. Denn beides geht zulasten der Performance.

Exchange Traded Funds (ETF)

Einen Boom erleben seit 2007/2008 „Exchange Traded Funds", kurz „ETFs" genannt. Das sind besonders kostengünstige, börsengehandelte Indexfonds. Durch den Erwerb über die Börse entstehen zwar direkte und indirekte Kosten (Orderprovision, Maklercourtage, Geld-Brief-Spanne), doch sind diese meist erheblich geringer als die Ausgabeaufschläge klassischer Indexfonds. Bis zur Finanzkrise verkauften sich ETFs in Deutschland eher schwer, weil die Banken nur ungern auf die Provision beim Verkauf von Fonds verzichten. Im Zuge der Krise begann sich der Trend jedoch zu drehen. Während Anleger Ende 2008 gleich scharenweise aus Aktien, Anleihen, aktiv gemanagten Fonds und Zertifikaten flüchteten, stieg das Marktvolumen der Indexfonds nach Angaben des Finanzdatenanbieters Bloomberg im Krisenjahr um stolze 17 Milliarden Euro auf 81 Milliarden Euro. Und das obwohl die zugrunde liegenden Börsenbarometer

teilweise zweistellige Wertverluste hinnehmen mussten. Doch diese
Kurseinbrüche wurden bei ETFs dank sehr hoher Mittelzuflüsse glatt
überkompensiert.

Der Grund für den Erfolg ist simpel: ETFs sind nicht nur einfach,
transparent und kostengünstig. Die börsennotierten Papiere sind
auch liquide und ausfallsicher. Denn das Geld der Anleger ist bei
ETFs als Sondervermögen geschützt und kann auch bei einem
etwaigen Konkurs der Fondsgesellschaft nicht verloren gehen.

Doch nicht nur Liquidität und Kosten entscheiden über die Qualität eines ETF, sondern auch die Art der Indexnachbildung und die
Berechnungsmethodik. Grundsätzlich können ETFs sowohl Per-
formance- als auch Kursindizes abbilden. Der größte Unterschied
zwischen diesen beiden Varianten liegt darin, wie mit den Zins- und
Dividendenzahlungen verfahren wird, die auf die im Index enthaltenen Titel anfallen. Beim Performance-Index werden sämtliche
Erträge aus Dividenden-, Bonus- oder Zinszahlungen automatisch
in das Indexportfolio reinvestiert. Das bedeutet: Anlegern fließen
diese Erträge über die Kursentwicklung des ETF zu. Bildet der ETF
dagegen einen Kursindex ab, werden Dividenden und Erträge in
regelmäßigen Abständen an den Anleger ausgezahlt. Kurz: In beiden Fällen profitieren die Anleger von den Erträgen. Doch weil die
Erträge beim ETF auf einen Kursindex bis zum Ausschüttungstermin
das Barvermögen des Fonds erhöhen, weicht der ETF bis dahin
vom Index ab. Dieser „cash drag" kann dem ETF in schlechten Börsenzeiten einen positiven Nachbildungsfehler bescheren, in guten
Börsenzeiten bleibt ein Fonds mit hohem cash drag jedoch hinter
seinem Index zurück.

Manche Fondsgesellschaften, wie db x-tracker oder Lyxor, machen
aber gar nicht erst den Versuch, den Index über die darin enthaltenen Wertpapiere für hohe Kosten eins zu eins nachzubilden.
Stattdessen bauen sie den Index über Swap-Geschäfte aus der
Retorte nach. Das ist kostengünstiger und hat den Vorteil, dass die
Wertentwicklung des Indexes durch den ETF wirklich ganz exakt
nachmodelliert werden kann. Das gilt auch für Indizes, bei denen

die komplette Nachbildung aufgrund von Anlagebeschränkungen für einzelne oder mehrere der darin enthaltenen Aktien de facto gar nicht möglich ist. Allerdings bergen Swap-ETFs ein Emittentenrisiko. Denn wenn der Geschäftspartner der Swap-Vereinbarung pleitegeht, ist der versprochene Ausgleichsbetrag dahin. Im schlimmsten Fall erhalten Anleger dann nur noch die Rendite jener Aktien, die der ETF tatsächlich besitzt, – und die kann deutlich vom Index abweichen. In der Praxis ist das Ausfallrisiko jedoch eng begrenzt, weil die Swap-Partner Sicherheiten für die getroffenen Vereinbarungen hinterlegen müssen. Transparente ETF-Anbieter veröffentlichen zudem alle Details zur Sicherheit ihrer Fonds auf der jeweiligen Homepage.

Vorsicht Falle: die zweite und dritte ETF-Generation

Inzwischen gibt es ETFs in sehr vielen Varianten. Kreativ schaffen die Anbieter eigene Indizes, die sich aus verschiedenen Indizes oder auch Aktien und Derivaten zusammensetzen. Für den Vorsorgesparer sind solche Produkte meist so intransparent und risikoreich, dass sie für die Altersvorsorge ungeeignet sind. Chancen und Risiken kann ein Laie bei diesen Papieren nicht mehr abschätzen. Das gilt erst recht für die zweite und dritte ETF-Generation. Mit Fonds auf sogenannte Strategie-Indizes ist es möglich, sowohl auf steigende als auch fallende und sogar seitwärts tendierende Märkte zu wetten. Einen Boom erlebt vor allem das Angebot von Short- und Long-ETFs, mit denen nicht nur die Renditen, sondern auch die Risiken gehebelt werden. So lässt sich mit Short-ETFs auf fallende Kurse wetten, mit Long-ETFs die Renditen bei steigenden Kursen hebeln. Gehen die Wetten nicht auf, hagelt es jedoch hohe Verluste. Kein Wunder also, dass die intransparenten Produkte immer umstrittener werden. Die kanadische Anlegerschutzvereinigung FAIR forderte bereits Mitte 2009, Anleger generell vor den Gefahren von Hebel-ETFs zu warnen. Je länger man einen Hebel- oder Short-ETF hält, umso größer sei die Wahrscheinlichkeit, dass man Geld verliert, egal in welche Richtung man wettet, heißt es in einer FAIR-Kurzstudie. Mit herkömmlichen ETFs haben diese neuen Produkte daher nichts mehr zu tun – und für die Altersvorsorge sind sie eindeutig zu riskant.

> **Zusammengefasst: Index- und ETF-Fonds**
>
> Geeignet für Anleger, die ihr Vorsorgedepot nach eigenen Wünschen zu-
> sammenstellen und dabei Wert auf eine kostengünstige Anlage mit breiter
> Risikostreuung legen. Der Verwaltungsaufwand ist – abgesehen von der
> jährlichen Risikoadjustierung – bei Auswahl marktbreiter Indexfonds
> vergleichsweise gering.
>
> Renditechancen: Sicherheit:
>
> Flexibilität: bis   Bequemlichkeit:

Fondsrating und Fondsanalyse

Den oder die passenden Fonds für die Altersvorsorge zu finden, ist
gar nicht so einfach. Denn die Wertentwicklung von Investmentfonds hängt nicht nur vom Auf und Ab der Märkte, sondern auch
vom Anlagegeschick des Managements und dem Investmentstil ab,
mit dem das Vermögen verwaltet wird. Spezielle Ratingagenturen
ebenso wie Stiftung Warentest versuchen daher, die Qualität von
Fonds mithilfe eines Fondsratings genauer unter die Lupe zu nehmen. Die Bewertungsansätze sind dabei nicht neu, sondern werden
schon seit Langem von vielen Fondstestern angewandt.

Bei mehr als 10.000 Fonds, die hierzulande um die Gunst der Anleger buhlen, sind Orientierungshilfen auch bitter nötig. Doch die
Gütesiegel der Fondstester sorgen mittlerweile mehr für Verwirrung
als dass sie den Fondsmarkt transparenter machen. Der Grund
ist simpel: Die Zahl der in Deutschland aktiven Ratingagenturen
nimmt stetig zu. Außer den drei großen und bekannten Anbietern,
Feri-Trust, Lipper/Standard & Poor's und Morningstar sowie der
Stiftung Warentest wetteifern mittlerweile auch eine Reihe kleinerer
Fondsresearch-Häuser und Vermögensverwalter um die Gunst der
Kunden. Sie alle haben jeweils ihr eigenes Bewertungssystem
entwickelt. Deshalb kommen die einzelnen Anbieter bei der Be-
urteilung derselben Fonds bisweilen zu höchst unterschiedlichen
Ergebnissen. So kann es passieren, dass der Fonds bei Feri-Trust
Bestnote „A" erhält, bei der Stiftung Warentest dagegen im Mit-

telfeld landet und bei Morningstar mit nur zwei Sternen sogar als unterdurchschnittlich bewertet wird.

Bleibt die Frage, ob sich das Studium der unterschiedlichen Ratingverfahren und die mühsame Analyse aktiv gemanagter Fonds überhaupt lohnen. Systematische Fondstests, wie sie die Ratingagenturen durchführen, haben allesamt eine gravierende Schwäche: Sie basieren in erster Linie auf einer Analyse der Vergangenheitswerte. Damit ähneln sie dem Blick in einen Autorückspiegel – die vor dem Fahrzeug liegende Fahrbahn wird gar nicht oder nur unzureichend beachtet. So verwundert es nicht, dass die Gütesiegel aller Fondstester keine Garantie dafür bieten, dass der Fonds auch in Zukunft gute Erträge erwirtschaftet. Vergangenheitsergebnisse liefern nun einmal keine sicheren Prognosen für die Zukunft.

Weiteres Manko der Fondsanalyse: Weil alle Ratingurteile relativ sind und die Wertentwicklung der Fonds im Vergleich zu den Konkurrenten der Fondsgruppe oder dem jeweiligen Börsenindex messen, verrät das Rating nichts über die absolute Rendite des Fonds. Ein Fonds kann laut Rating sogar „spitze" sein, obwohl er über Jahre hinweg nur Verlust macht, wenn seine Wertentwicklung besser als der Durchschnitt seiner Fondsgruppe ist.

Weiterer Punkt, der gegen die aufwendige Fondsanalyse und Auswahl aktiv gemanagter Fonds spricht: Da die Ratingsieger häufig wechseln und es ohnehin nicht einmal ein Drittel aller Fondsmanager schafft, dauerhaft besser abzuschneiden als der Markt, in den er investiert, bieten sich für die endgültige Anlageauswahl passiv gemanagte Indexfonds an. Eine solche Anlagestrategie ist nicht nur einfacher als die aufwendige Auswahl aktiv gemanagter Fonds, sondern verspricht unterm Strich oft auch mehr Ertrag.

Tipp: Nicht blindlings auf gute Fondsnoten setzen

Für den tatsächlichen Anlageerfolg ist es wichtiger, erst einmal zu überlegen, auf welchen Anlagemärkten sich Gewinne erzielen lassen. 70 bis 80 Prozent des Anlageerfolgs werden von der Wahl der richtigen Anlageklasse und Anlageregion bestimmt und der Entscheidung, wie das Vermögen oder die Sparbeträge auf die einzelnen Anlageformen wie Geldmarktpapiere, Aktien oder Anleihen verteilt werden. Darüber hinaus spielen die fondsinternen Verwaltungskosten eine große Rolle. Neuere Studien belegen, dass nur kostengünstige Fonds den Anlegern langfristig Erfolg versprechen.

Kosten für Kauf und Verwaltung von Fonds

Schon die Suche nach dem richtigen Fonds ist nicht einfach. Fast noch schwerer fällt es Anlegern aber häufig, den Wunschfonds möglichst günstig zu erwerben. Hier im Überblick, welche Kosten überhaupt anfallen können. Ab Seite 139 finden Sie eine Übersicht über die sechs Wege zum Fondskauf.

Im Überblick: Fondskosten

■ **Ausgabeaufschlag.** Üblicherweise fällt beim Fondskauf ein einmaliger Ausgabeaufschlag an, der je nach Fondsart und Fondsgesellschaft meist zwischen 0 und 5 Prozent beträgt. Der Ausgabeaufschlag wird auf den Rücknahmepreis berechnet. Das ist der börsentäglich neu ermittelte Tageswert des Fondsvermögens, geteilt durch die Zahl der ausgegebenen Anteilsscheine. Mit dem Ausgabeaufschlag wird ein Teil der Vertriebskosten abgegolten. Üblicherweise erhält der jeweilige Vermittler – sei es die Bank oder der Finanzdienstleister – bis zu 80 oder 90 Prozent davon als Provision. Fondsvermittler im Internet verzichten oft ganz oder zumindest teilweise auf diese Vergütung und bieten die Fonds bei Kauf über ihr Internetportal mit Rabatt auf den Ausgabeaufschlag an.

■ **Depotgebühren.** Da Fondsanteile wie alle Wertpapiere bei der Bank oder der Fondsgesellschaft in ein Depot gelegt werden müssen, fallen meist Depotgebühren an. Diese sind allerdings ganz unterschiedlich. Bisweilen verzichten Fondsgesellschaften darauf, bisweilen kommt aber auch die Verwahrung bei der Bank günstiger. Direktbanken erheben oft überhaupt keine Depotgebühren. Wenn Sie Fonds günstig kaufen wollen, müssen Sie also immer die Summe aus Ausgabeaufschlag plus Depotkosten im Auge behalten und vergleichen.

Bei Fonds fallen jedoch nicht nur externe Kosten an. Die Fondsgesellschaften lassen sich auch die Verwaltung und Verwahrung des Fondsvermögens intern vergüten:

■ **Verwaltungs- und Depotbankgebühren.** Jährlich werden eine Verwaltungsgebühr und eine Depotbankgebühr (0,05 bis 0,5 Prozent des investierten Kapitals) erhoben, die dem Fondsvermögen entnommen wird. Mit der Verwaltungsgebühr werden das Gros der Verwaltungskosten und die Managerkosten abgegolten. Hinzu kommen die Kosten für die Jahresabschlussprüfung, die Druckkosten für Prospekte etc. Diese Gesamtkosten werden in der Total Expense Ratio (TER) oder Gesamtkostenquote gebündelt und pro Jahr in Prozent des Fondsvermögens ausgewiesen.

■ **Transaktionskosten.** Sie muss der Fonds für den An- und Verkauf der Wertpapiere zahlen. Diese laufenden Kosten der Fondsanlage werden ebenfalls dem Fondsvermögen entnommen und sind in der Berechnung des Rücknahmepreises bereits enthalten. In der Gesamtkostenquote – auch „Total Expense Ratio" oder kurz TER genannt –, die die Fonds ausweisen müssen, sind die Transaktionskosten für den Kauf und Verkauf von Wertpapieren sowie Gewinnbeteiligungen nicht enthalten.

■ **Erfolgsbeteiligung.** Eine neue Unsitte der Fondsgesellschaften ist es, erfolgsabhängige Gebühren – auch „Performancegebühren" oder „Performance Fee" genannt – zu verlangen. Die Erfolgsbeteiligung wird fällig, wenn der Fonds sich besser schlägt als der Index, an dem sich der Fondsmanager messen lässt. Der deutsche Marktführer DWS hat 2009 schon für etwa ein Drittel seiner Fondspalette solche Zusatzgebühren erhoben. Die Fondsgesellschaft der Sparkassen, Deka, dehnt sie seit 2010 auf alle Aktienfonds aus. Die Union Investment der Volks- und Raiffeisenbanken fordert sie seit 2008 für immer mehr ihrer Fonds. Nach Angaben der Fondsgesellschaften sollen mit der „Performance Fee" überdurchschnittliche Managerleistungen belohnt werden. Die Praxis zeigt jedoch, dass hier in vielen Fällen nur eine Zusatzgebühr kreiert wurde, die sich werbewirksamer verkaufen lässt, für den Kunden jedoch höchst intransparent ist und in die TER nicht einkalkuliert werden muss. Das erschwert den Kostenvergleich. Zudem verdienen die Fondsgesellschaften dabei oft nur am Auf und Ab der Börse mit. Deutschen Fonds hat die BaFin seit Juli 2013 daher strengere Vorgaben für so genannte „Performance Fees" gemacht. So sind erfolgsabhängige Gebühren nur noch auf Jahresbasis zulässig, sofern der Fonds vorangegangene Verluste aus den letzten fünf Jahren wieder ausgeglichen hat (Verlustvortrag),

Als Berechnungsbasis muss die Nettoperformance herangezogen werden, also die Wertentwicklung nach jährlichen Fixkosten. Erfolgsabhängige Gebühren auf monatlicher oder vierteljährlicher Basis sind absolut unzulässig. Die neue Regelung gilt aber nur für in Deutschland zugelassene Fonds. Viele Fondsanbieter sind daher auf Luxemburg ausgewichen. Hier gelten die Beschränkungen nicht – auch wenn der Fonds anschließend in Deutschland vertrieben wird. Anleger sollten Fonds mit Performance Fee daher besser meiden oder zumindest prüfen, ob die Regeln fair sind oder ob der Anbieter nur zusätzlich abkassiert.

■ **Abschlussgebühren.** Vorsicht ist bei Abschlussgebühren für Fondssparpläne geboten, die insbesondere Finanzvermittler gern fordern. Während der Ausgabeaufschlag üblicherweise von der Monatsrate abgezogen wird, werden die Abschlussgebühren wie bei Versicherungen über die gesamte Laufzeit gebündelt und mit den ersten Raten verrechnet (sogenannter gezillmerter Vertrag). Diese Abschlussgebühr – werben einige Anbieter – sei niedriger als die Summe der Ausgabeaufschläge. Das ist jedoch eine Milchmädchenrechnung. Da gerade am Anfang weniger Geld in den Fonds investiert wird, fällt der Zinseszinsertrag geringer aus und der Anleger erhält am Laufzeitende weniger ausbezahlt als bei dem kontinuierlich gezahlten Ausgabeaufschlag. Dabei gilt: Je höher die Rendite ist, desto größer ist der Nachteil der Abschlussgebühr. Hinzu kommt, dass der Anleger die zu Anfang entrichtete Gebühr nicht zurückerhält, wenn er den Fondssparplan abbricht oder zwischenzeitlich unterbrechen will. Dann kann der Fondssparplan trotz regelmäßiger Einzahlungen sogar allein wegen der Gebühren Verluste machen. Den Fondsgesellschaften ist diese Gebührenpraxis daher mittlerweile verboten worden. Nicht selten führt der Vertrieb sie aber über separate Zusatzvereinbarungen wieder ein. Darauf sollten sich Sparer und Anleger niemals einlassen.

Generell gilt auch für den Fondskauf die alte Kaufmannsweisheit: Im Einkauf liegt der Gewinn. Die meisten Anleger mögen es offenbar bequem und ordern über die Hausbank. Das ist zwar komfortabel, aber nicht immer der günstigste Weg – zumal viele Banken noch immer nicht darauf hinweisen, wenn der gewünschte Fonds zum Beispiel auch über die Börse geordert werden kann. Dabei lohnt es sich, beim Fondskauf auf die Kosten zu achten. So lässt sich einerseits an den Kaufkosten, wie Ausgabeaufschlag oder Börsenkosten, sparen und andererseits an den Kosten für die Verwahrung der Fonds.

Einziges Manko: Nicht jede Einkaufsadresse ist für jeden Anlegertyp geeignet. Wer intensive Beratung wünscht, ist meist bei der Hausbank oder einem Fondsshop richtig aufgehoben. Wer auf Beratung verzichten kann, bekommt Fonds bei spezialisierten Fondsdiscountern im Internet dagegen mit bis zu 100 Prozent Rabatt.

Sechs Wege zum Fondskauf

Kauf bei	Geeignet für	Vorteil	Nachteil
Hausbank	Anleger, die persönliche Beratung schätzen und/oder Fonds nicht online oder telefonisch ordern möchten.	Beratung und alle Bankgeschäfte aus einer Hand. Der Kunde braucht nur ein Depot für alle Wertpapiere.	Beratung oft standardisiert, bisweilen nur Vertrieb hauseigener Fonds, selten Rabatt auf Ausgabeaufschlag, teilweise hohe Depotpreise, bei Fremdfonds bisweilen zusätzliche Kauf- oder Verkaufskosten.
Direktbank	informierte Anleger, die auf Beratung verzichten können, Geldgeschäfte auch via Internet, Telefon oder Fax abwickeln und alle Geldanlagen in einem Depot halten wollen.	Oft hohe Rabatte auf den Ausgabeaufschlag und/oder kostengünstige, bisweilen sogar kostenlose Depotverwahrung. Auch kostengünstige Fondssparpläne.	Meist keine Beratung, Fondsangebot bisweilen begrenzt, automatische Wiederanlage der Erträge oft nicht möglich oder umständlich, Fondstausch bisweilen teurer als bei Fondsgesellschaft.
Fondsgesellschaft/ Kapitalanlagegesellschaft (KAG)	Anleger, die von der Fondsgesellschaft überzeugt sind, überwiegend oder ausschließlich Fonds dieser Gesellschaft kaufen wollen und/oder einen Fondssparplan bei der Gesellschaft führen.	Bisweilen kostenlose oder zumindest günstige Depotführung (ein Depot für alle Fonds), Wechsel in andere Fonds der Gesellschaft oft kostenlos, problemlose Wiederanlage der Erträge.	Selten Rabatt auf Ausgabeaufschlag, keine Beratung, meist nur Kauf und Verwahrung von Fonds der Gesellschaft.

→

Sechs Wege zum Fondskauf (Fortsetzung)

Kauf bei	Geeignet für	Vorteil	Nachteil
Fondsvermittler im Internet; Fondsdiscounter	Anleger, die keine oder nur teilweise Beratung wünschen, aktive Anleger, die Fonds häufig wechseln, Fondssparer.	Große Auswahl verschiedener Fonds, hohe Rabatte (bis 100 Prozent) auf den Ausgabeaufschlag, keine zusätzlichen Kauf- und Verkaufsspesen; große Auswahl von kostengünstigen Fondssparplänen, auch Sparpläne für vermögenswirksame Leistungen oder Riester-Verträge.	Beratungsqualität sehr unterschiedlich, Depotführung bisweilen nur bei der Fondsgesellschaft, teilweise mehrere Depots für verschiedene Fonds notwendig, teilweise auch Angebot fondsfremder Produkte.
Fondsshop	Anleger, die persönliche, unabhängige Beratung und breite Fondsauswahl wünschen.	Intensive Beratung, große Auswahl verschiedener Fonds und Fondssparpläne, teilweise Rabatte auf Ausgabeaufschlag.	Beratungsqualität sehr unterschiedlich, bisweilen zusätzliche Beratungsgebühren, teilweise aggressive Werbung auch für andere Produkte.
Börse	Anleger, die schon ein Depot haben und gegebenenfalls auf Beratung verzichten können.	Keine Mindestanlage, kein Ausgabeaufschlag, geringer „spread" (= Differenz zwischen Kauf- und Verkaufspreis für den Fonds; meist nur 0,1 bis 0,5 Prozent), Anteilspreis wird vom Börsenmakler fortlaufend taxiert, großes Angebot an ETFs.	Begrenztes Angebot an aktiv gemanagten Fonds, bisweilen hohe Handelsgebühren bei Order über Hausbank (Direktbanken meist günstiger), keine Beratung.

Fondsauszahlpläne

Wenn Sie auf Investmentfonds setzen, können Sie auch im Alter bequem, flexibel und ertragreich über Ihr Vermögen entscheiden. Möglich machen das Fondsentnahme- oder -auszahlpläne. Das sind praktisch umgekehrte Sparpläne. Statt Monat für Monat Geld auf ein Fondskonto einzuzahlen, können Sie als Ruheständler jeden Monat einen bestimmten Betrag als Zusatzrente entnehmen. Das Geld dafür können Sie im Erwerbsleben durch regelmäßigen Fondskauf ansparen. Doch auch größere Beträge, beispielsweise die

Ablaufleistung einer Lebensversicherung, können Sie in ein Fondsdepot einzahlen und entweder sofort oder nach einer gewünschten
Frist bequem verrenten lassen. Das große Plus dabei: Anders als
bei der von Finanzdienstleistern gern angebotenen Sofortrente vom
Versicherer können Sie als Fondsanleger beim Fondsauszahlplan
selbst entscheiden, wie hoch das monatliche Zusatzeinkommen
sein und wie lange das Geld reichen soll. Auch Ihren Ehe- oder
Lebenspartner können Sie bei der Fondsrente optimal absichern.
Denn im Todesfall steht das restliche Vermögen Ihren Erben in un-
geschmälerter Höhe zur Verfügung. Die Sofortrente vom Versicherer
wird dagegen meist nur für die Dauer der üblichen Rentengarantiezeit gezahlt. Anschließend fällt das Restvermögen an den Versicherer (siehe hierzu auch ab Seite 101).

Fondsauszahlpläne sind flexibler, aber nicht ganz so bequem. Denn
eine garantierte Auszahlleistung gibt es nicht. Vielmehr müssen Sie
als Anleger Höhe und Dauer der Rentenzahlungen selbst kalkulieren. Sie haben dabei grundsätzlich zwei Möglichkeiten:

■ **Auszahlpläne mit Kapitalerhalt.** Bei ausreichendem Kapital
kann die Zusatzrente ausschließlich aus den laufenden Fondserträgen und etwaigen Kursgewinnen finanziert werden. Solche
Auszahlpläne mit Kapitalerhalt bieten sich zum Beispiel an,
wenn Ihre Kinder das in Fonds angelegte Vermögen später noch
erben sollen. Denn das Guthaben bleibt unangetastet. Je nach
Höhe des ursprünglich angelegten Betrags und der Fondsrendite
fällt die Monatsrente aber möglicherweise nur bescheiden aus.
Zudem kann sie mit der unterschiedlichen Höhe der Erträge und
Kursgewinne unter Umständen schwanken. Ist das Vermögen in
der Rentenphase weiterhin in Aktienfonds oder anderen stark
schwankenden Fonds investiert, kann es sogar passieren, dass
die unterstellte Wertentwicklung nicht erreicht wird. Dann müssen Sie entweder die monatlichen Entnahmebeträge reduzieren
oder doch das angesparte Kapital angreifen. Andererseits kann
sich das Kapital bei positiver Marktentwicklung sogar noch ver-
mehren. Dann sprudelt die Monatsrente unter Umständen kräf-
tiger als ursprünglich prognostiziert.

■ **Auszahlpläne mit Kapitalverzehr.** Üppiger fällt die Fondsrente aus, wenn außer den Erträgen auch das angesparte Guthaben nach und nach mit ausgezahlt wird. Bei einem solchen Auszahlplan mit Kapitalverzehr entscheiden Sie selbst über die Höhe der Fondsrente. Denn die Laufzeit des Auszahlplans kann frei vereinbart werden. Das bedeutet jedoch: Sie müssen in Abhängigkeit von der wahrscheinlichen Fondsrendite selbst entscheiden, wie viel Geld Sie monatlich entnehmen wollen und wie lange der Entnahmeplan laufen soll. Kalkulieren Sie zu knapp und ist das Angesparte verbraucht, stehen Sie womöglich im hohen Alter ohne Zusatzrente da. Sind die Entnahmebeträge dagegen zu gering oder Sie sterben vor Ende der Laufzeit, fällt womöglich mehr Restkapital an die Erben als gewünscht.

> ▶ **Wichtig!**
>
> Auch Fondsentnahmepläne stehen und fallen mit den Kosten. Investieren Sie das Startguthaben für den Entnahmeplan daher nur in Fonds, die sie ohne Ausgabeaufschlag erwerben können, notfalls durch Kauf über die Börse oder bei einer Direktbank. Sonst zahlen Sie bei sofortiger Entnahme drauf! Achten Sie auch darauf, dass die Bank möglichst keine Zusatzkosten für dem Sparplan wie Konto- oder Depotgebühr erhebt.

Sie haben jedenfalls viele Möglichkeiten, Ihren Fondsentnahmeplan ganz individuell maßzuschneidern. Denn die Fondsrente ist ausgesprochen flexibel. Die meisten Fondsrentner legen zum Beispiel den Betrag fest, den sie sich monatlich auszahlen lassen. Das ist bequem und damit lässt sich das Haushaltsbudget besser kalkulieren. Der Nachteil fester Entnahmebeträge: Bei hohen Wertschwankungen der Fonds wird das Vermögen unter Umständen schneller aufgezehrt als gewünscht, weil in schlechten Börsenphasen mehr Fondsanteile verkauft werden müssen, um die gewünschte Rente zu finanzieren („negativer Cost-Average-Effekt"). Um das vermeiden, können Sie stattdessen nur die Zahl der Fondsanteile festlegen, die Monat für Monat verkauft werden sollen. Dann fließt zwar je nach Börsenentwicklung mal mehr, mal weniger Geld in die Haushaltskasse, dafür lässt sich die Laufzeit des Auszahlplans verlässlicher kalkulieren. Ein solches Modell können aber nur Ruheständler verkraften, die nicht die komplette Fondsrente zum Lebensunterhalt brauchen.

Alternativ können Sie auch vereinbaren, dass in bestimmten Monaten ein höherer Betrag, etwa für den Urlaub, ausgezahlt wird. Auch ein Inflationsausgleich ist möglich. Damit Ihre Kaufkraft stabil bleibt, können Sie festlegen, dass die Fondsrente jährlich um einen bestimmten Prozentsatz steigt, was die Laufzeit des Entnahmeplans bei gleichen Erträgen allerdings weiter verkürzt. Der Plan kann auch vorübergehend gestoppt werden, ebenso ist die Einzahlung weiterer Beiträge problemlos möglich. Kurz: Der individuellen Gestaltung sind keine Grenzen gesetzt. Der Fondssparplan kann sogar jederzeit wieder komplett gekündigt werden.

Grundsätzlich gilt: Wer sein monatliches Zusatzeinkommen im Alter aus Fonds entnimmt, hat die Chance, deutlich höhere Renditen zu erzielen als mit Bankauszahlplänen oder mit Sofortrenten vom Versicherer. Die große Unbekannte sind jedoch mögliche Ertragsschwankungen der Fonds. Legen die Kurse nach der Einzahlung am Anfang stark zu, kann der Fondsrentner viel Kapital entnehmen, die Fondsrente fällt üppig aus.

Klettern die Kurse jedoch erst gegen Ende der Auszahlphase deutlich, ist bereits viel Geld aus dem Auszahltopf geflossen, der Profit vom Kursanstieg gering. Bei Verlusten besteht sogar die Gefahr, dass die angesparte Summe zu früh verzehrt wird und der Vorsorgesparer eines Tages mit leeren Händen dasteht.

 Wichtig!

Die Qualität eines Fondsauszahlplans steht und fällt mit der Auswahl der Fonds und der individuellen Gestaltung des Fondsdepots. Für einen Auszahlplan sollten Sie daher vorzugsweise wertstabile Fonds, wie ausgesuchte offene Immobilienfonds, sichere Geldmarkt- oder erstklassige Rentenfonds bzw. Indexfonds, die in diese Marktsegmente investieren, auswählen. Darüber hinaus sollten Sie Ihr Kapital nicht nur in einen einzigen Fonds investieren, sondern über mehrere Fonds mit unterschiedlichen Risikoklassen verteilen. Alles auf eine Karte zu setzen ist zu riskant.

Sofern Sie die Zusatzrente nicht zwingend zum Bestreiten der grundlegenden Lebenshaltungskosten benötigen, ist ein Mix aus erstklassigen Renten-, Geldmarkt- und ausgewählten Immobilienfonds empfehlenswert, dem zur Renditeoptimierung auch ein paar Aktienfonds beigemischt werden. Alternativ kommen erstklassige Mischfonds in Frage, wobei es hier auch kostengünstige ETF-Fonds mit entsprechender Anlagemischung gibt, die einen guten Chance-/

Risiko-Mix versprechen. Je nach Alter, Vermögen und Risiko-bereitschaft kann das Kapital auch auf zwei Töpfe verteilt werden. In den einen Topf, der für die Entnahme bestimmt ist, kommen die sicheren Fondsvarianten sowie ein kleiner Teil an Aktienfonds. Der zweite Topf ist für das weitere Vermögenswachstum bestimmt und wird mit erstklassigen Mischfonds oder einem Mix aus Misch- und Aktienfonds bestückt. Erträge und etwaige Kursgewinne aus dem zweiten Topf werden dann regelmäßig in den ersten Topf umgeschichtet – und von Zeit zu Zeit auch etwas Kapital. Das bringt eine höhere Rendite, ist aber nur für risikobereitere Ruheständler empfehlenswert, die zudem bereits über Börsenerfahrung verfügen und sich auch im Alter weiterhin mit der Vermögensanlage beschäftigen wollen und können. Für sicherheitsbewusste Anleger ist dagegen ein Mix aus einem Bank- und einem Fondsentnahmeplan die bessere Wahl.

Weil sich Höhe und Dauer der Zusatzrente nicht absolut verlässlich planen lassen, sollte ein Auszahlplan mit Kapitalverzehr niemals die einzige Form der Altersvorsorge sein. Einzige Ausnahme: Die Basisversorgung (Rente, Pension) ist hoch genug, um die Lebenshaltungskosten zu decken, und mit der Fondsrente sollen nur die Zusatzausgaben, zum Beispiel Urlaub, Hobbys etc., finanziert werden. Um dem Anleger mehr Kalkulationssicherheit zu bieten, offerieren einige Fondsgesellschaften neuerdings aber auch Entnahme-pläne mit optionaler Leibrente. Dann managt die Fondsgesellschaft das Fondsdepot und sagt dem Ruheständler einen festen Entnahmebetrag zu. Der liegt im Zweifel deutlich niedriger als beim selbst gestrickten Entnahmeplan. Dafür wird ein Restbetrag des Kapitals reserviert, aus dem ab dem 85. Lebensjahr eine gleichbleibende, lebenslange Leibrente finanziert wird. Das große Plus dabei: Der Fondsrentner muss sich keine Gedanken machen, wie lange das Geld reichen soll. Und falls er vor Beginn des 85. Lebensjahrs stirbt, bleibt immer noch mehr Kapital für die Erben als bei einer Rente von der Versicherung. Der Nachteil: So viel Service gibt es nicht umsonst. Das Kombiprodukt ist teurer als der selbst gestaltete Entnahmeplan. Zudem sind einige Angebote nicht kündbar oder nur mit langer Kündigungsfrist.

Vorsicht Falle! Nicht immer läuft der Fondsauszahlplan wie gewünscht. Diese bittere Erfahrung mussten zum Beispiel Besitzer
von Entnahmeplänen mit offenen Immobilienfonds im Zuge der
Finanzkrise 2008/2009 machen. Weil institutionelle Anleger nach
der Pleite von Lehman Brothers gleich scharenweise Millionenbe-
träge aus den Fonds abzogen, ordnete die BaFin zum Schutz der
verbleibenden Anleger im Oktober 2008 bei elf Fonds die vorübergehende Schließung an. Von der Aussetzung der Anteilsrücknahme
waren auch die Besitzer von Entnahmeplänen betroffen. Denn die
BaFin bestand auf Gleichbehandlung.

Bittere Folge: Die Fondsrentner mussten monatelang, einige sogar
bis in das Jahr 2013 hinein, auf ihre monatliche Zusatzrente verzichten. Das hat dem Image von Entnahmeplänen schwer geschadet –
zumal es nicht jeder Fondsrentner verkraften konnte, dass seine
Zusatzrente über Monate ausblieb oder teuer vorfinanziert werden
musste. Nach der neuen gesetzlichen Regelung sind Entnahme-
pläne mit offenen Immobilienfonds jetzt wieder möglich, sofern
die Entnahme frühestens zwei Jahre nach Einzahlung des Startgut-
habens beginnt und im Jahr zuvor ein Kündigungs-Dauerauftrag
über einen festen Monatsbetrag oder eine feste Anzahl von Anteils-
scheinen eingerichtet wird, der dann für regelmäßige Auszahlungen
sorgt.

So viel kann die Fondsrente bringen

Mögliche Monatsrente bei einem Startguthaben von 100.000 Euro + Kapitalverzehr				
Fondsrendite p.a. *)	in 20 Jahren	in 25 Jahren	in 30 Jahren	in 35 Jahren	in ewiger Rente
3 %	537,73	459,42	408,15	372,31	240,00
4 %	585,53	509,38	460,19	426,35	318,30
5 %	635,17	561,63	514,92	483,42	395,78
6 %	686,50	615,97	572,04	543,11	472,45

*) Entnahmebetrag berechnet unter der Annahme eines Ausgabeaufschlags von 2,5 Prozent bei
Abschluss des Entnahmeplans, keine Rücknahmekosten; fondsinterne Kosten sind bei der Rendite
bereits berücksichtigt. (Quelle: eigene Berechnungen mit dem Entnahmeplanrechner des BVI)

Zertifikate

Zertifikate sind eine vergleichsweise neue Form der Geldanlage.
Rechtlich handelt es sich bei Zertifikaten um Schuldverschreibungen von Banken, die Anleger am Erfolg oder Misserfolg eines
Börsengeschäfts beteiligen, wobei der Rückzahlungswert des Zertifikats von den unterschiedlichsten Faktoren abhängig sein kann.
Es gibt Zertifikate, die Inhaber eins zu eins an der Kursentwicklung
eines Börsenindexes (Indexzertifikat) oder eines speziell zusam-
mengestellten Aktienkorbs (Basketzertifikat) beteiligen. Daneben
gibt es komplexe, strukturierte Produkte, die mittels Einsatz von
Derivaten und Termingeschäften spezielle Anlagestrategien verfolgen. Die Kreativität der Emittenten ist dabei bemerkenswert und
dem Anleger wird suggeriert, bei Wahl des richtigen Zertifikats kön-
ne er immer verdienen, egal in welche Richtung die Börse läuft. Ob
steigende, sich seitwärts bewegende oder fallende Kurse – für jede
Marktsituation und jede individuelle Anlagestrategie gibt es das
passende Produkt.

Risiken bei Zertifikaten

Bis zur Pleite der US-Investmentbank Lehman Brothers am
15. September 2008 galten Zertifikate daher als das Nonplusultra
der Geldanlage. In fast jedem Beratungsgespräch mit Bankbe-
ratern wurden Zertifikate als ideale Anlage für jedes Risikoprofil
wärmstens empfohlen. Das änderte sich mit dem Lehman-Konkurs
schlagartig. Plötzlich wurde ein Risiko dieser Papiere sichtbar, das
bis dahin als vernachlässigbar galt: Geht der Emittent eines Zertifikats in Konkurs, ist das Geld der Anleger ganz oder zumindest
teilweise verloren – und zwar unabhängig von der Entwicklung des
Basiswerts oder der Strategie, die in dem Papier verpackt ist. Denn
im Gegensatz zu Investmentfonds, bei denen das Geld der Anleger
separat als unangreifbares Sondervermögen verwahrt wird und damit im Fall des Konkurses der Kapitalanlagegesellschaft geschützt
ist, handelt es sich bei Zertifikaten um Schuldverschreibungen
der jeweiligen Bank, die das Papier aufgelegt hat (siehe Anleihen,

Seite 80). Damit gehören die Anlegergelder zur Konkursmasse. Schlimmstenfalls droht den Anlegern sogar der Totalverlust: Wenn beim Emittenten nichts mehr zu holen ist, gehen die Anleger bei der Rückforderung ihrer Gelder leer aus. Dieses Risiko wird in der Fachsprache auch „Emittentenrisiko" genannt. Früher hielten Banken dieses Risiko für vernachlässigbar, weil Zertifikate überwiegend von Großbanken mit internationalem Renommee ausgegeben werden.

Bis zur Finanzkrise 2008/2009 haben nur die wenigsten Institute in ihren Beratungsgesprächen auf dieses zusätzliche Risiko von Zertifikaten hingewiesen. Erst die Pleite von Lehman Brothers, die scharenweise auch biedere Anleger traf, denen die Zertifikate des US-Investmenthauses für die Altersvorsorge empfohlen worden waren, machte deutlich, dass Zertifikate – je nach Anlagestrategie – nicht nur erhebliche Kursrisiken bergen. Vielmehr ist auch bei Papieren mit vermeintlich sicherer Anlagestrategie ein Totalausfall nicht ausgeschlossen. Dieses Risiko haftet selbst Garantiezertifikaten an, bei denen der Emittent den Anlegern Kapitalerhalt oder zumindest einen bestimmten Rückkaufwert zusichert. Denn auch diese Garantie verliert ihren Wert, wenn der Garantiegeber – also der Zertifikateemittent – selbst zahlungsunfähig wird. Und noch ein Problem wurde in der Finanzkrise 2008/2009 sichtbar: Viele Zertifikate sind so kompliziert, dass selbst Bankberater ihre genaue Funktionsweise nicht verstanden haben. Dass sie trotzdem im großen Stil beworben und verkauft wurden, lag an den hohen Provisionen, die Banken mit Zertifikaten verdienen.

Kurzum: Für die Altersvorsorge sind die meisten Papiere nicht geeignet. Denn Anleger kaufen mit einem Zertifikat kein einfaches Wertpapier wie eine Aktie oder einen Aktienindex, sondern erwerben ein abgeleitetes Recht – zum Beispiel eine Option auf den Kauf oder Verkauf einer Aktie zu einem späteren Zeitpunkt zu einem vorher festgelegten Preis. Erwirbt der Anleger das Recht auf den späteren Kauf einer Aktie, spekuliert er auf steigende Kursen. Erwirbt er das Recht auf einen späteren Verkauf, hofft er auf sinkende Kurse. Doch während bei solchen Spekulationsgeschäften für den direkten Erwerb von Derivaten oder den darin enthaltenen Termingeschäften eine umfassende Aufklärung des Anlegers bis hin zur Termingeschäftsfähigkeit erforderlich ist, können die verbrieften Derivate in Form von Zertifikaten wie Aktien oder Fonds von den Kreditinstituten einfach so verkauft werden. Eine besondere Risikoaufklärung über die dahinterstehenden Termingeschäfte oder die Prüfung der Termingeschäftsfähigkeit ist dagegen nicht erforderlich. Getreu dem Motto „Kauf niemals ein Produkt, das du nicht verstehst", sollten Sie jedoch besser die Finger von solchen Offerten lassen.

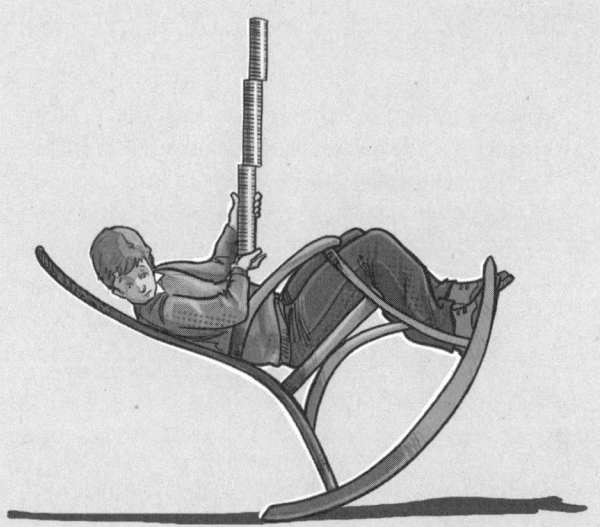

4 Riester-Produkte für die Rente

Wenn Sie eine Riester-Rente abschließen wollen, können Sie zwischen vier Produktvarianten wählen: Banksparplan, Fondssparplan, klassische Rentenversicherung, fondsgebundene Rentenversicherung, oft kurz Fondspolice genannt.

Falls Sie das eigene Heim oder die selbst genutzte Eigentumswohnung als Altersvorsorge vorziehen, gibt es außerdem spezielle Bausparverträge oder Riester-Darlehen, mit denen sich die sogenannte Eigenheimrente aufbauen lässt. Leicht ist die Auswahl für Vorsorgewillige daher nicht. Alle Riester-Produkte garantieren zwar den Beitragserhalt und eine lebenslange Rente bzw. ersparte Mietkosten bei der Eigenheimrente. Ob sich ein Angebot auszahlt – und ob es den individuellen Anlagezielen sowie der persönlichen Risikoneigung entspricht –, zeigt dagegen erst ein Blick auf die Details.

Grund genug für alle Vorsorgesparer, die verschiedenen Produktlinien vor Vertragsabschluss kritisch unter die Lupe zu nehmen. Dabei gilt: Zuerst sollten Sie Ihre persönlichen Vorsorgeziele klären und erst dann das passende Produkt auswählen. Denn jede Pro-

duktlinie hat ihre eigenen Vor- und Nachteile. Darüber hinaus ist
aber auch bei der konkreten Angebotsauswahl große Sorgfalt angesagt. Denn die Unterschiede im Preis-Leistungs-Verhältnis sind bei
den Anbietern jeder Produktlinie groß. Auch das Kleingedruckte im
Vertrag sollten Sie stets sorgfältig studieren – und zwar noch bevor
Sie Ihre Unterschrift unter den Vertrag setzen. So manche Tücke
steckt im Detail!

Riester-Bankssparpläne

Produktprofil: Riester-Bankssparpläne

Geeignet für risikoscheue oder ältere Vorsorgesparer sowie für alle, die
angespartes Kapital für die Eigenheimrente entnehmen wollen.

Renditechancen: Sicherheit:

Flexibilität: Bequemlichkeit:

Bescheidene, aber sichere Erträge – das versprechen Banksparpläne allen Vorsorgesparern. Ungefördert sind sie den meisten
Anlegern als Ratensparvertrag mit Zins und Bonus bekannt (siehe
hierzu auch Kapitel 3, Seite 70). Förderfähige Bankssparpläne sehen
ähnlich aus. Üblicherweise wird das Geld auf einem Sparkonto mit
variabler Verzinsung angelegt. Je nach Anbieter gibt es zusätzlich
Boni und Zinsaufschläge, deren Höhe von der Dauer der Einzahl-
phase abhängig ist. Abschlussgebühren fallen nicht an. Einige
Banken berechnen allerdings jährliche Verwaltungskosten von 5 bis
15 Euro. Außerdem zahlen einige Banken weniger Zinsen als bei ungeförderten Produkten. Die Rendite solcher Sparpläne ist dement-
sprechend nicht allzu hoch. Mehr als 0,25 bis 1,0 Prozent Grundzins
plus Bonus sind bei den meisten Anbietern derzeit nicht drin. Dafür

ist das Geld aber absolut sicher angelegt. Selbst wenn eine Bank pleitegeht, sind die Vorsorgegelder nicht verloren. Die Erhaltung von Kapital und Zinsen ist dank der deutschen Einlagensicherung (siehe hierzu auch Kapitel 3, Seite 75) in Millionenhöhe garantiert.

Auszahlplan und Entnahmemöglichkeiten

Es gibt als Alternativen den Auszahlplan, der mit einer kleinen Rentenpolice für Rentenzahlungen ab 85 Jahren kombiniert wird, und die Einmalanlage in eine sofort beginnende Rentenversicherung. Für den Entnahmeplan ist zwingend vorgeschrieben, dass die Auszahlung lebenslang erfolgen muss, das heißt auch über das 85. Lebensjahr hinaus. Dies führt zwingend zur Anlage eines Teilbetrags im Auszahlplan und zur Anlage einens weiteren Teilbetrags in eine aufgeschobene Rentenversicherung, die ab dem 85. Lebensjahr mindestens die monatliche Leistung des Auszahlplans erbringen kann. Falls gewünscht, lassen sich solche Auszahlpläne problemlos mit der bei Riester-Produkten zulässigen einmaligen Kapitalauszahlung

> **! Achtung!**
>
> Bei keinem Anbieter von Banksparplänen ist die Rentenphase bisher durchkalkuliert. Sie wissen bei Vertragsabschluss also gar nicht, welche Zusatzkosten möglicherweise auf Sie zukommen. Umso wichtiger ist es, den Sparplan bei einem Institut abzuschließen, das keine oder nur sehr niedrige Wechselkosten erhebt. Dann können Sie zu Rentenbeginn gegebenenfalls die Bank wechseln und sich in aller Ruhe umschauen, wer Ihnen dann die beste Zusatzrente für Ihr angespartes Kapital bietet.

kombinieren. Dann werden bei Rentenbeginn bis zu 30 Prozent des angesparten Kapitals in einer Summe ausgezahlt und nur die restlichen 70 Prozent des Guthabens fließen in den Auszahlplan. Alternativ bieten einige Banken und Sparkassen auch eine lebenslange Rente an, die muss dann von der Bank bei einem Versicherer der Konzerngruppe zugekauft werden. Allerdings bieten nicht alle Institute die Entnahmeoption zu Rentenbeginn. Wenn Sie sich die Flexibilität für später sichern wollen, kommen Sie nicht umhin, auch einen Blick ins Kleingedruckte der Verträge zu werfen.

Feste Zinsbindung

Ein Risiko bei geförderten Banksparplänen ist die Inflation. Ein Anstieg der Teuerungsrate auf 2 bis 3 Prozent kann den kompletten

Jahreszins von Riester-Sparverträgen schnell aufzehren. Da ist es gut zu wissen, dass keine Bank die Sparzinsen solcher Konten bei steigenden Zinsen niedrig halten kann. Nach einem von der Verbraucherzentrale Nordrhein-Westfalen erstrittenen Urteil des Bundesgerichtshofs vom Februar 2004 (Az.: XI ZR 140/03) muss sich die Bank grundsätzlich am Zinstrend des Kapitalmarkts orientieren und ihren Kunden offenlegen, nach welchen Kriterien sie auf steigende oder fallende Sätze reagiert. Folge des Urteils: Sie können von Ihrer Bank verlangen, dass sie angibt, an welcher Zinsgröße sich die Verzinsung Ihres Sparplans orientiert – und bei steigenden Zinsen rasch auf Anhebung pochen.

Die meisten Riester-Banksparpläne entsprechen mittlerweile den Vorgaben der obersten Bundesrichter. Dabei handelt es sich um Sparpläne, bei denen die Banken den vertraglich zugesicherten Zins von vornherein fest an die Umlaufrendite öffentlicher Anleihen gekoppelt haben. Bei diesen förderfähigen Sparplänen mit fester Bindung an die Umlaufrendite verpflichtet sich das Institut beispielsweise, den Basiszins alle drei Monate an die aktuelle Zinsentwicklung anzupassen. Allerdings erhalten die Riester-Sparer nicht den vollen Zinssatz öffentlicher Anleihen gutgeschrieben. Meist sieht die Zinsklausel des Riester-Banksparplans einen Abschlag von 0,25 bis 1,25 Prozentpunkten auf die Umlaufrendite vor. Es gibt auch Kreditinstitute, die eigene Referenzzinssätze konstruieren.

Riester-Banksparpläne sind für ältere Vorsorgesparer ideal, die nur noch wenige Jahre bis zum Ruhestand haben, kein Anlagerisiko mehr eingehen wollen und zugleich eine kostengünstige Anlage für ihre Riester-Zulage suchen. Denn bei Banksparplänen fallen – im Gegensatz zu allen anderen Riester-Produkten – entweder keine oder nur minimale Verwaltungskosten an. Diese Pluspunkte machen Banksparpläne auch für Vorsorgesparer mit hohem Sicherheitsbedürfnis attraktiv sowie für alle, die mit dem Wohn-Riester-Modell ein Eigenheim finanzieren wollen. Der Grund: Bei Riester-Banksparplänen können Sie jederzeit auf die ungeschmälerte Summe aus Einzahlungen plus Zinserträgen zurückgreifen – und die Habenzinsen liegen meist deutlich höher als bei Wohn-Riester-

Bausparverträgen. Aber auch Vorsorgesparer, die das Produkt ihrer Wahl noch nicht gefunden haben, die Förderung aber schon mal mitnehmen wollen, fahren mit Banksparplänen gut. Denn die Kosten für den Anbieterwechsel sind mit meist 25 bis 100 Euro vergleichsweise niedrig – sofern überhaupt Wechselkosten entstehen. Kurz: In puncto Sicherheit und Kosten sind zertifizierte Banksparpläne das beste Riester-Produkt – zumindest in der Ansparphase.

Riester-Rentenversicherungen

Die Versicherungswirtschaft bietet ihre Rentenversicherungen gleich in drei förderfähigen Varianten an. Sie haben dabei die Wahl zwischen klassischen Rentenpolicen und zwei risikoreicheren Varianten, bei denen die Rentenpolice mit einer Fondsanlage kombiniert wird. Das soll mehr Ertrag bringen als eine klassische Police, birgt aber auch ein höheres Anlagerisiko.

Klassische Riester-Rentenversicherung

Produktprofil: Riester-Rentenversicherung

Geeignet für Vorsorgesparer, die auf eine lebenslange Zusatzrente angewiesen sind und schon bei Vertragsabschluss genau wissen wollen, wie hoch die Mindestzusatzrente ist.

Renditechancen: bis   Sicherheit:

Flexibilität: bis   Bequemlichkeit:

Für sicherheitsbetonte Vorsorgesparer gibt es die förderfähige Variante der klassischen privaten Rentenversicherung (siehe hierzu auch Kapitel 3, Seite 101): Der Versicherer investiert Beiträge und Zulagen nach Abzug der Kosten in einen Mix aus Anleihen, Immobilien und Aktien (maximal 35 Prozent). Das so gebildete Deckungskapital wird mit 1,75 Prozent verzinst (aktueller Garantiezins auf den Sparanteil des Beitrags). Erwirtschaftet der Versicherer höhere Erträge, die sogenannte Überschussbeteiligung, fließt das Geld ebenfalls In den oben genannten, konservativen Anlagemix.

Ab Rentenbeginn zahlt Ihnen der Versicherer dann aus dem Kapital eine lebenslange Rente. Dabei können Sie je nach Anbieter wählen, ob die Rente lebenslang eher gleich bleiben oder Jahr für Jahr dynamisch steigen soll (zu den Einzelheiten der verschiedenen Auszahlvarianten siehe Seite 104).

Die Rendite klassischer Riester-Policen ist nicht üppig. Je nach Anbieter sind derzeit unter Berücksichtigung der Zulagen zwischen 3 und 4 Prozent Ertrag auf die Einzahlungen bis zum Ablauf der Ansparphase möglich. Wie hoch die Gesamtrendite unter Einschluss der Rentenphase ist, hängt aber nicht nur von den erwirtschafteten Erträgen und den Kosten des Vertrags in der Ansparphase, sondern auch von den zusätzlichen Belastungen in der Rentenphase ab. Auch die Frage, mit welcher Sterbetafel der Anbieter kalkuliert und ob die Verrentungsfaktoren für die gesamte Laufzeit verbindlich festgeschrieben sind, hat Einfluss darauf. In diesem Punkt klafft das Preis-Leistungs-Verhältnis der Anbieter weit auseinander.

> **Wichtig!**
>
> Die Riester-Rentenversicherung ist derzeit nicht unbedingt das optimale Produkt. Denn die Versicherungsbranche geht bei allen Rententarifen davon aus, dass nur solche Kunden einen Vertrag abschließen, die besonders lange leben. Wer nur so alt wird wie der Bevölkerungsdurchschnitt oder bei Rentenbeginn bereits erkrankt ist und eine unterdurchschnittliche Lebenserwartung hat, macht unter Umständen ein schlechtes Geschäft. Ob das im Einzelfall wirklich so sein wird, kann natürlich niemand im Voraus wissen – erst recht nicht, wenn man den Vertrag bereits in jungen Jahren abgeschlossen hat. Deshalb ist es gut zu wissen, dass es für Riester-Sparer einen Ausweg gibt, um sich bei schlechter Gesundheit im Alter möglichst viel des angesparten Kapitals zu sichern: Sie können sich immerhin 30 Prozent vom angesparten Kapital gleich zu Rentenbeginn in einer Summe auszahlen lassen. Das drückt zwar auf die Monatsrente, hebt die Rendite des Vertrags in solchen Fällen aber merklich an.

Wie viel Ertrag das Kapital bringt, hängt bei klassischen Riester-Rententarifen in erster Linie von den einkalkulierten Vertragskosten in der Anspar- und Auszahlungsphase und in zweiter Linie von der Qualität des jeweiligen Anbieters ab. Mit Einführung des staatlichen Sicherungsfonds für Lebensversicherungen (siehe hierzu auch Kapitel 3, ab Seite ##) sind die garantierten Leistungen bei Riester-Policen aber auf jeden Fall geschützt – auch wenn der Anbieter in Konkurs gehen sollte.

Förderfähige Rentenpolice mit Fonds

Wenn Sie eine sichere Zusatzrente suchen, sich aber gleichzeitig die Ertragschancen des Kapitalmarkts nicht entgehen lassen wollen, können Sie ein Kombiprodukt wählen: die förderfähige Rentenpolice mit Fonds. Bei dieser Kombipolice werden Beiträge und Zulagen zunächst ebenfalls traditionell angelegt – genau wie bei der förderfähigen klassischen Rentenpolice. Eine vergleichbare Mindestrente ist deshalb sicher. Um die Ablaufleistung zu erhöhen, werden aber alle Erträge, die über den 1,75-prozentigen Garantiezins hinausgehen, während der Ansparphase in Investmentfonds investiert. Das soll die Überschussbeteiligung aufpolstern, erhöht aber tendenziell auch das Anlagerisiko. Zudem verursacht die Fondsanlage meist höhere Kosten. Unterm Strich erreichen Rentenpolicen mit Fonds daher nur sehr selten bessere Erträge als eine Klassikpolice. Meist bleiben sie sogar dahinter zurück. Riester-Policen mit Anlage der Überschüsse in Fonds sind daher nur selten eine gute Wahl.

Förderfähige Fondspolice

Weil jedes Prozent Sicherheit zugleich Rendite kostet, lockt die Branche risikobereite Anleger gern mit Policen, die nichts weiter sichern als den Kapitalerhalt – wenn es gut geht, aber eine üppigere Rente springen lassen. Solche förderfähigen Fondspolicen sind eine Kombination aus einer Rentenversicherung und einem Fondsspar-

> **Produktprofil: Riester-Rentenversicherung mit Fonds**
>
> Geeignet für risikobereite Vorsorgesparer, die sich aktiv um die Fondsaus-
> wahl kümmern wollen und auf die Zusatzrente nicht zwingend angewiesen
> sind.
>
> Renditechancen: bis   Sicherheit: bis
>
> Flexibilität: bis   Bequemlichkeit:

plan. Damit die gezahlten Beiträge und Zulagen bei Rentenbeginn
zur Verfügung stehen, wird der Monatsbeitrag des Vorsorgesparers
gesplittet: Ein kleiner Teil fließt in eine klassische Rentenpolice.
Die ist versicherungsmathematisch so kalkuliert, dass zu Rentenbeginn exakt die Summe aller eingezahlten Beiträge und Zulagen
zur Verfügung steht. Dieser Garantieteil der Police sichert dann den
gesetzlich vorgeschriebenen Kapitalerhalt. Der Rest vom Monatsbeitrag sowie etwaige Überschussanteile aus der Garantiepolice
fließen dagegen unmittelbar in Investmentfonds.

Auch bei der förderfähigen Fondspolice wird das Fondskapital
jedoch zu Rentenbeginn aufgelöst, dem Versicherungstopf zugeführt und konventionell angelegt, um – zusammen mit dem Kapital
aus der Garantiepolice – eine lebenslange, gleichbleibende oder
steigende Monatsrente zu sichern. Auch hier gilt also: Nehmen Sie
schon bei Abschluss des Vertrags auch die Konditionen für die
Rentenphase kritisch unter die Lupe!

Je nach Anbieter können Anleger in der Sparphase zwischen verschiedenen Aktien-, Renten-, Immobilien- oder Geldmarktfonds
wählen. Für Bequeme gibt es auch Policen mit gemanagtem
Fondsdepot. Hier braucht sich der Sparer um nichts zu kümmern.
Die Anlageexperten der Versicherung übernehmen die Fondsauswahl und steuern das Depot, indem sie es von Zeit zu Zeit der
Kapitalmarktentwicklung oder dem Alter des Vorsorgesparers
anpassen. Solche gemanagten Fondspolicen gibt es meist in
drei oder vier verschiedenen Risikoklassen, die sich vor allem
in ihrem Aktienfondsanteil unterscheiden. Dabei gilt: Je höher

der Aktienanteil, desto höher die Ertragschancen, aber auch das Anlagerisiko. Solche Fondspolicen investieren bisweilen auch in ethisch-ökologische Investmentfonds und sprechen daher gezielt umweltbewusste Vorsorgesparer an.

Einige Anbieter sichern neuerdings nur eine ganz minimale Rentenleistung ab. Der Trick dabei: Sie kürzen den Verrentungsfaktor, mit dem das angesparte Kapital zu Rentenbeginn in eine lebenslange Rente umgerechnet wird. Statt die heute gültigen Verrentungsfaktoren (Rechnungszins

> **Wichtig!**
>
> Da die Garantiepolice nur die Erhaltung des Kapitals, nicht aber die Verzinsung sichert, ist die garantierte Mindestrente bei Fondspolicen deutlich niedriger als bei den beiden anderen Riester-Policen. Ob sie später durch eine mehr oder minder üppige Überschussbeteiligung aufgepäppelt werden kann, hängt entscheidend von der Fondsauswahl, der Kapitalmarktentwicklung und der Gesamtkostenbelastung des Vertrags ab.

von 1,75 Prozent, Unisex-Sterbetafel DAV 2004R) für die spätere Rentenphase verbindlich zuzusagen, garantieren sie nur 70 bis 90 Prozent davon. Entsprechend mickrig fällt die tatsächlich garantierte Rentenleistung aus. Falls sich die Fonds bei solchen Policen auch noch schlecht entwickeln, kann die spätere Rente so niedrig sein, dass die Summe der Rentenleistungen sogar unter der Summe aller Einzahlungen in die Police liegt! Als Riester-Sparer sollten Sie daher bei fondsgebundenen Riester-Renten besonders kritisch sein und die Produkte auf Herz und Nieren prüfen – oder sich bei der Auswahl von einem Fachmann helfen lassen.

Das gilt umso mehr, als die Versicherer durchaus ein hohes Eigeninteresse an der Vermittlung fondsgebundener Policen haben. Denn für die in den Vertrag eingebundenen Fonds erhalten sie von den Fondsgesellschaften Bestandsprovisionen, die bis zu 1,08 Prozent des Fondsvermögens pro Jahr betragen können. 50 Prozent dieser jährlichen Bestandsprovision dürfen sie dabei in die eigene Tasche stecken. So legt die BaFin jedenfalls die seit April 2008 geltende Mindestzuführungsverordnung aus (siehe hierzu auch Kapitel 3, Seite 93). Der Rest muss als Überschussbeteiligung an die Kunden ausgeschüttet werden. Oft erfolgt die Auskehrung aber erst mit dem Schlussgewinn. Darüber hinaus gibt es sogar einige Fondspolicen, die außer den Fondserträgen überhaupt keine Beteiligung an sonstigen Überschüssen des Versicherers vorsehen. Die Beispiele zeigen, wie wichtig es ist, bei solchen Verträgen auch das lästige Kleingedruckte vor Vertragsabschluss sorgfältig zu studieren.

Bei neueren Fondspolicen gehen die Anbieter verstärkt dazu über, die Garantieleistung nicht mehr durch Anlage der Mittel im Deckungsstock des Versicherers abzusichern. Stattdessen wird das Geld in Garantiefonds investiert. Das soll wiederum etwas mehr Ertragschancen bieten. Gleichzeitig steigt aber auch das Anlagerisiko. Denn der Fonds sichert das Kapital oft nur zum Laufzeitende oder zu bestimmten Terminen. Zwischendurch kann er jedoch auch ins Minus rutschen. Das ist durchaus zulässig.

> **! Achtung!**
>
> Fondspolicen sind meist ausgesprochen teuer. Außer den – ohnehin oft hohen – Abschluss- und Verwaltungskosten für die Versicherung fallen zusätzlich noch Managementgebühren und Verwaltungskosten für die Fonds sowie eventuell noch Ausgabeaufschläge beim Fondskauf, Kosten und Gebühren für den Fondswechsel oder die Steuerung des gemanagten Fondsdepots an. Deshalb sind Fondspolicen fast immer die teuerste der vier Riester-Produktvarianten.

Laut Gesetz muss der Anbieter nur garantieren, dass die Summe aller Einzahlungen (Eigenbeiträge und Zulagen) zu Rentenbeginn ungeschmälert zur Verfügung steht. Wie viel Geld zwischenzeitlich auf dem Vertrag liegt, ist bei solchen Policen daher unsicher – und hängt von der Entwicklung der Börse und den Garantiefonds ab. Folge: Wer den Anbieter zwischenzeitig wechseln oder aus anderen Gründen vorzeitig an das Geld will, dem kann es in schlechten Börsenzeiten durchaus passieren, dass das Guthaben im Minusbereich liegt. Kurz: Policen mit neuen Garantieformen bergen noch mehr Risiko als herkömmliche Riester-Fondspolicen. Ob sie auch mehr Ertrag bringen, hängt dagegen wiederum von der Qualität der Fonds, der Kapitalmarktentwicklung und der Kostenbelastung ab. Weil das Kapital zwischenzeitlich durchaus in die roten Zahlen rutschen kann, eignen sich solche Tarife – wenn überhaupt – nur dann für Sie, wenn Sie den Vertrag eisern durchhalten und vor Rentenbeginn nicht mehr an das Geld heran wollen.

Riester-Fondssparpläne

Produktprofil: Riester-Fondssparpläne

Geeignet für jüngere und risikobereite Vorsorgesparer, die auf die Zusatzrente nicht zwingend angewiesen sind.

Renditechancen: bis   Sicherheit: →

Flexibilität: ↗   Bequemlichkeit: ↗

Die höchsten Renditechancen fürs Vorsorgesparen verspricht derzeit die Fondsbranche. Sie investiert Beiträge und Zulagen der Kunden in einen klassischen Fondssparplan (siehe hierzu auch Kapitel 3, Seite 123). Die beiden wichtigsten Unterschiede zu nicht geförderten Fondssparplänen: Riester-Verträge haben eine feste Laufzeit, mindestens bis zum 60. Lebensjahr des Sparers, bei Verträgen ab 2012 bis zum 62. Sparer haben zudem meist keinen oder nur sehr begrenzten Einfluss auf die Fondsauswahl. Die Fondsmischung stellt der jeweilige Anbieter zusammen. Vorsorgesparer können nur zwischen den verschiedenen Konzepten der einzelnen Anbieter wählen, die sich vor allem in der Höhe des Aktienfondsanteils – und damit in der Risikoklasse – unterscheiden.

Bei der „Fondsrente" steuern die Fondsmanager die Sparpläne üblicherweise nach dem Lebenszyklusmodell. Das Grundprinzip dabei: Je mehr Zeit bis zur Rente bleibt, desto höher ist der Aktienanteil am Depot. Das soll eine möglichst hohe Rendite bringen. Sobald der Ruhestand in greifbare Nähe rückt, wird das Kapital in Rentenfonds, Geldmarktfonds, offene Immobilienfonds oder spezielle Altersvorsorgefonds (AS-Fonds) umgeschichtet. Das soll die bis dahin erzielten Erträge sichern und zugleich Schutz davor bieten, dass Börsenturbulenzen just zu Rentenbeginn das angesparte Vermögen dezimieren.

Anders als bei Versicherungen bleibt das Vermögen aber auch nach Rentenbeginn zunächst in wertstabilen Renten-, Geldmarkt- oder offenen Immobilienfonds investiert. Die Auszahlung einer lebenslangen, gleichbleibenden Monatsrente erfolgt zunächst meist auf Basis eines Auszahlplans, bevor sich dann ab dem 85. Lebensjahr eine lebenslange Rest-Rentenversicherung anschließt. Solche Auszahlpläne lassen üblicherweise auch eine einmalige Kapitalentnahme bei Rentenbeginn zu. Entsprechend den Fördervorschriften dürfen Sie aber höchstens 30 Prozent des angesparten Guthabens in einer Summe entnehmen, wenn die Förderung nicht verloren gehen soll.

Grundsätzlich müssen auch förderfähige Fondssparpläne die Zusage erfüllen, dass zu Rentenbeginn alle eingezahlten Beiträge und Zulagen in voller Höhe zur Verfügung stehen. Für die Fondsrente gilt daher dasselbe wie für die Fondspolice: Sicher ist bei Rentenbeginn nur eine Mindestrente, die auf Basis der unverzinsten Summe aller Einzahlungen kalkuliert wird – und die daher unter dem Niveau der Garantierente von klassischen Rentenversicherungen oder Banksparplänen liegt. Eine garantierte Mindestverzinsung gibt es nicht. Dafür besteht die Chance, dass die Mindestrente durch üppige Fondserträge kräftig aufgepäppelt werden kann. Die Höhe des Ertrags ist jedoch ungewiss und hängt von der Kapitalmarktentwicklung sowie von der Qualität des Anbieters, der Güte der Fonds und der Kostenbelastung des Vertrags ab. Kosten entstehen bei förderfähigen Fondssparplänen durch Ausgabeaufschläge beim Kauf der Fonds sowie durch die fondsinternen Verwaltungs- und Depotgebühren. Hinzu kommen bei den meisten Anbietern noch Gebühren für die Kontoführung, die zwischen 10 und 15 Euro im Jahr liegen.

Riester-Fondssparpläne mit hohem Aktienanteil sind eher für jüngere, risikofreudige Anleger geeignet, weil hier ausreichend Zeit ist, vorübergehende Kursverluste wieder auszugleichen. Sparer in der Lebensmitte sollten dagegen Modelle mit einem ausgewogenen Mix aus Aktien- und Rentenfonds bevorzugen. Für ältere Vorsorgesparer sind Riester-Fondssparpläne weniger geeignet. Denn üblicherweise offerieren die Anbieter dieser Zielgruppe vorwiegend Sparpläne mit Renten- und Geldmarktfonds. Das geht zulasten der zu erwartenden Rendite. Deshalb sind ältere Sparer mit Banksparplänen meist besser bedient. Das Gleiche gilt für Vorsorgesparer, die zwischenzeitlich oder später Kapital für das Eigenheim entnehmen wollen. Weil das Guthaben von Fondssparplänen durch das Auf und Ab an der Börse gemindert werden und schlimmstenfalls während der Laufzeit sogar in die roten Zahlen rutschen kann, eignen sich Fondssparpläne nicht für Entnahmen nach dem Wohn-Riester-Modell.

> **! Achtung!**
>
> Die Kosten sind nicht für die gesamte Laufzeit des Vertrags festgeschrieben. Die meisten Anbieter behalten sich vor, sie bei Bedarf anpassen zu können. Darüber hinaus ist bei Fondssparplänen – genau wie bei Banksparplänen – die Auszahlphase noch nicht durchkalkuliert. Vorsorgesparer wissen daher bei Vertragsabschluss nicht, ob und in welcher Höhe etwaige Zusatzkosten in der Rentenphase anfallen. Wählen Sie also nur Anbieter, die keine oder sehr niedrige Wechselkosten erheben. Dadurch sichern Sie sich die Möglichkeit, den Anbieter zu Rentenbeginn noch einmal zu wechseln, falls der Vertragspartner hohe Zusatzkosten verlangt oder die Konkurrenz günstigere Auszahlvarianten anbietet.

Schritt für Schritt zum passenden Geld-Riester-Produkt

Private Altersvorsorge gibt es nicht von der Stange. Sie muss auf Ihre ganz persönlichen Verhältnisse und Bedürfnisse zugeschnitten sein. Das gilt auch für die Riester-Rente. Deshalb sollten Sie zunächst Ihre eigene Risikoneigung prüfen sowie Ihren finanziellen Bedarf im Alter ermitteln – und erst anhand dieser Kriterien die passende Produktlinie für Ihre private Zusatzrente auswählen. Den besten Anbieter finden Sie dabei, indem Sie verschiedene Angebote einholen und die jeweiligen Kosten, die in Aussicht gestellte Rendite sowie die einzelnen Vertragsbedingungen sorgfältig vergleichen.

Wenn Sie auf die Riester-Rente als Ergänzung der gesetzlichen
Altersrente existenziell angewiesen sind, beispielsweise weil die
Rente vom Staat wegen fehlender Beitragsjahre ohnehin mager
ausfallen wird, können Sie sich keine Experimente erlauben. Für Sie
ist Sicherheit bei der Produktauswahl Trumpf. Die höchste Garantierente sowie eine zwar bescheidene, dafür aber sichere Verzinsung
aller eingezahlten Beiträge und Zulagen bieten förderfähige private
Rentenversicherungen oder Banksparpläne. Doch auch hier gilt es
abzuwägen, welches Produkt im Einzelfall am besten passt.

Riester-Rentenpolicen sind vergleichsweise teuer. Insbesondere
seit es Anbietern erlaubt ist, die Abschlusskosten auf fünf Jahre
zu verteilen, beschweren sich immer mehr Riester-Sparer bei der
Aufsicht, weil von den Einzahlungen der ersten Jahre nach Abzug
der Kosten kaum etwas übrig bleibt. Banksparpläne sind in der Ansparphase deutlich kostengünstiger. Dabei bieten sie bislang annähernd gleich hohe, manchmal sogar höhere Erträge als klassische
Riester-Rentenversicherungen. Das bedeutet: In der Ansparphase
winken trotz Niedrigzinsphase noch Zinsen bis zwei Prozent. Mitt-
fünfziger, die nur noch wenige Jahre bis zum Ruhestand haben, fahren deshalb mit einem kostengünstigen Banksparplan oft besser.
Das gilt vor allem, wenn der Sparplan mit einem festen Referenzzins
und Zins oder Bonus ausgestattet ist, sodass der Vorsorgesparer
die Höhe seiner späteren Rente schon vorab kalkulieren kann. Kommen die Zinsen infolge der Finanzmarktkrise weiter unter Druck,
werden die Renditen zukünftig jedoch sinken. Diese Entwicklung
trifft aber Riester-Banksparpläne und -Rentenversicherungen
gleichermaßen. Einziger Nachteil des Riester-Banksparplans: Die
Rentenphase ist noch nicht durchkalkuliert. Deshalb kommt der
Riester-Banksparplan nur für Vorsorgesparer infrage, die auf genaue Angaben zur späteren Monatsrente verzichten können und
gegebenenfalls bereit sind, kurz vor Rentenbeginn noch einmal den
Anbieter zu wechseln. Weiteres Manko: Weil Angaben zur späteren
Rente fehlen, liegen auch die Kosten nicht klar auf dem Tisch, die
der jeweilige Anbieter später in Rechnung stellt.

Jüngere und Beamte können mehr Risiko wagen

Wer bereits für das Alter vorsorgt, weil er beispielsweise sein Eigenheim zügig entschuldet hat oder eine Kapitallebensversicherung besitzt, kann bei der Riester-Rente durchaus etwas mehr Anlagerisiko wagen. Das Gleiche gilt für Beamte, die trotz aller Einschnitte bei der Beamtenpension im Alter meist ein besseres Versorgungsniveau erwarten dürfen als Sozialrentner. Aber auch jüngere Sparer sollten über Produkte nachdenken, die die höheren Ertragschancen der Kapitalmärkte nutzen. Denn bei langer Spardauer sinkt das Anlagerisiko erfahrungsgemäß. Für alle ertragsorientierten Sparer kommen daher fondsgebundene Riester-Rentenpolicen oder förderfähige Fondssparpläne in Betracht – wobei die Produktauswahl hier etwas mehr Mühe macht. Denn über den Anlageerfolg entscheiden bei beiden Produktlinien vor allem die Qualität der zur Auswahl stehenden Fonds sowie das jeweilige Anlagekonzept und die Vertragskosten.

> **! Achtung!**
>
> Bei den meisten bislang angebotenen Fondssparplänen übernimmt grundsätzlich die jeweilige Fondsgesellschaft die Zusammenstellung und Steuerung des Fondsdepots für die Riester-Rente. Wenn Sie Ihr Fondsdepot selbst zusammenstellen möchten, werden Sie bislang nur bei wenigen Anbietern von Fondssparplänen sowie bei Fondspolicen fündig. Ärgerlicherweise ist aber gerade bei derart flexiblen Anbietern die Fondsauswahl oft eng begrenzt. Aktive Vorsorgesparer müssen daher schon mit der Lupe suchen, um das optimale Angebot für eine Riester-Fondsrente zu finden.

Hohe Kosten zehren am Ertrag

Für alle Riester-Fondsprodukte gilt: Entscheidenden Einfluss auf die Höhe der späteren Rente haben vor allem die Kosten des Vertrags. Und die sind je nach Produkttyp und Anbieter höchst unterschiedlich.

Grundsätzlich verhält es sich so: Am kostengünstigsten sind Banksparpläne. Rentenversicherungen sind etwas teurer, doch hier kommt es ganz auf den Anbieter an. Bei Fondssparplänen fallen außer den sichtbaren externen Kosten, wie Kontoführungsgebühren und Ausgabeaufschlag für den Fondskauf, auch noch fondsinterne Kosten an, die auf den ersten Blick gar nicht sichtbar sind. Neu am Markt sind zudem Fondssparpläne, bei denen die Abschlusskosten genau wie bei Versicherungen gleich von vornherein auf die Summe aller Beiträge bis Rentenbeginn kalkuliert und dann mit den Prämien der ersten fünf Jahre verrechnet werden. Das ist die teuerste Variante der Fondssparpläne. Denn die Vorwegbelastung zehrt kräftig am Ertrag. Umgekehrt sind Riester-Fondssparpläne immer öfter auch bei Fondsvermittlern im Internet erhältlich – und zwar mit Rabatt auf den Ausgabeaufschlag, der vom jeweiligen Monatsbeitrag weggeht. Dieses Kostenmodell bringt die Vertragsrendite kräftig nach oben. Bestes Beispiel: Die DWS-Top-Rente gibt es sowohl zu regulären Konditionen mit 5 Prozent Ausgabeaufschlag bei der Fondsgesellschaft oder am Bankschalter. Alternativ kann der Riester-Fondssparplan aber auch bei der DWS-Direkt im Internet mit einem Rabatt von 50 Prozent auf die Einstiegskosten erworben werden. Allein der Rabatt auf die Einstiegskosten führt – gemessen am Ertrag in den vergangenen sechs Jahren – zu einem Renditevorteil von bis zu einem Prozentpunkt pro Jahr. Am teuersten sind Fondspolicen, an denen sowohl der Versicherer als auch die Fondsgesellschaften verdienen.

Die besten Renditechancen für wagemutige Vorsorgesparer dürften daher Riester-Fondssparpläne bieten, die kostengünstig via Internet erworben, nach dem Lebenszyklusmodell gemanagt werden und zunächst einen hohen Aktienfondsanteil haben.

Welches Riester-Produkt für wen?

Auswahlkriterien	Banksparplan	Fondssparplan	Fondsgebundene Rentenversicherung	Rentenversicherung (Klassik + Anlage der Überschüsse in Fonds)	Wohn-Riester-Bausparvertrag	Riester-Darlehen
Sicherheit	sehr hoch	mittel [1]	mittel [1]	hoch	sehr hoch	mittel [2]
Flexibilität	sehr hoch	hoch [5]	niedrig [5]	niedrig	sehr hoch	mittel – niedrig [3]
Renditechancen [5]	0,5 – 2 %	je nach Modell/Alter 0 – 6,0 %	je nach Fondsauswahl 0 – 4,2 %	0,5 – 3,8 %	0,5 – 2 % [4]	entfällt, aber Finanzierungsvorteil durch schnellere Tilgung
Leistung bei Tod des Sparers (Vererbbarkeit)	vorhandenes Guthaben	vorhandenes Guthaben	vorhandenes Guthaben in Ansparphase, restliche Renten nur innerhalb Rentengarantiezeit.		vorhandenes Guthaben in Ansparphase, in Tilgungsphase siehe Riester-Darlehen	entfällt, Restschuld muss von Erben getilgt werden, Ehefrau kann Finanzierung und Wohnförderkonto fortführen
Kosten	gering	mittel	mittel – sehr hoch	mittel – hoch	mittel	gering – mittel
Geeignet für … Alter bei Vertragsbeginn	jedes Alter, insbesondere über 50	Sparer bis Mitte 40	Sparer bis Mitte 40	Sparer ab 35 bis maximal 50	Sparer mit konkreten Eigenheimplänen	Sparer, die Eigenheimpläne bereits realisieren wollen
sicherheitsbewusste Vorsorgesparer	ja	nein	nein	ja	ja	entfällt
risikobereite Vorsorgesparer	nein	ja	ja	nein	nein	entfällt
Sparer, die bauen wollen	ja	nein	nein	nein	ja	ja
Sparer, die flexibel bleiben wollen	ja	teilweise [5]	nein	nein	ja	nein

Anmerkungen: 1) zwischenzeitige Anlagerisiken bei ungünstigem Börsenverlauf. 2) typische Baufinanzierungsrisiken, z. B. Vorfälligkeitsentschädigung bei vorzeitiger Kündigung, Risiko stark steigender Zinsen bei Anschlussfinanzierung. 3) Flexibilität während der Tilgungsphase abhängig von Vertragsgestaltung, aber strikte Nutzungsvorschriften für das Haus durch Förderregeln. 4) ggf. Zinsverdoppelung bei Verzicht auf Darlehen. 5) Je nach Börsenverlauf eventuell Verluste bei zwischenzeitlicher Entnahme/Anbieterwechsel). 5) Renditechancen in der Ansparphase. (Quelle: eigene Recherche, Stand: Juli 2013)

Im Überblick: die häufigsten Fallstricke und Fußangeln im Vertrag

Kosten und Renditen bei planmäßigem Vertragsablauf sind nicht alles, worauf Vorsorgesparer achten müssen. Für die Auswahl des optimalen Angebots kommt es auch auf scheinbar unbedeutende Klauseln im Kleingedruckten der Verträge an. Hier die häufigsten Fallstricke und Fußangeln – damit Sie wissen, worauf Sie vor Vertragsabschluss achten müssen:

- **Hinterbliebenenschutz.** Wer nicht nur für die Rente spart, sondern gleichzeitig seine Familie absichern will, sollte nachfragen, ob der Vertrag eine Hinterbliebenenabsicherung in der Anspar- und in der Rentenphase vorsieht. Das ist längst nicht bei allen Anbietern der Fall. Meist gibt es Todesfallleistungen in der Rentenphase nur als Zusatz zum Vertrag. Laut Gesetz sind derzeit maximal 20 Prozent für ergänzende Absicherungen möglich.
- **Invaliditätsrente.** Auch eine ergänzende Erwerbsunfähigkeitsabsicherung, die beispielsweise den Riester-Vertrag fortführt und den Vorsorgesparer bei Invalidität von der Beitragszahlung befreit, gibt es nur als Zusatz. Laut Gesetz sind derzeit maximal 20 Prozent für ergänzende Absicherungen möglich.
- **Beitragsfreistellung.** Der Gesetzgeber schreibt zwar vor, dass der Vertrag jederzeit beitragsfrei gestellt werden kann. Doch einige Anbieter verlangen dafür hohe Zusatzgebühren. Manche halten sogar die Hand auf, wenn der Sparer die Beitragszahlungen später wieder aufnehmen will. Sie sollten daher Anbieter bevorzugen, die keine Extrakosten berechnen und bei Beitragsfreistellung auch die Verwaltungskosten für den ruhenden Vertrag kürzen.
- **Anbieterwechsel.** Laut Gesetz können Vorsorgesparer jederzeit mit Dreimonatsfrist zum Kalenderjahresende den Vertragspartner wechseln. Günstige Anbieter berechnen dafür keine Gebühr. Alle anderen dürfen dafür maximal 150 Euro berechnen. Der neue Anbieter darf aber immerhin auf die Hälfte des mitgebrachten Kapitals noch einmal Abschlussgebühren erheben. Das macht den Wechsel wiederum unattraktiv. Deshalb sollten sich wechsel-

willige Verbraucher nur nach Anbietern umsehen, die das mitgebrachte Kapital auch zum Nulltarif aufnehmen.

■ **Immobilienförderung.** Riester-Sparer haben grundsätzlich das Recht, ihr angespartes Kapital jederzeit ganz oder teilweise zur Finanzierung ihres Eigenheims zu entnehmen. Bei teilweiser Entnahme müssen jedoch 3000 Euro auf dem Vertrag verbleiben. Wie hoch der Entnahmebetrag sein muss, hängt vom Verwendungszweck ab (siehe S. xy). Kundenfreundliche Anbieter berechnen für die Entnahme keine Extragebühr, bei anderen fallen geringe Fixkosten an. Manche fordern allerdings einen prozentualen Anteil vom Entnahmebetrag – was die Immobilienförderung meist unattraktiv macht. Meiden Sie solche Anbieter, falls Sie als Riester-Sparer den Kauf oder Bau eines Hauses planen.

■ **Vertragsänderungen.** Viele Anbieter behalten sich vor, einzelne Vertragsbestandteile wie Kosten, Kalkulation der Überschusserträge oder die Bedingungen für Kündigung und Beitragsfreistellung während der Laufzeit des Riester-Vertrags jederzeit ändern zu können. Das kann sehr ärgerlich sein – beispielsweise wenn die Verwaltungskosten für Zulagen mit Jahresbeginn angehoben werden, der neue Gebührensatz aber gleich auf die Zulagen erhoben wird, die noch für das alte Jahr fließen. Die Verbraucherzentralen prüfen derzeit, ob und welche solcher Vertragsklauseln überhaupt zulässig sind. Auch die Frage, ob zusätzliche Kosten in der Rentenphase anfallen dürfen, wenn sie bei Vertragsabschluss nicht feststehen bzw. im Kleingedruckten kein Hinweis darauf enthalten ist, wird derzeit noch geprüft.

■ **Reduzierte Garantieleistungen.** Laut Gesetzgeber müssen Anbieter von Riester-Produkten den Kapitalerhalt zu Rentenbeginn sichern. Entsprechende Vorschriften für die Rentenphase gibt es jedoch nicht. Der Gesetzgeber schreibt lediglich vor, dass eine lebenslange Rentenleistung oder zumindest ein fester Verrentungsfaktor zugesagt sein muss und die Leistungen in der späteren Rentenphase gleichbleibend oder steigend sein müssen. Ein Blick ins Kleingedruckte ist daher unerlässlich. Manche Anbieter weichen die Kapitalerhaltsgarantie bei Verrentung auf. Entweder sie kalkulieren die Renten auf Basis einer Nullverzinsung oder sie sagen nur einen Teil der bei Vertragsabschluss gültigen Rentenfaktoren verbindlich zu. Entsprechend mager ist die garantierte Rentenleistung. Bei solchen Vertragskonstruktionen haben auch kerngesunde und lang lebende Riester-Sparer keine Gewissheit, dass sie ihre Beiträge und die staatlichen Zulagen auch wirklich zu 100 Prozent in Form einer lebenslangen Rente zurückerhalten. Daher: Meiden Sie derartige Angebote!

Wohn-Riester-Angebote

Außer Angeboten zum Aufbau einer lebenslangen Riester-Geldrente können Sie die Riester-Förderung jetzt auch verstärkt zur Finanzierung einer selbst genutzten Immobilie einsetzen. So sieht es jedenfalls das Eigenheimrentengesetz (EigRentG) seit 2008 vor.

Danach kann die Riester-Förderung auch ...
- auf einen entsprechend zertifizierten Riester-Bausparvertrag fließen,
- als Tilgung auf einen Riester-Darlehensvertrag eingezahlt werden,
- zum Erwerb von Geschäftsanteilen an einer Genossenschaft für eine selbst genutzte Genossenschaftswohnung eingesetzt werden.

Mit dem so angesparten Kapital kann entweder der Kauf oder Bau einer selbstgenutzten Immobilie finanziert werden. Dafür kann aber auch das auf anderen Riester-Verträgen angesparte Kapital eingesetzt werden, sofern die Entnahme mindestens 3.000 Euro beträgt. Daneben ist es ab sofort zulässig, jederzeit Geld aus einem x-beliebigen Riester-Vertrag zu entnehmen und es beispielsweise für eine Sondertilgung zu nutzen oder im Rahmen der Anschlussfinanzierung einsetzen. Auch die Entnahme zum Erwerb eines lebenslangen Wohnrechts, zum Beispiel in einem Senioren- und Pflegeheim, ist möglich. Daneben lässt sich die Riester-Förderung neuerdings für behindertengerechte oder barrierefreie Umbauten selbst genutzter Immobilien nutzen. Gefördert werden aber nur Umbaumaßnahmen, für die mindestens 6000 Euro entnommen werden und die innerhalb von drei Jahren nach Anschaffung der selbst genutzten Immobilie anfallen. Ansonsten muss der Entnahmebetrag mindestens 20.000 Euro betragen. Zudem muss ein Sachverständiger bestätigen, dass mindestens 50 Prozent vom entnommenen Riester-Kapital für solche Maßnahmen verwendet wird.

Riester-Bausparverträge

Förderfähige Bausparverträge unterscheiden sich kaum von herkömmlichen Bausparverträgen (siehe hierzu Kapitel 3, Seite 74). Einziger Unterschied: Die bei Bausparverträgen übliche Abschlussgebühr muss bei Riester-Verträgen mindestens auf die ersten fünf Jahre verteilt werden. Förderfähig sind sowohl die Einzahlungen in der Ansparphase als auch die späteren Tilgungsleistungen, wenn das Bauspardarlehen entsprechend den Fördervoraussetzungen zur Finanzierung einer selbst genutzten Wohnung eingesetzt wird.

Weiteres Plus der Riester-Bausparverträge: Die spätere „wohnwirtschaftliche Nutzung" ist keine Bedingung für die Förderung. Der Bausparvertrag kann auch als reiner Sparvertrag genutzt werden. Wie bei den Riester-Banksparplänen darf das angesparte Kapital dann zu Rentenbeginn aber lediglich in Form einer lebenslangen Rente oder als Auszahlplan mit Rest-Rentenversicherung ab dem 85. Lebensjahr entnommen werden. Andernfalls liegt eine schädliche Verwendung vor.

Ob sich das lohnt, steht aber auf einem anderen Blatt. Die Haben-Zinsen bei Wohn-Riester-Bausparverträgen sind

> **Wichtig!**
>
> Die Riester-Bausparverträge sind primär für Riester-Sparer konzipiert, die sicher wissen, dass sie ihren Traum vom Eigenheim irgendwann realisieren, und sich gleichzeitig die niedrigen Sollzinsen für das Bauspardarlehen sichern wollen. Denn mit Sollzinsen von im Schnitt 1,95 bis 3,95 Prozent sind die Zinskonditionen für das Bauspardarlehen vergleichsweise günstig. Damit eignen sich die Verträge insbesondere für Eigenheimbesitzer in spe, die damit rechnen, dass die Konditionen für Baugeld am Kapitalmarkt in ein paar Jahren deutlich über den heutigen Sätzen liegen.

mit Sätzen zwischen 0,5 bis maximal zwei Prozent nicht gerade üppig.

Allein für das Ansparen von Kapital oder gar zum Ansparen einer Riester-Geldrente lohnen Riester-Bausparverträge daher nicht. Dafür sind die Zinskonditionen in der Sparphase zu bescheiden. Zum Vergleich: Riester-Banksparpläne bieten für dieses Anlageziel deutlich bessere Konditionen. Einige Anbieter von Wohn-Riester-Bausparverträgen gewähren zwar einen kleinen Zinszuschlag, wenn Sparer auf das Darlehen verzichten. Üppig ist aber auch der nicht. Meist verdoppelt sich der Zinssatz lediglich, im besten Fall klettert er auf knapp über 4 Prozent. Mehr Habenzinsen sind bei den derzeit angebotenen Wohn-Riester-Bausparverträgen nicht drin. Darüber hinaus verzichten die Anbieter nicht einmal auf die Abschlussgebühr, falls der Vorsorgewillige den Bausparvertrag nur für die Ansparphase nutzt. Kurz: Wohn-Riester-Bausparverträge sind nicht mit den Renditeverträgen zu vergleichen, die einst für die staatliche Sparförderung konzipiert wurden (siehe hierzu Kapitel 2, Seite 219). Der Abschluss sollte deshalb gut überlegt werden. Wollen oder können Sie den Bausparvertrag nicht zur späteren Finanzierung Ihres Eigenheims nutzen, ist er nicht das richtige Produkt für Sie.

Doch auch Bau- oder Kaufwillige sollten sich genau überlegen, ob sich der Abschluss lohnt. Denn anstelle des Kombiprodukts von der Stange können Vorsorgewillige das Modell auch selbst nachbauen – und zwar oft zu günstigeren Konditionen. Dabei wird für die Ansparphase zunächst ein Riester-Banksparplan abgeschlossen, der meist höhere Zinsen bietet als der Wohn-Riester-Bausparvertrag. Sobald der Traum vom Eigenheim dann realisiert werden soll, wird das angesparte Kapital aus dem Sparplan entnommen und als Eigenkapital zur Finanzierung eingesetzt. Die Darlehensphase wird dann über ein Riester-Darlehen finanziert, das es als ganz normales Hypothekendarlehen gibt. Mit diesem selbst gebastelten Modell können Vorsorgesparer ebenfalls die volle Riester-Förderung in der Anspar- und der Darlehensphase einstreichen. Gleichzeitig rechnet sich dieses Modell oft eher als der Bausparvertrag. Das gilt insbesondere, wenn noch viele Jahre bis zur Realisierung der Immobilienträume vor Ihnen liegen. Denn der Wohn-Riester-Bausparvertrag lohnt sich angesichts der niedrigen Habenzinsen nur für Vorsorgesparer, die einen kräftigen Anstieg der Baugeldzinsen bis zum Finanzierungstermin erwarten.

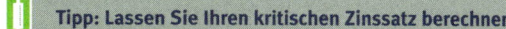

Tipp: Lassen Sie Ihren kritischen Zinssatz berechnen!

Wenn Sie genau wissen wollen, welche Variante sich für Sie eher lohnt, können Sie sich bei den Verbraucherzentralen den kritischen Zinssatz für Ihren persönlichen Fall ausrechnen lassen. Er gibt an, bis zu welchem Zinssatz die Baugeldkonditionen maximal steigen dürfen, damit sich das selbst gestaltete Modell lohnt. Nur wenn Sie mit einem stärkeren Zinsanstieg rechnen, sollten Sie zum Bausparvertrag greifen, um dann unter der erwarteten Zinswelle hindurchtauchen zu können.

Riester-Tilgungsdarlehen

Bei förderfähigen Darlehen handelt es sich meist um zertifizierte Kredite, die bei Kauf oder Bau eines Eigenheims unmittelbar zur Finanzierung eingesetzt werden. Das bedeutet: Hier fördert der Staat keine Sparleistung. Stattdessen wird der nach den Riester-Regeln erforderliche jährliche Eigenbeitrag direkt zur Darlehenstilgung verwandt. Auch die staatlichen Zulagen fließen als Sondertilgung auf den Riester-Darlehensvertrag.

Förderfähig sind dabei zertifizierte Kreditverträge mit laufender Tilgung, die den üblichen Baufinanzierungskrediten (Hypothekendarlehen) ähneln. Weil hier die Riester-Sparleistung und die Zulagen unmittelbar zur Kredittilgung eingesetzt werden, verspricht diese Vertragsvariante unter Renditegesichtspunkten das beste Geschäft. Die ersparten Sollzinsen liegen üblicherweise deutlich über den Habenzinsen, mit denen die Anbieter von Riester-Verträgen die Einzahlungen verzinsen. Darüber hinaus wirkt sich eine hohe und möglichst rasche Tilgung insgesamt günstig auf die Finanzierungskosten aus. Unterm Strich dürften kostengünstige Riester-Darlehen daher die attraktivste Variante aller Riester-Produkte darstellen.

Außer zertifizierten Darlehen mit laufender Tilgung können aber auch Darlehen gefördert werden, für die zunächst nur Zinsen gezahlt und die später durch einen Bausparvertrag oder Entnahmen aus einem anderen Riester-Vertrag getilgt werden. Das bedeutet: Außer Bausparsofortfinanzierungen sind auch Kombinationen aus endfälligem Darlehen und Bausparvertrag oder endfälligem Darlehen und Riester-Rentenversicherung möglich. Bei solchen Kombiverträgen spiegelt der Effektivzins des Darlehens allerdings nicht die komplette Kostenbelastung des Vertrags wider. Deshalb muss bei zertifizierten Kombiprodukten immer der Gesamteffektivzins der Vertragskombination angegeben werden. Früher waren solche Kombinationsfinanzierungen oft teurer als andere Finanzierungsvarianten, doch in der Wohn-Riester-Variante sind sie bisweilen recht günstig kalkuliert. Im Zweifel sollte aber immer sehr genau nachgerechnet werden, ob sich ein Angebot auszahlt oder nicht.

> **Tipp: Vergleichsrechnungen anstellen!**
>
> Rechnen Sie im Zweifel genau nach, ob sich ein Angebot lohnt oder nicht. Betrachten Sie dabei nicht nur die Finanzierungsphase. Da Sie alle geförderten Beiträge später als Eigenheimrente versteuern müssen (siehe hierzu auch in diesem Kapitel Seite 173), müssen Sie auch die Rentenphase – und hier insbesondere das Wohnförderkonto – in die Vergleichsrechnungen einbeziehen.

Unabhängig von der Art der Tilgung gilt: Alle mit Wohn-Riester geförderten Darlehen müssen spätestens bis zur Vollendung des 68. Lebensjahrs des Riester-Sparers zurückgezahlt werden. Zudem wird das zur Tilgung eingesetzte Kapital (also der einmalige Entnahmebetrag aus dem Riester-Vertrag und/oder die laufenden Tilgungsleistungen und die erhaltenen Zulagen) in ein Wohnförderkonto eingetragen, dessen Kontostand jährlich um 2 Prozent erhöht wird. Den Geldbetrag, der dann zu Rentenbeginn – oder spätestens nach kompletter Darlehenstilgung mit 68 Jahren – auf Ihrem Wohnförderkonto steht, müssen Sie anschließend versteuern.

Die Zahlung an den Fiskus müssen Sie allerdings nicht auf einen Schlag leisten. Als Riester-Bauherr können Sie vielmehr selbst entscheiden, ob Sie die Steuern auf das gesamte Wohnförderkapital auf einmal entrichten wollen. In diesem Fall wird Ihnen ein Rabatt von 30 Prozent des Betrags gewährt, der sich auf Ihrem Wohnförderkonto rechnerisch angesammelt hat. De facto müssen Sie also nur 70 Prozent des Förderkapitals mit Ihrem persönlichen Steuersatz versteuern.

Alternativ können Sie sich auch für jährliche Besteuerung entscheiden. Dann wird der komplette Betrag auf dem Wohnförderkonto durch die Jahre bis zum 85. Lebensjahr geteilt. Der so ermittelte Jahresbetrag wird dann als fiktive „Eigenheimrente" mit Ihrem persönlichen Einkommensteuersatz versteuert. Und Jahr für Jahr reduziert sich das Wohnförderkonto um den bereits versteuerten Betrag. Welche Variante für Sie günstiger ist, können Sie jederzeit frei entscheiden. Auch wenn Sie das Wohnförderkonto erst einmal in Monatsraten „abstottern", können Sie später zur Einmalzahlung wechseln und den Restbetrag mit 30 Prozent Rabatt auf einen Schlag tilgen.

Der Fiskus baut mit

Mit der neuen Wohn-Riester-Förderung will der Staat Häuslebauer stärker unterstützen. Doch weil die geförderten Tilgungsbeiträge nahezu steuerfrei in die Immobilie fließen, müssen Sie als Wohn-Riester-Sparer für das geförderte Kapital später Steuern zahlen. Die Zentrale Zulagenstelle ist daher verpflichtet, für jeden Wohn-Riester-Vertrag ein eigenes Wohnförderkonto zu führen. Darauf werden die geförderten Tilgungsbeträge sowie die auf das Riester-Darlehen oder den Bausparvertrag geflossenen Zulagen und mögliche Entnahmebeträge verbucht.

Allerdings variiert der Zeitpunkt, zu dem die Tilgungsleistungen und Zulagen auf dem Wohnförderkonto erfasst werden. Entnahmebeträge werden grundsätzlich zum Zeitpunkt der unmittelbaren Darlehenstilgung auf dem Wohnförderkonto erfasst (§ 92 a Abs. 2 EStG). Das Gleiche gilt für die Zulagen – sie werden bei Gutschrift auf dem Darlehenskonto zugleich auch auf dem Wohnförderkonto verbucht. Geförderte Tilgungsbeiträge – also Ihre Eigenbeiträge – werden dagegen erst erfasst, wenn der Zulagenstelle die Mitteilung des Anbieters über die geleistete Tilgung vorliegt und für diese „Eigenleistung" die Zulagen beantragt werden – was dank Dauerzulagenantrag meist ganz automatisch läuft. Doch in der Praxis bedeutet das: Die eigenen Tilgungsbeiträge werden frühestens ein Jahr nach Zahlung auf dem Wohnförderkonto erfasst, bisweilen auch später, falls der Zulagenantrag nicht automatisch durch den Anbieter gestellt wird.

Bisweilen kommt es allerdings vor, dass der Wohn-Riester-Kreditnehmer noch Anspruch auf Zulagen hat, obwohl das Darlehen längst getilgt ist. In diesem Fall werden die Zulagen dann direkt an den Sparer ausgezahlt – gleichsam als nachträgliche Steuerfreistellung der Tilgungsbeiträge. Gleichzeitig werden die Zulagen aber noch auf dem Wohnförderkonto verbucht. Es lohnt sich also, mit spitzem Bleistift zu rechnen, ob für die letzten Tilgungsbeiträge überhaupt noch Förderung beantragt werden sollte oder nicht. Denn grundsätzlich gilt: Alle Zahlungen und Fördermittel, die bei der schnelleren Darlehenstilgung helfen, sind von Vorteil für den Eigenheimrentner, denn sie helfen, Zinskosten zu sparen. Nachträglich gewährte Fördermittel, wie Zulagen und Steuererstattungen, die nur das Haushaltsbudget entlasten, bringen dagegen keinen „echten" Finanzierungsvorteil, blähen aber das Wohnförderkonto auf. Das zahlt sich nur bei niedriger Steuerbelastung im Alter aus.

Zusammengefasst: das Wohnförderkonto

Mit dem Wohnförderkonto hat der Gesetzgeber einmal mehr ein bürokratisches Monstrum geschaffen. Im Zuge des Mitte 2013 verabschiedeten Altersvorsorge-Verbesserungsgesetz wurde aber immerhin für eine kleine Verbesserung gesorgt. Denn seither muss das Wohnförderkonto allein durch die Zulagenstelle geführt werden – je nach Anbieter – und nicht durch die Anbieter. Die waren oft unsicher, wann welche Beiträge erfasst werden müssen – was nach Beobachtungen von Verbraucherschützern nicht selten zu großen Differenzen führte. Zumindest damit dürfte es künftig vorbei sein.

5 Produkte für die Rürup-Rente

Die neue Basisrente, nach ihrem Erfinder, dem ehemaligen Wirtschaftsweisen Professor Bert Rürup, auch „Rürup-Rente" genannt, ist eine private Leibrentenversicherung, die in vielen Teilen der gesetzlichen Rente ähnelt. So darf der Vertrag weder beliehen noch verschenkt, verkauft, vererbt oder verpfändet werden. Die Auszahlung ist nur in Form einer lebenslangen Rente zulässig und darf frühestens zu Beginn des Rentenalters erfolgen, also mit Erreichen des 60. Lebensjahrs bzw. des 62., sofern der Vertrag seit 2012 abgeschlossen wurde.. Eine Abfindung des Vertrags in Form einer Einmalzahlung ist nur zu Rentenbeginn und nur bei Minirenten unter 26,95 Euro (Stand 2013) Euro monatlich (Kleinbetragsrenten nach § 18 SGB IV) zulässig. Sonst gibt es kein Kapital zurück. Auch im Todesfall ist das Kapital verloren und fällt an die Versichertengemeinschaft, es sei denn, der Vorsorgesparer kombiniert den Rententarif mit einer ergänzenden Absicherung, dem Hinterbliebenenschutz. Allein diese restriktiven Rahmenbedingungen machen die Rürup-Rente nicht sonderlich attraktiv.

Nur in einem Punkt sind die restriktiven Vorgaben des Gesetzgebers von Vorteil: Weil der Versicherte an das eingezahlte Geld vor Rentenbeginn nicht wieder herankommt, ist das eingezahlte Vermögen vor staatlichem Zugriff sicher. Der Vertrag muss auch bei Bezug von Arbeitslosengeld II (ALG II, auch „Hartz IV" genannt) weder aufgelöst noch verwertet werden. Das gilt allerdings nur für die Ansparphase. Ist der Versicherte bei Beginn der Auszahlphase immer noch arbeitslos, zählt die Rente zu den monatlichen Einnahmen, die den Anspruch auf Grundsicherung im Alter schmälern bzw. auf Hartz-IV-Leistungen angerechnet werden.

Im Gegensatz zur Rente vom Staat können Vorsorgesparer bei der Rürup-Rente zudem wählen, ob und wie viel Risiko sie bei der Basisvorsorge vertragen. Denn die Rürup-Rente wird derzeit in vier verschiedenen Varianten angeboten: als klassische Rentenversicherung, als fondsgebundene Rente ohne Garantie, als Fondspolice mit Garantie und als Police mit Garantiefonds.

Hinterbliebenenabsicherung und Invaliditätsrente

Das Kapital aus Rürup-Renten ist nicht vererblich, deshalb erlaubt der Gesetzgeber, zusätzlich Hinterbliebenenschutz zu vereinbaren. Dabei sind mehrere Varianten möglich: Bei der sogenannten Restkapitalverrentung wird das bei Tod des Versicherten vorhandene Kapital als Hinterbliebenenrente ausgezahlt. Dann ist die Höhe der Rente jedoch ungewiss. Oder der Versicherte kombiniert seine Altersrente mit einer Risikopolice, bei der die Höhe der Hinterbliebenenrente von Anfang an nach Bedarf festgelegt wird. Einzige Einschränkung: Die Beiträge für die Risikopolice dürfen nicht mehr als 49 Prozent vom Gesamtbeitrag für die Rürup-Police ausmachen. Darüber hinaus dürfen nur der bisherige Ehepartner und die kindergeldberechtigten Kinder in den Genuss der Hinterbliebenenrente kommen. Sonst ist der Vertrag nicht förderfähig.

Die Rürup-Rente kann auch mit einer Berufs- oder Erwerbsunfähigkeitsrente kombiniert werden. Auch hier gilt allerdings: Die Beiträge für Zusatzversicherungen dürfen insgesamt nicht mehr als 49 Prozent des Gesamtbeitrags ausmachen. Sonst ist der Vertrag ebenfalls nicht förderfähig.

Wichtig: Den Zusatzschutz gibt es in beiden Fällen nicht umsonst! Entweder müssen Sie dafür höhere Beiträge zahlen oder die eigene Altersrente fällt entsprechend niedriger aus!

Ab 2014 sind aber auch neue Rürup-Renten zulässig, die ausschließlich das Berufs- oder Erwerbsunfähigkeitsrisiko absichern und dem Sparer im Ernstfall dann eine lebenslange Rente zahlen. Diese Tarife werden aber voraussichtlich sehr teuer sein und sich schon aus diesem Grund selten lohnen.

Klassische Rürup-Rentenversicherung

Für Sicherheitsbewusste gibt es die Rürup-Rente als klassische Rentenversicherung (siehe hierzu auch Kapitel 3, Seite 101). Hier werden die Beiträge nach Abzug der Kosten mit 1,75 Prozent verzinst (derzeit gültiger Mindestzins) und werfen im Alter eine garantierte Mindestrente ab. Erzielt der Versicherer höhere Erträge als den Mindestzins, bessert eine zusätzliche Gewinnrente die Monatsleistung auf.

Risikobereiten offeriert die Versicherungsbranche die Rürup-Rente als Fondspolice (siehe Seite 109). Die Fondsbranche hat einen speziellen Rürup-Fondssparplan kreiert. In beiden Fällen tragen Sie als Kunde jedoch das volle Anlagerisiko. Denn die Beiträge werden nach Abzug der Vertragskosten in Investmentfonds investiert. Es gibt keine Mindestverzinsung, nicht einmal eine Garantieleistung ist sicher. Die Höhe der späteren Monatsrente hängt ausschließlich von den Kosten des Vertrags und der Wertentwicklung der Fondsanteile ab.

Bei ungünstiger Kapitalmarkt- und Fondsentwicklung kann es daher passieren, dass Sie im Alter nur eine Minirente erhalten. Sogar Verluste sind nicht ausgeschlossen. Deshalb eignen sich Rürup-Fondspolicen und -sparpläne grundsätzlich nur für jüngere Anleger, die das Risiko der Fonds-anlage verkraften bzw. aufgrund der langen Ansparphase mit einem tendenziell sinkenden Risiko rechnen können. Die Rürup-Förder-bedingungen begünstigen jedoch eigentlich vor allem ältere Sparer, für die solche Vertragskonstruktionen absolut ungeeignet sind.

Darüber hinaus ist die Rentenphase noch längst nicht bei allen Rürup-Fondsprodukten durchkalkuliert. Bei Rürup-Fondssparplänen sichert der Anbieter nur zu, dass das Geld zu Rentenbeginn in eine lebenslange Rentenversicherung umgeschichtet wird. Die Konditionen dafür kennen Sie als Rürup-Sparer bei Vertragsabschluss jedoch noch nicht. Sie können also überhaupt nicht abschätzen, ob sich das Angebot lohnt oder eventuell für die Rentenphase hohe Zusatzkosten auf Sie zukommen. Kurz: Sie tragen nicht nur ein Anlage-, sondern auch noch ein Kostenrisiko.

Außerdem ist zu beachten: Wenn Rürup-Verträge wirklich eine Basisvorsorge – und kein Steuersparmodell für Rentner – sein sollen, dann ist Sicherheit oberstes Kriterium für die Produktauswahl. Und das bedeutet: Wenn Sie auf die Zusatzvorsorge im Alter angewiesen sind, sind Fondspolicen ohne Garantie oder Rürup-Fondssparpläne das vollkommen falsche Produkt, denn sie bieten keinerlei Sicherheit.

Rürup-Fondspolicen mit Garantie

Weil Vorsorgesparer in aller Regel Wert auf Sicherheit legen, haben einige Anbieter in ihre Rürup-Fondspolice eine Garantie auf Kapitalerhalt eingebaut: Wie bei der Riester-Fondspolice (siehe Seite 155) fließt dann nur ein Teil des Monatsbeitrags in Fondsanlagen. Mit dem Rest wird eine klassische Rentenversicherung finanziert. Die

ist versicherungsmathematisch meist so kalkuliert, dass zu Rentenbeginn exakt die Summe der eingezahlten Beiträge zur Verfügung
steht. Neuerdings sind auch Policen erhältlich, bei denen die Sparer
die Höhe des Garantieteils individuell wählen können. Oder aber
sie peppen ihren Klassiktarif durch Kombination mit einer Fondsanlage auf. Dann werden alle Erträge, die der Versicherer über den
Garantiezins von 1,75 Prozent hinaus erzielt, in Investmentfonds
angelegt (siehe Seite 155). Das soll ebenfalls eine höhere Rendite
bringen als ein reiner Klassiktarif. Zu Rentenbeginn wird das Fondskapital allerdings in allen Fällen komplett aufgelöst, dem Versicherungstopf zugeführt und konventionell angelegt, um – zusammen
mit dem Kapital aus der Garantiepolice – als dynamische Gewinnrente oder als teildynamische Rente ausgezahlt zu werden (siehe
hierzu auch Kapitel 3, Seite 105).

Rürup-Fondspolicen mit Garantie sind vor allem ein Marketing-
produkt der Versicherungswirtschaft. Denn mit dem Hinweis auf
„Börsengewinne ohne Risiko" lässt sich die Basisvorsorge gut
verkaufen – zumal die Renditen der Klassiktarife derzeit mit bestenfalls 3,5 bis 4,5 Prozent vergleichsweise mager sind. Unterm Strich
fressen die Mehrkosten der Fondsanlage den möglichen Renditevorteil aber schnell auf. Außerdem – und das gilt für Garantiepo-
licen genau wie für Fondspolicen ohne Garantie: Das Produkt lohnt
sich nur für jüngere Anleger, die mögliche Baissephasen an der Börse aussitzen können. Wer nur noch wenige Jahre bis zur Rente hat,
sollte – wenn überhaupt – Rürup-Klassiktarife bevorzugen.

> **Wichtig!**
>
> Über Top und Flop entscheiden bei der Rürup-Rente nicht
> nur die garantierte Auszahlleistung im Alter sowie die
> Qualität des Anbieters. Wichtig ist auch, ob der Vertrag im
> Notfall ausreichend flexibel ist. Denn weil die Rürup-Renten
> nicht kündbar sind, kommen Vorsorgesparer aus dem ein-
> mal abgeschlossenen Vertrag so gut wie nicht mehr heraus.
> Deshalb ist die sorgfältige Vertragsauswahl noch wichtiger
> als bei allen anderen Vorsorgeprodukten.

Fallstricke im Rürup-Vertrag

Die meisten Anbieter von Rürup-Renten haben Tarife, bei denen die Beiträge zunächst mit der Abschlussprovision des Vermittlers verrechnet werden (sogenannte gezillmerte Tarife). Bei den Verträgen seit 2008 müssen diese Provisionen zwar auf die ersten fünf Vertragsjahre verteilt werden. Das mindert den Effekt jedoch nur unwesentlich. Nach wie vor gilt: Wie bei Kapitallebensversicherungen (siehe hierzu Kapitel 3, Seite 91) fließt in den ersten Jahren kaum Kapital auf das Konto. Das kann zum Handicap werden, wenn Vorsorgesparer den vereinbarten Beitrag – vorübergehend oder dauerhaft – nicht aufbringen können, beispielsweise weil sie arbeitslos werden oder weil sich ihre Familienverhältnisse ändern. Theoretisch haben sie zwar die Möglichkeit, den Vertrag dann jederzeit beitragsfrei zu stellen. Bei gezillmerten Tarifen reicht das Geld auf dem Rürup-Konto dafür in den Anfangsjahren jedoch selten aus. In den meisten Fällen verbleibt deshalb nur ein kleiner Restbetrag auf dem Konto, der obendrein erst zu Rentenbeginn auf einen Schlag ausgezahlt wird. Einige Anbieter beenden den Vertrag sogar gleich, weil ihnen der Aufwand, einen kleinen Betrag bis Rentenbeginn fortzuführen, viel zu groß ist. Dann sind die geleisteten Einzahlungen meist komplett verloren. Denn bei Rürup-Verträgen gibt es – mit Ausnahme der Abfindung von Minibeträgen zu Rentenbeginn – grundsätzlich keinen Cent zurück. Ob eine solche Kündigung durch den Anbieter juristisch haltbar ist, müssen die Gerichte noch klären. Fakt ist jedenfalls: Wer eine Rürup-Rente abschließen will, kommt nicht umhin, das Kleingedruckte sehr sorgfältig zu studieren. Sonst ist der Reinfall programmiert.

Weiteres Entscheidungskriterium bei Rürup-Renten ist die Frage, ob der jeweilige Versicherer auch einen Anbieterwechsel oder einen Produkttausch zulässt, beispielsweise wenn der Vorsorgesparer mit dem gewählten Tarif oder der Versicherungsleistung nicht zufrieden ist. Diese Option war im Gesetz ursprünglich nicht vorgesehen, ist laut Bundesfinanzministerium (BMF) aber durchaus zulässig – und kann sich vor allem für jüngere Sparer auszahlen. Denn wer kann schon über 20 bis 30 Jahre im Voraus wissen, ob ein Versicherer, der heute ein gutes Preis-Leistungs-Verhältnis bietet und als ertragsstark gilt, auch in Zukunft noch zu den Top Ten unter den Rürup-Renten-Anbietern zählt? Bislang lassen allerdings nur wenige Versicherer einen Anbieterwechsel zu. Darüber hinaus sind Nachteile beim Wechsel, wie zusätzliche Stornokosten beim alten Versicherer und womöglich eine nochmalige Belastung mit Abschlusskosten beim neuen Anbieter, nicht ausgeschlossen.

Bei fondsgebundenen Rürup-Renten taucht bei Anbieterwechsel noch ein weiteres Problem auf: Falls der Anleger in einem Börsentief wechselt oder die Fonds sich schlecht entwickelt haben, kann ein Großteil des eingezahlten Kapitals komplett verloren gehen. Umso sorgfältiger sollten Anleger den Anbieter auswählen – zumal die Unterschiede im Preis-Leistungs-Verhältnis bei Rürup-Fondstarifen noch weitaus größer sind als bei klassischen Tarifen.

> **Zusammengefasst: Rürup-Produkte**
>
> Rürup-Renten sind selten ein gutes Geschäft für den Versicherten. Sofern eine Rürup-Rente überhaupt infrage kommt, dürfte der Klassiktarif in den meisten Fällen das am besten geeignete Produkt sein. Das gilt insbesondere, weil die Förderbedingungen für die Basisvorsorge ältere Sparer mit nur wenigen Jahren Vertragslaufzeit begünstigen.

6 Immobilien als Altersvorsorge

Die eigenen vier Wände stehen bei den Bundesbürgern hoch im Kurs. Trotzdem sind sie für viele (noch) reines Wunschdenken: Obwohl 85 Prozent der Deutschen statt zur Miete lieber im Eigenheim leben würden, haben nur 44 Prozent diesen Wunsch bereits realisiert. Entweder fehlt es am nötigen Kleingeld oder das passende Haus ist einfach noch nicht gefunden. Bisweilen hindern auch unsichere private oder berufliche Perspektiven an Hauskauf oder -bau. Dabei gilt das Eigenheim auch als optimale Altersvorsorge, wie eine Umfrage des Instituts für Demoskopie in Allensbach im Auftrag der Postbank im Jahr 2013 ergeben hat. Danach sehen 63 Prozent der Deutschen im Hausbau eine besonders sichere Form der Altersvorsorge. Fast jeder dritte Berufstätige, der seine Altersvorsorge noch erweitern will, plant daher den Bau oder Kauf eines Hauses. 14 Prozent der Berufstätigen wollen aber auch in Häuser oder Wohnungen zur Vermietung investieren, um ihre Altersvorsorge auszubauen. Denn Immobilien – und dabei vor allem das selbstgenutzte Eigentum bieten in wirtschaftlich schwierigen Zeiten zugleich auch finanzielle Sicherheit. Hinzu kommen weitere Annehmlichkeiten: Das eigene Haus – mit Garten und Platz für Kinder – lässt sich individueller gestalten und bietet obendrein Schutz vor Mieterhöhung und Kündigung.

Kehrseite der Medaille: Wohneigentum bringt meist eine hohe und langfristige Schuldenbelastung mit sich. Für viele Privatpersonen ist die Finanzierung der eigenen vier Wände die größte finanzielle Investition ihres Lebens. Sowohl Haus- oder Wohnungskauf als auch der Bau eines Eigenheims wollen sorgfältig geplant und kalkuliert sein. Nur wenn das Objekt spätestens zu Beginn der Rente schuldenfrei ist, eignet es sich auch als Altersvorsorge.

Risiken richtig kalkulieren

Zunächst stellt sich die Frage, ob eine selbst genutzte oder eine vermietete Immobilie wirtschaftlich sinnvoller ist.

Die **selbst genutzte Immobilie** erspart Ihnen als Besitzer nach Abzahlung der Kredite eine hohe Mietbelastung – was Ihr Nettoeinkommen im Alter deutlich erhöht. Dafür können Sie die Kreditzinsen während der Finanzierungsphase steuerlich nicht geltend machen; das Eigenheim ist also erst einmal eine teure Angelegenheit.

Bei **vermieteten Immobilien** erhalten Sie Mieterträge, die steuerpflichtige Einnahmen sind. Dafür können Sie die Kreditzinsen sowie eine rechnerische Wertminderung (Abschreibungen) von der Steuer absetzen – was je nach Höhe Ihres Bruttoeinkommens hohe Steuervorteile bringt. Beim Bau und Erwerb vermieteter Objekte können Sie die Darlehenszinsen sowie Abschreibungen als rein rechnerische Wertminderung steuerlich geltend machen.

Zusammenfassend kann man sagen, dass im Alter, wenn das Haus oder die Wohnung weitgehend schuldenfrei ist, das Eigenheim netto mehr in die Haushaltskasse bringt als ein vergleichbares, vermietetes Wohnobjekt. Für das selbst genutzte Eigenheim spricht auch, dass Selbstnutzer an der Werterhaltung bzw. -steigerung ihrer Immobilie interessiert sind und schon deshalb besonders pfleglich mit Haus oder Wohnung umgehen. Bei einer Vermietung ist man hingegen auf das Wohlverhalten der Mieter angewiesen. Hier treten nicht selten Probleme auf.

Umgekehrt darf die Lebensplanung aber nicht vergessen werden. Wenn Sie sich zum Beispiel aus beruflichen Gründen noch nicht langfristig auf einen Wohnort festlegen können oder wollen, sind Sie mit einer vermieteten Immobilie besser dran. Das gilt steuerlich auch für Besserverdienende. Sie können den Fiskus bei einem vermieteten Objekt über Jahre hinweg am Aufbau des Finanzpolsters fürs Alter beteiligen. Bei einer Eingangsrendite von unter 4 Prozent müssen jedoch vor allem die Steuervorteile sowie langfristig die Wertentwicklung einen Ausgleich bringen, damit die Mietimmobilie mit anderen Kapitalanlagen konkurrieren kann.

Einen Vorteil haben sowohl Eigennutzer als auch Vermieter: Haus- und Grundbesitz sind nach wie vor ein guter Inflationsschutz. Zwar unterliegen auch Immobilien bisweilen starken Preisschwankungen – wobei Eigentumswohnungen von Preisrückgängen meist stärker betroffen sind als Einfamilienhäuser. Sofern die Lage stimmt, können Eigentümer aber langfristig mit Wertsteigerungen rechnen, die die schleichende Geldentwertung meist kompensieren. Darüber hinaus gibt eine Immobilie Sicherheit im Alter, garantiert den Lebensstandard in den eigenen vier Wänden und gewährt Unabhängigkeit.

Der Traum vom eigenen Heim verleitet aber Bauherren und Wohnungskäufer leider allzu oft dazu, Risiken einzugehen, die das Konzept „Immobilie als Altersvorsorge" gefährden.

■ **Standortrisiko.** Über die künftige Wertentwicklung der Immobilie entscheidet vor allem die Lage. Eine schlechte Infrastruktur (keine oder schlechte Anbindung an öffentliche Verkehrsmittel, wenig Einkaufsmöglichkeiten, Schulen etc. oder eine hohe Schadstoffbelastung durch nahe gelegene Betriebe) beeinträchtigt den Wert des Eigenheims ebenso wie Altlasten auf dem Grundstück oder Verkehrs- und Lärmbelästigungen, die womöglich erst durch spätere Baumaßnahmen entstehen. Deshalb sollten Sie das Wohnumfeld zu unterschiedlichen Zeiten inspizieren, die Flächennutzungs- und Bebauungspläne im Viertel studieren und den Vorbesitzer, weitere Anlieger und/oder die Behörden zur früheren Nutzung des Grundstücks befragen.

■ **Regionale Entwicklung.** Auch die Wirtschaftskraft der Region spielt eine entscheidende Rolle. In strukturschwachen Gebieten wird der Wert der Immobilie kaum steigen, in Boomregionen hingegen sind Wertsteigerungen wahrscheinlich. Eigenheiminteressenten sollten sich also immer auch über die wirtschaftliche Entwicklung ihres bevorzugten Immobilienstandorts informieren. Erste Anlaufstelle können die örtlichen Maklerverbände oder die Industrie- und Handelskammern sein. Aber auch in der Wirtschaftspresse wird immer wieder über Top- und Flopregionen und Städte berichtet, die gerade prosperieren oder mangels ausreichender Industrieansiedlung und regionaler Förderung an Wohn- und Lebensqualität verlieren.

■ **Baukosten- oder Kaufpreisrisiko.** Anders als bei Aktien, Anleihen oder anderen börsennotierten Wertpapieren gibt es für Immobilien keinen geregelten Markt. Nichts ist deshalb so schwierig wie herauszufinden, ob der Kaufpreis für Haus oder Wohnung angemessen oder überteuert ist. Als Eigenheimaspirant sollten Sie sich daher erst einmal übers Internet, aus Zeitungsannoncen, bei Maklerverbänden, über Grundstücksmarktberichte, Mietspiegel etc. einen Marktüberblick über die örtlichen Immobilienpreise verschaffen. Sehen Sie sich außerdem möglichst viele – nach Alter, Art, Größe und Ausstattung – vergleichbare Objekte an. Ist die nähere Auswahl getroffen, empfiehlt es sich, einen Sachverständigen, zum Beispiel einen Architekten oder Bauingenieur, hinzuzuzie-

 Tipp: Kostenbremse ziehen

Ziehen Sie beim Bau eines neuen Eigenheims eine Kostenbremse gegen ausufernde Baukosten. Detaillierte Bauleistungsbeschreibungen und Kostenaufstellungen sind dabei nur der erste Schritt. Am besten, Sie vereinbaren Festpreise mit den Handwerkern und legen, wenn möglich, Obergrenzen verbindlich fest.

hen. Denn gerade bei älteren Häusern übersieht der Laie leicht etwaige Baumängel. Ebenfalls wichtig: Die Häuser sollten den neuen Wärmeschutzstandards entsprechen.

Das selbst genutzte Eigenheim

Das eigene Dach überm Kopf kann ein wichtiger Baustein für die Altersvorsorge sein. Im Alter wird Ihr Budget durch mietfreies Wohnen entlastet – bei hohen Miet- und Preissteigerungsraten zahlt sich das doppelt aus. Bedenken Sie aber, dass auch für Wohneigentum Nebenkosten anfallen.

Je mehr die Miete vom Alterseinkommen auffrisst, desto größer wird der Vorteil mietfreien Wohnens im Eigenheim. Damit der Traum von den eigenen vier Wänden nicht zum Albtraum wird, muss aber vor allem die finanzielle Basis stimmen. Ein günstiger Einstandspreis und eine solide Finanzierung bilden den Grundstock. Grundsätzlich gilt: Mindestens 20 bis 30 Prozent der Gesamtkosten sollten Eigenheimer an Kapital mitbringen – besser mehr. Denn bei hohem Eigenkapitalanteil sinken die laufenden Finanzierungskosten. Außerdem ist das Haus schneller abgezahlt.

Ein gesichertes Einkommen ist ebenfalls wichtig, es sei denn, Sie können die Immobilie, zum Beispiel dank einer Erbschaft, auf einen Schlag bar bezahlen. Meist müssen Hausbesitzer jedoch eine hohe und langfristige Schuldenbelastung auf sich nehmen. Am Anfang ist die monatliche

✱ Beispiel

Schon bei einer jährlichen Mietpreissteigerung von 2,5 Prozent werden aus anfänglichen 500 Euro Monatsmiete in zehn Jahren über 640 Euro monatliche Miete. Unterm Strich zahlt der Mieter in einem Zeitraum von 30 Jahren rund 264.000 Euro an den Vermieter. Diesen Betrag sollten Sie lieber in Ihr eigenes Haus investieren.

Belastung fast immer höher als für einen Mieter. Doch mit der Zeit kehrt sich das Verhältnis um. Während der Hauskredit im Schnitt nach 20 bis 30 Jahren getilgt ist, müssen Mieter weiterhin ständig mehr Geld fürs Wohnen ausgeben.

Die Finanzierung

Es gibt viele Wege, eine Immobilie zu finanzieren. Oft gleicht die Suche nach dem Königsweg aber einem Puzzlespiel, weil Banken, Bausparkassen und Versicherungen gleichermaßen um die Gunst von Bauherren und Immobilienkäufern buhlen. Umso wichtiger ist es, einen kühlen Kopf zu bewahren und nicht nur den günstigsten Baukreditanbieter zu finden, sondern auch die jeweils passende Finanzierungsform. Denn die Baufinanzierung muss exakt auf Ihre persönlichen Verhältnisse zugeschnitten sein.

Grundsätzlich gilt: Das preisgünstigste Baugeld gibt es vom Staat. Wenn Sie für selbst genutztes Wohneigentum ein Wohn-Riester-Darlehen (siehe hierzu auch Kapitel 4, Seite 171) abschließen, bekommen Sie für die Tilgung dieselben Zulagen und Steuervorteile wie für einen Riester-Sparvertrag. Zwar müssen Sie die geförderten Beträge im Alter versteuern, doch die Förderung ermöglicht eine schnellere Tilgung des Darlehens und somit eine hohe Zinsersparnis. Riester-Darlehen lohnen sich deshalb mehr als andere Riester-Verträge. Das gilt aber nur, wenn das Riester-Darlehen von einem günstigen Baugeldgeber stammt, die Sollzinsen für den Kredit also nicht höher liegen als bei einem ungeförderten Darlehen. Im Zweifel sollten Sie das bei einer Verbraucherzentrale überprüfen lassen.

Die staatliche KfW-Bank vergibt für den Bau oder Kauf von selbst genutzten Immobilien, insbesondere bei energieeffizienten Häusern, unschlagbar günstige Darlehen. Anfang August 2013 zahlten Bauwillige für einen Neubaukredit bis zu 50.000 Euro ab 1,0 Prozent Effektivzins. Die meisten Bundesländer unterstützen angehende Wohneigentümer ebenfalls mit Zuschüssen oder zinsvergünstigten Darlehen. (Allerdings ist der Kreis der Förderberechtigten hier meist eingeschränkt, Zielgruppen sind in der Regel Familien mit Kindern. Häufig gelten Einkommensgrenzen.) Und nicht zuletzt bieten auch Städte und kleinere Gemeinden Bauwilligen oft günstige Baugrundstücke oder Baukostenzuschüsse.

Daneben sind Hypothekendarlehen von der Bank das Fundament jeder Baufinanzierung. Die Gesamtlaufzeit solcher Darlehen ist von der gewählten Höhe des Kredits, der Anfangstilgung und dem Zinssatz abhänglg. Standardverträge mit 1 Prozent Anfangstilgung sind allerdings meist erst nach 30 Jahren zurückgezahlt. Für die Altersvorsorge dauert das oft zu lang.

> **Tipp: Tilgung beschleunigen**
>
> Wenn Sie Ihr Haushaltsbudget als Rentner durch mietfreies Wohnen entlasten wollen, sollten Sie dafür sorgen, dass alle Schulden vorher komplett getilgt sind – und mit der Bank vereinbaren, dass die übliche Standardtilgung von 1 Prozent entweder verdoppelt oder sogar verdreifacht wird.

Den Bankkredit können Sie durch bereits vorhandene Bausparverträge ergänzen. Der Neuabschluss von Verträgen just zu Baubeginn lohnt sich hingegen selten. Schließlich muss der Vertrag dann bespart und gleichzeitig von einer Bank vorfinanziert werden, bis das preiswerte Bauspardarlehen nach Jahren zur Verfügung steht. Das kommt meist teuer und rechnet sich nur in Ausnahmefällen. Das Grundprinzip des Bausparens – erst sparen, dann bauen – wird bei dieser Art der Sofortfinanzierung auf den Kopf gestellt. Abzuraten ist auch von Finanzierungen mit Kapitallebensversicherungen. Das Kombipaket eignet sich allenfalls für vermietete Immobilien und nicht zur Finanzierung der eigenen vier Wände.

Bauen oder kaufen?

Die Entscheidung, ob Sie bauen oder kaufen sollten, ist nicht zuletzt eine Kostenfrage. Nur wer die jeweiligen Gesamtkosten berücksichtigt, kann Kauf- und Baupreis korrekt vergleichen. Beim Kauf einer gebrauchten Immobilie müssen außer dem Kaufpreis immer auch Modernisierungskosten – wie etwa für eine neue Heizung, bessere Wärmeisolierung oder auch ein reparaturbedürftiges Dach

– berücksichtigt werden. Diese zusätzlichen Kosten sollten am besten mithilfe eines Bausachverständigen vor dem Kauf abgeschätzt werden, um böse Überraschungen zu vermeiden. Hinzu kommt die Grunderwerbsteuer, die mit bis zu 6,5 Prozent des Kaufpreises – je nach Bundesland – zu Buche schlägt.

Weitere, zum Teil beträchtliche Mehrkosten fallen an, wenn ein Makler eingeschaltet wurde. Die Kosten hierfür sind je nach Bundesland durchaus unterschiedlich. Betragen sie beispielsweise in Nordrhein-Westfalen meist 3,57 Prozent des Objektpreises, sind die Maklergebühren in Berlin oft doppelt so hoch. Und es kommen weitere Kosten auf Sie zu: Der Notar berechnet für seine Auslagen und die Beurkundung feste Gebühren nach einer Tabelle, die sich am Objektpreis orientiert. Das Gleiche gilt für die Grundbuchämter, die Gebühren für die Übertragung des Eigentums verlangen. Sind die genauen Kosten noch nicht bekannt, sollten Sie bei der Kalkulation für Notar- und Grundbuchgebühren vorsorglich insgesamt 1,5 Prozent des Kaufpreises ansetzen.

Das Gleiche gilt für den Neubau einer Immobilie, allerdings fallen die Kosten für Notar, Grundbuchamt, Makler und Grunderwerbsteuer dann nur für das Grundstück an. Daneben müssen Sie prüfen, ob noch Erschließungskosten oder sonstige Anschlusskosten entstehen. Diese können ohne Weiteres einige Tausend Euro betragen und sind deshalb auf keinen Fall zu vernachlässigen. Als nicht unerhebliche Ausgaben gesellen sich die Kosten für den Architekten, das Einholen der Baugenehmigung, die Überprüfung der Baustatik sowie die Baukosten der Immobilie samt Garage, Stellplatz und Außenanlagen hinzu. Genaue Auskünfte darüber erteilt der Architekt. Und nicht zuletzt sollten Sie berücksichtigen, dass bereits in der Bauphase Zinszahlungen für den Baukredit fällig werden – und zwar nicht nur für die bereits abgerufenen Darlehensbeträge. Viele Kreditgeber verlangen zusätzlich sogenannte Bereitstellungszinsen auf den noch nicht ausgezahlten Teil des Kredits. Der Zinssatz liegt in der Regel bei 0,25 Prozent pro Monat beziehungsweise 3 Prozent pro Jahr. Die Berechnung beginnt meist nach unterschiedlichen Karenzzeiten oft zwei bis sechs Monate nach Vertragsabschluss. Auch die Bereitstellungszinsen können schnell einige Tausend Euro ausmachen. Zu berücksichtigen ist gegebenenfalls auch die Doppelbelastung durch die bis zum Einzug ins Eigenheim zu zahlende Miete.

Der Finanzierungsrahmen

Bevor Ihre Hauspläne konkretere Gestalt annehmen, ist zunächst ein Kassensturz angesagt. Denn wer die Immobilie mit einem Kredit bezahlen will, muss wissen, welche monatliche Belastung er dauerhaft tragen kann. Die Gegenüberstellung der monatlichen Einnahmen und Ausgaben klärt, was von den Einkünften für Zins- und Tilgungsleistungen übrig bleibt. Als Faustregel gilt, dass die Summe aus bisheriger Kaltmiete plus bisheriger Sparrate jeden Monat für den Schuldendienst zur Verfügung stehen sollte. Enger sollten Sie den Gürtel nicht schnallen. Denn auf Dauer zermürbt der damit verbundene, ständige Konsumverzicht. Wer zu knapp kalkuliert, läuft obendrein Gefahr, dass die Finanzierung zusammenbricht, sobald ungeplante Ausgaben oder gar Arbeitslosigkeit, Krankheit oder Scheidung das Haushaltsbudget zusätzlich strapazieren. Schlimmstenfalls droht dann eine Zwangsversteigerung und in der Folge womöglich Überschuldung – für die Altersvorsorge katastrophal.

So viel Kredit können Sie sich leisten ...

Effektivzins in %	Maximale Kreditsumme je 1.000 Euro Monatsrate, bei Schuldentilgung in				
	10 Jahren	15 Jahren	20 Jahren	25 Jahren	30 Jahren
2,5	106.078 €	149.972 €	188.714 €	222.907 €	253.087 €
3,0	103.562 €	144.805 €	180.311 €	210.876 €	237.189 €
3,5	101.390 €	140.412 €	173.268 €	200.931 €	224.223 €
4,0	99.103 €	135.849 €	166.053 €	190.877 €	211.282 €
4,5	96.985 €	131.511 €	159.289 €	181.579 €	199.466 €
5,0	94.766 €	127.385 €	152.943 €	172.969 €	188.660 €
5,5	92.710 €	123.458 €	146.985 €	164.986 €	178.759 €
6,0	90.724 €	119.718 €	141.384 €	157.574 €	169.673 €
6,5	88.807 €	116.155 €	136.116 €	150.686 €	162.320 €
7,0	86.954 €	112.759 €	131.157 €	144.275 €	153.628 €

(Quelle: eigene Berechnungen)

Wer seine finanzielle Belastbarkeit kennt, kann exakt berechnen, wie viel Kredit – und
damit letztlich wie viel Haus –
er sich leisten kann. Die maximale Kreditsumme hängt
dabei nicht nur vom eigenen
Einkommen ab, sondern auch
vom Zinsniveau und vom
gewünschten Tilgungssatz.

Wichtig!
Kreditinstitute machen sich selten die Mühe, die tragbare
Monatsbelastung individuell zu prüfen. Stattdessen legen
sie pauschale Erfahrungswerte für die notwendigen Lebenshaltungskosten zugrunde. Doch die sind oft sehr knapp
kalkuliert. Meist ist es besser, den Haushaltsbedarf selbst
detailliert zu berechnen. Dabei dürfen Sie auch Extras, wie
Geld für Urlaubsreisen, Reparaturen oder Anschaffungen –
beispielsweise ein neues Auto –, nicht vergessen.

Je höher die Zinsen, desto teurer wird der Kredit. Je höher die Tilgung, desto schneller wird zwar monatlich zurückgezahlt, dafür
steigt aber zunächst einmal die Monatsbelastung.

Wie hoch der maximale Kreditbetrag im Einzelfall liegen kann, lässt
sich mit folgender Formel berechnen:

$$\frac{\text{tragbare Monatsbelastung x 12 Monate x 100}}{\text{gebundener Sollzins + Tilgungssatz}} = \text{maximaler Kreditbetrag}$$

Grundsätzlich gilt: Wer auf der sicheren Seite sein will, sollte mit
einem Zinssatz von 6,0 Prozent – dem langfristigen Durchschnitts-
zins für Baugeld – kalkulieren und mit einem Tilgungssatz von 1
Prozent.

Fall 1
- tragbare Monatsbelastung: 1.200 Euro
- gebundener Sollzins: 6 %
- Anfangstilgung: 1 %

$$\frac{1.200 \text{ Euro x 12 x 100 \%}}{6 + 1} = 205.714 \text{ Euro maximaler Kreditbetrag}$$

Sofern die Konditionen für die gesamte Laufzeit des Kredits gelten,
wäre das Darlehen bei dieser Zins- und Anfangstilgung nach rund
30 Jahren getilgt.

Derzeit liegt das Zinsniveau deutlich niedriger – bei 2,5 bis vier Prozent. Theoretisch ließe sich daher mit derselben Monatsrate eine deutlich höhere Kreditsumme finanzieren. Doch Vorsicht: Die Zinsen bleiben voraussichtlich nicht immer auf demselben niedrigen Niveau wie im Jahr 2013. Die Anschlussfinanzierung nach Ablauf der ersten Zinsbindungsfrist kann daher teuer werden – was die spätere Monatsbelastung unter Umständen erhöht. Kluge Baufinanzierer reizen den Finanzierungsspielraum daher nicht aus. Stattdessen nutzen sie das günstige Zinsniveau, um den Tilgungssatz zu erhöhen. So können sie langfristig Zinskosten sparen und das Finanzierungsrisiko senken. Außerdem ist das Eigenheim schneller entschuldet – und genau darauf sollte es Vorsorgesparern ankommen.

Fall 2
- ■ tragbare Monatsbelastung: 1.200 Euro
- ■ gebundener Sollzins: 3 %
- ■ Anfangstilgung: 4,0 %

$$\frac{1.200 \text{ Euro} \times 12 \times 100\,\%}{3 + 4} = 205.714 \text{ Euro maximaler Kreditbetrag}$$

Ergebnis: Monatsbelastung und Kreditsumme bleiben gleich, doch die auf 4 Prozent erhöhte Tilgung führt dazu, dass das Haus schon nach rund 18 Jahren und acht Monaten schuldenfrei ist.

Hypothekendarlehen

Das Kernstück jeder Baufinanzierung bildet üblicherweise ein langfristiges Hypothekendarlehen von Bank oder Sparkasse. Solche Baudarlehen werden meist als sogenannte Annuitätendarlehen vergeben: Der Kreditnehmer zahlt während der vereinbarten Zinsbindungsdauer jeweils gleichbleibende Raten – auch „Annuitäten" genannt. Diese Raten bestehen aus einem Zins- und einem Tilgungsanteil. Üblich ist eine Anfangstilgung von 1 Prozent. Die Raten werden in monatlichen oder vierteljährlichen Teilbeträgen geleistet und bleiben während der Zinsbindungsdauer unverändert. Das hat den Effekt, dass der Rückzahlungsanteil an der Rate laufend steigt, während der Zinskostenanteil sinkt. Denn mit jedem Euro Tilgung verringert sich die Restschuld des Kredits. Die Gesamtlaufzeit solcher Darlehen ist daher von der gewählten Höhe der Anfangstilgung und dem Zinssatz abhängig. Standarddarlehen mit einem Zinssatz von 6 Prozent und 1 Prozent Anfangstilgung sind üblicherweise nach rund 32,5 Jahren zurückgezahlt.

Wenn Sie von vornherein eine höhere Anfangstilgung wählen – was von den meisten Banken ohne Weiteres akzeptiert, von einigen sogar mit günstigeren Konditionen belohnt wird –, verkürzt sich nicht nur die Laufzeit des Kredits spürbar. Sie senken damit zugleich Ihre Zinskosten – und damit die Gesamtkosten der Finanzierung. Als Preis müssen Sie anfangs eine höhere Monatsbelastung in Kauf nehmen. Es ist folglich eine Frage der monatlichen Belastbarkeit, wie viel Spielraum zur Optimierung der Finanzierungskosten bleibt.

So wird Ihr Haus schneller schuldenfrei

Gebundener Sollzins des Kredits in %	In dieser Zeit wollen Sie das Baudarlehen komplett zurückzahlen				
	10 Jahre	15 Jahre	20 Jahre	25 Jahre	30 Jahre
	Höhe der Anfangstilgung in Prozent				
2,5	8,81	5,5	3,86	2,88	2,24
3,0	8,59	5,29	3,66	2,69	2,06
3,5	8,37	5,08	3,46	2,51	1,89
4,0	8,15	4,88	3,27	2,33	1,73
4,5	7,94	4,68	3,09	2,17	1,58
5,0	7,73	4,49	2,92	2,02	1,44
5,5	7,52	4,31	2,76	1,87	1,31
6,0	7,32	4,13	2,60	1,73	1,19
6,5	7,13	3,95	2,45	1,60	1,08
7,0	6,93	3,79	2,30	1,48	0,98

(Quelle: eigene Berechnungen)

Bei Hypothekendarlehen stellt sich zudem die Frage, für wie lange der Zins festgeschrieben werden soll. Denn üblicherweise werden die Konditionen nicht über die gesamte Laufzeit, sondern lediglich für die ersten Vertragsjahre verbindlich vereinbart. Später müssen Eigenheimbesitzer und Bank neue Konditionen für die sogenannte Anschlussfinanzierung aushandeln. Damit ist aber immer auch ein Zinsänderungsrisiko verbunden. Denn weder Bank noch Kunde wissen, in welche Richtung sich die Zinsen bis zur Anschlussfinanzierung entwickeln werden. Je nachdem, ob das Marktzinsniveau steigt oder sinkt, kann die Anschlussfinanzierung daher teurer oder preiswerter kommen.

Angeboten werden verschiedene Varianten. Bei Baugeld mit variablen Zinsen kann die Bank die Konditionen jederzeit ändern. Folge: Die Höhe der Monatsbelastung ist im Voraus nicht kalkulierbar. Das macht die Finanzierung riskant. Für die Eigenheimfinanzierung lohnen sich variable Konditionen nur in Ausnahmefällen. Festzinskredite gibt es mit Bindungsfristen von 2, 5, 10, 15 oder 20 Jahren und länger. Die Zinssätze werden für den gewählten Zeitraum festgeschrieben und Sie können mit festen Monatsraten kalkulieren. Die Sicherheit hat aber ihren Preis: Je länger die Bindungsfrist, desto teurer ist der Kredit. Bau- und Kaufinteressenten müssen deshalb entscheiden, ob sie billiges Geld mit kürzerer Laufzeit aufnehmen oder für längere Zinssicherheit mehr zahlen wollen.

Vor der Entscheidung lohnt sich ein Blick auf den Zinstrend am Kapitalmarkt. In Zeiten niedriger Zinsen zahlt es sich aus, mehr Zinsen für die langfristige Bindung in Kauf zu nehmen. Denn wer sich günstige Konditionen für 10 oder 15 Jahre sichert, hat gute Chancen, auch bei der Anschlussfinanzierung ohne Blessuren durch ein zwischenzeitlich gestiegenes Zinsniveau davonzukommen. Vor allem die 15-jährige Bindungsfrist ist ideal. Der Grund: Nach Ablauf der ersten zehn Jahre kann der Kreditnehmer, nicht aber die Bank, das Darlehen jederzeit mit einer Frist von sechs Monaten vorzeitig kündigen. Häuslebauer haben dadurch die Möglichkeit, schon viereinhalb Jahre vor Ablauf der Bindungsfrist in aller Ruhe den günstigsten Termin für die Anschlussfinanzierung abzupassen.

Auf dem Zinsgipfel dagegen sollten Sie sich nicht langfristig binden, sondern Darlehen mit kurzer Zinsbindung oder variablen Zinsen bevorzugen. Als Kompromiss zwischen Sicherheit und niedrigen Zinsen bietet sich eine Mischung aus Darlehen mit unterschiedlichen Bindungsfristen an. So kann ein Teil des Baugelds kurzfristig festgeschrieben, ein Teil für fünf und ein Teil für zehn Jahre festgelegt werden.

Wenn Sie keine komplette Schuldentilgung nach Ablauf der Zinsbindung planen, kann ein Laufzeitenmix für Sie auch von Nachteil sein. Denn wenn nur für einen Teil des Baugelds die Zinsbindung endet, lässt sich die Anschlussfinanzierung selten zu Topkonditionen realisieren.

> **[] Tipp: Recht auf Sondertilgungen vereinbaren**
>
> Oft sind während der gewählten Bindungsdauer keine Sondertilgungen möglich. Wer unverhofft Geld übrig hat und das Darlehen komplett tilgen möchte, muss sich bis zum Ende der vereinbarten Frist gedulden. Andernfalls verlangt die Bank dafür nicht selten eine Vorfälligkeitsentschädigung. Lassen Sie sich also schon bei Abschluss des Vertrags das Recht auf Sondertilgungen einräumen. Immer mehr Banken machen das auch ohne Zinszuschlag.

Der Grund: Weil in einem solchen Fall ein Bankwechsel wegen der Grundbuchabsicherung selten möglich ist, bietet der Baugeldgeber oft einen Tick höhere Zinsen dafür an, als wenn er fürchten müsste, den Kreditnehmer an die günstigere Konkurrenz zu verlieren.

Wer einen Kredit aufnimmt, wird aber nicht nur mit Zins und Tilgung zur Kasse gebeten. Hinzu kommen häufig auch noch eine Bearbeitungsgebühr, Schätzkosten für die Beleihungsprüfung der Immobilie sowie eventuelle Bereitstellungszinsen für bereits zugesagte, aber noch nicht abgerufene Kredite, Teilauszahlungszuschläge und Kontoführungsgebühren. Nicht alle diese Kosten sind legitim. Beispielsweisen haben Gerichte längst festgestellt, dass die Beleihungsprüfung der Immobilie im Eigeninteresse der Bank liegt. Deshalb darf sie den Kunden dafür keine Kosten auferlegen. Auch Bearbeitungsgebühren sind nach Auffassung der Verbraucherzentralen und zahlreichen OLG-Urteilen unzulässig. Eine höchstrichterliche Entscheidung steht aber noch aus.

Grundsätzlich gilt: Wenn Sie die Gesamtkosten von Baugeldange-
boten wissen und zugleich die Konditionen verschiedener Finanzie-
rungsanbieter vergleichen wollen, kommen Sie nicht umhin, auch
die Nebenkosten des Baukredits abzufragen. Zwar hat der Gesetzgeber die Kreditwirtschaft in der Preisangabenverordnung (PangV)
verpflichtet, zumindest privaten Kunden klipp und klar zu sagen,
wie viel das Baugeld unterm Strich tatsächlich kostet. Doch der
„effektive Jahreszins", der die Gesamtkosten des Kredits zusam-
menfasst und den Vergleich verschiedener Angebote ermöglichen
soll, enthält längst nicht alle Kostenbestandteile. Lediglich folgende
Kostenelemente gehen in die Effektivzinsberechnung ein:

- Höhe des vereinbarten Zinssatzes, „gebundener Sollzins"
  genannt
- jährliche Tilgungshöhe,
- Zahlungs- und Tilgungsverrechnungstermine,
- Bearbeitungsgebühren und Verwaltungsbeiträge,
- tilgungsfreie Zeiträume,
- ein eventueller Abschlag vom Darlehen, „Disagio" genannt.

Beim Disagio handelt es sich sozusagen um eine Zinsvorauszah-
lung, die in einem Betrag von der Darlehenssumme abgezogen
wird. Im Gegenzug wird der Sollzins für die Laufzeit des Darlehens
gesenkt. Unterm Strich führt ein Disagio jedoch dazu, dass Sie ein
höheres Darlehen aufnehmen müssen als zur Finanzierung der
Immobilie eigentlich nötig. Das lohnt sich bei der Eigenheimfinanzierung selten.

Bauspardarlehen

Die optisch niedrigsten Zinsen müssen Häuslebauer für Bauspar-
kredite aufwenden. Unabhängig vom Auf und Ab der Kapitalmärkte
fielen im Jahr 2013 für Bauspardarlehen durchschnittlich 1,5 bis 3,5
Prozent Effektivzins an. Damit lag er niedriger als bei den meisten
anderen Formen der Baufinanzierung. Denn bei den Festzinskondi-
tionen im unteren Bereich (1,0 bis 2,0 Prozent) können die meisten

Banken, Sparkassen oder Versicherungen nicht mithalten. Ohne die Vorleistung einer mager verzinsten Ansparphase sind die günstigen Konditionen jedoch nicht zu haben.

Bausparen ist für Sie als Vorsorgesparer deshalb allenfalls dann interessant, wenn Sie in sieben bis zehn Jahren bauen oder kaufen wollen. Solange dauert die Sparphase eines Bausparvertrags üblicherweise. Wenn der Traum vom Eigenheim dagegen sofort verwirklicht werden soll, zahlt sich der Bausparvertrag nicht aus. In diesem Fall benötigen Sie das Geld zum Bau schließlich sofort und müssen demzufolge die Zeit bis zur Zuteilung mit einer teuren Zwischenfinanzierung überbrücken. Denn auch das Guthaben wird erst bei Zuteilung des Vertrags mit ausgezahlt. Bis dahin müssen Sie Ihr eigenes Erspartes mit einem Kredit vorfinanzieren.

Noch teurer kommt die oft gepriesene Sofortfinanzierung mit einem neu geschlossenen Bausparvertrag. Dabei wird das klassische Bausparprinzip völlig auf den Kopf gestellt: Sie bekommen das für Bau oder Kauf nötige Kapital sofort ausgezahlt – und beginnen erst dann, den Bausparvertrag anzusparen. Derartige Sofortfinanzierungen werden Häuslebauern vorzugsweise mit dem Hinweis auf die angebliche Sicherheit der Monatsbelastung gepriesen. Denn die Laufzeit des Vorausdarlehens wird so bemessen, dass die Zinsbindung zum Zeitpunkt der voraussichtlichen Zuteilung des Bausparvertrags ausläuft und der Bankkredit dann durch das Bauspardarlehen abgelöst werden kann. Die Belastung ist folglich über Jahre konstant.

Dennoch ist eine Sofortfinanzierung selten die günstigste Finanzierungsvariante. Schließlich würde wohl auch sonst niemand auf die Idee kommen, zum Beispiel einen Kredit über 50.000 Euro oder mehr für teure Zinsen bei der Bank aufzunehmen, um das Geld anschließend für weit

> **Wichtig!**
>
> Bausparkassen können nicht allen Bausparern gleichzeitig ihr Darlehen auszahlen. Dazu reichen die im Topf der Kasse befindlichen Mittel üblicherweise nicht. Das Zuteilungsverfahren legt daher fest, wer wann an der Reihe ist. Die Reihenfolge bemisst sich – grob gesagt – nach dem Prinzip „Zeit mal Geld". Wer schon eine lange Ansparphase hinter sich hat, wird mit einer kürzeren Wartezeit belohnt. Schnellsparer oder Soforteinzahler müssen dagegen entsprechend längere Wartezeiten in Kauf nehmen.

weniger Zinsen auf einem Sparbuch zu parken. Doch genau das machen Häuslebauer bei der Bausparsofortfinanzierung – und zwar insbesondere bei jenen Varianten, bei denen der Vertrag sofort nach Abschluss mit dem vorhandenen Eigenkapital aufgefüllt und bis zur Zuteilung vorfinanziert wird. Weiteres Problem: Nicht immer erfolgt die Zuteilung pünktlich, dann verlängert sich die Phase der Doppelbelastung noch.

Ein weiterer Nachteil, den alle Bausparer in Kauf nehmen müssen, liegt in der hohen Monatsbelastung bei Rückzahlung des Kredits. Bauspardarlehen werden in vergleichsweise kurzer Zeit getilgt. Üblicherweise ist das Bauspardarlehen – je nach Tarif – nach etwa zehn bis elf Jahren komplett zurückgezahlt. Dieses flotte Tempo lässt sich natürlich nur erreichen, wenn die Tilgungsleistung deutlich höher liegt als bei herkömmlichen Bankdarlehen. Üblich ist ein Zins- und Tilgungsbeitrag in Höhe von 6 bis 7 Promille der Bausparsumme. Das macht monatlich 300 bis 350 Euro pro 50.000 Euro Bausparsumme. Insgesamt ist die Monatsbelastung daher trotz niedriger Zinsen deutlich höher als bei Bankdarlehen – was nicht jeder Häuslebauer so ohne Weiteres verkraften kann. Aber natürlich hat die rasche Tilgung auch Vorteile: Die Entschuldung des Wohneigentums geht wesentlich zügiger voran als bei anderen Finanzierungsvarianten. Im Hinblick auf die Altersvorsorge ist das ein Pluspunkt.

Als alleiniger Finanzierungsbaustein sollten Bauspardarlehen aus den genannten Gründen trotzdem niemals eingesetzt werden. Wenn Sie allerdings bereits über einen Vertrag verfügen, können Sie mit dem Darlehen von der Bausparkasse die Lücke zwischen der ersten Hypothek von der Bank, die oft nur bis 60 Prozent des Beleihungswerts bzw. knapp 50 Prozent des Kaufpreises geht, und dem meist nur bei 20 bis 30 Prozent liegenden Eigenkapital schließen.

Festhypothek von der Versicherung

Auf den ersten Blick außerordentlich günstig ist die Hypothek
von der Assekuranz. Versicherungsunternehmen können unter
bestimmten Voraussetzungen für einen Baukredit einige Zehntel
Prozent weniger Zinsen verlangen als Hypotheken- und Geschäftsbanken. Versicherungsvertreter geraten daher meist ins Schwär-
men, wenn sie die Vorzüge einer Baufinanzierung über eine Kapitallebensversicherung oder eine fondsgebundene Lebensversicherung
preisen. Schließlich sei das Baugeld konkurrenzlos günstig und
obendrein erhalte der Häuslebauer noch kompletten Risikoschutz.

Doch Vorsicht: Das günstige
Baugeld der Versicherer wird
oft nur in Verbindung mit einer
Kapitallebens- oder Rentenversicherung gewährt. Das bedeutet, Sie müssen außer den
Kreditzinsen auch die Beiträge
für die Police aufbringen. Da
das Darlehen während der
Laufzeit des Vertrags nicht

Achtung!

Bei Kombikrediten aus Baugeld plus Kapitallebens- oder
Rentenversicherung ist das Risiko hoch, dass die Ablaufleistung der Police nicht zur kompletten Schuldentilgung
reicht. Bei fondsgebundenen Lebensversicherungen sind
sogar Verluste zum Ablauftermin nicht ausgeschlossen.
Aufgrund der hohen Risiken sollten Sie besser nicht auf
diese Art der Baufinanzierung zurückgreifen.

getilgt wird, zahlen Sie zudem fortwährend Zinsen auf den vollen
Kreditbetrag. Das ist teuer. Zurückgezahlt wird der Kredit erst bei
Vertragsende – und zwar auf einen Schlag aus der Ablaufleistung
der Versicherung. Die lässt sich aber selten verlässlich kalkulieren,
wie zahlreiche Versicherungskunden in den letzten Jahren schmerzlich erfahren mussten. Infolge rückläufiger Erträge fiel die Auszahlleistung der Policen meist deutlich niedriger aus als bei Abschluss
versprochen.

Auch die Kombination aus Riester-Rente vom Versicherer plus Zins-
nachlass beim Baukredit, die einige Versicherungsunternehmen
neuerdings anbieten, verspricht selten ein gutes Geschäft. Zwar
kann das angesparte Guthaben aus der Riester-Police zu Rentenbeginn als Tilgung für den Baukredit eingesetzt werden. Doch auch
hier gilt: Ob das Policenguthaben ausreicht, um den Kredit kom-

plett zu tilgen, ist ungewiss. Zudem ist die Zinsverbilligung für das Baudarlehen meist gering oder wird nur für einen Kreditbetrag in Höhe des bereits in der Police angesparten Kapitals gewährt. Kurz: Die Kombiofferte ist ein schöner Marketinggag. Wenn Sie sich beide Verträge unabhängig voneinander beim jeweiligen Topanbieter besorgen, erzielen Sie mit hoher Wahrscheinlichkeit günstigere Konditionen. Und die Möglichkeit, das Riester-Guthaben bei Rentenbeginn zur Schuldentilgung einzusetzen, gilt nicht nur für das Kombimodell, sondern schlicht für jeden Riester-Vertrag (siehe hierzu auch in diesem Kapitel, Seite 201).

Vermietete Immobilien

Besserverdienende können auch den Fiskus am Aufbau des Finanzpolsters für das Alter beteiligen. Denn der Bau oder Erwerb vermieteter Immobilien kann hohe Steuervorteile bringen. Makler und Verkäufer loben deshalb vermietete Eigentumswohnungen als die ideale Altersvorsorge. Doch grundsätzlich gilt: Eine solche Investition will gut geplant und sorgfältig vorbereitet sein. Denn nur wenn Sie Chancen und Risiken gründlich abwägen und das jeweilige Objekt sorgfältig auswählen, versprechen vermietete Immobilien Gewinn.

Mehr noch als beim Eigenheim gilt daher bei vermieteten Immobilien: Qualität und Lage der Wohnung müssen stimmen. Wer dies nicht persönlich vor Ort überprüft, setzt sein Geld und damit seine gesamte Altersversorgung aufs Spiel! Lassen Sie sich außerdem niemals von den in Aussicht gestellten Steuervorteilen blenden. Grundsätzlich gilt bei jedem Mietobjekt: Steuerersparnisse können zwar das Vermögen mehren helfen, doch eine Immobilie muss sich immer auch ohne Steuervorteile rechnen. Wichtiger als die Gaben des Fiskus sind eine ordentliche Mietrendite, niedrige Hypothekenzinsen und realistische Aussichten auf Miet- und Wertsteigerung.

Mietobjekte sind immer eine langfristige Investition. Es dauert Jahre, bis die Wertsteigerung die hohen Nebenkosten von Erwerb und Vermietung amortisiert hat. Auch der Fiskus sorgt dafür, dass Spekulationsgeschäfte unterbleiben. Denn nur wenn Sie Ihre Immobilie frühestens zehn Jahre nach Erwerb wieder verkaufen, müssen Sie Ihren Gewinn – also die Differenz zwischen Verkaufserlös und steuerlichem Restwert – nicht versteuern. Bei solide finanzierten Objekten reicht die erzielte Steuerersparnis zusammen mit den Mieteinnahmen jedoch aus, um sämtliche Kosten des Objekts zu decken. Bleibt dagegen auch nach Steuern auf Dauer ein Minus in der Einnahmen-Ausgaben-Rechnung, ist Vorsicht angebracht. In diesem Fall bringt das Objekt keinen Gewinn, sondern entpuppt sich im Gegenteil als Vermögensvernichter. Deshalb: Finger weg von Angeboten, die sich nur mit Blick auf mögliche Wertsteigerung rechnen!

Tipp: Vor dem Kauf Rendite berechnen

Ein solides Investment in ein Mietobjekt beginnt mit der Überprüfung des Kaufpreises. Als Anhaltspunkt gilt: Bei einem Neubau sollte der Kaufpreis das 21- bis 22-Fache der jährlichen Nettokaltmiete nicht übersteigen, bei einem Altbau nicht das 15- bis 18-Fache. Denn nur in diesem Fall ergibt sich eine anfängliche Mietrendite vor Steuern von knapp 5 Prozent beim Neubau und knapp 6 Prozent beim Altbau. So viel Ertrag sollte ein Mietobjekt mindestens bringen, damit sich der Kauf zur Altersvorsorge lohnt. Um den Ertrag einer Anlage grob abzuschätzen, können Sie die Bruttorendite nach folgender Formel berechnen:

$$\frac{\text{Jahresnettokaltmiete} \times 100}{\text{Kaufpreis}} = \text{Bruttorendite}$$

Wie rentabel eine vermietete Immobilie im Einzelfall wirklich ist, wissen Sie aber erst, wenn Sie die Nettorendite mit Ihrem persönlichen Steuersatz ermitteln. Dazu bedienen Sie sich einfach folgender Formel:

Mieterträge – (Kosten + Zinsen) + Steuervorteile + Wertzuwachs = Nettorendite

Bauen mit Riester-Förderung

Einerseits kann das in einem Riester-Vertrag angesparte Kapital als Eigenkapital für den Bau oder Kauf einer selbst genutzten Immobilie entnommen werden. Andererseits können Eigenbeitrag und

Zulage auch direkt als Tilgung für ein entsprechend zertifiziertes Riester-Darlehen oder Riester-Bauspardarlehen eingesetzt werden.

Wer Eigenkapital benötigt, kann aus jedem Riester-Vertrag bis zu 100 Prozent des angesparten Vorsorgekapitals entnehmen – und zwar ohne dafür Zinsen zu zahlen oder das Geld später in den Vertrag zurückzahlen zu müssen. Die Entnahme aus einem Riester-Banksparplan, einer Riester-Rentenversicherung, einem Riester-Fondssparplan oder einem Riester-Bausparvertrag sowie der Einsatz eines Riester-Darlehens ist aber nur möglich, wenn mindestens 3000 Euro entnommen werden. Außerdem ist sie an Bedingungen geknüpft. Entnahme und/oder Tilgung sind nur möglich, wenn das Geld folgendermaßen genutzt wird:

- unmittelbar zur Anschaffung oder zum Bau einer selbst genutzten Wohnung oder eines Hauses,
- als Sondertilgung für ein bestehendes Darlehen, mit dem das Eigenheim finanziert wird, oder als Sondertilgung im Rahmen der Anschlussfinanzierung,
- zur Finanzierung behindertengerechter oder barrierefreier Umbauten selbst genutzter Immobilien, sofern innerhalb der ersten drei Jahre nach Anschaffung mindestens 6000 Euro dafür entnommen werden, bzw. mindestens 20.000 Euro, sofern die Umbauten später erfolgen. Zudem muss ein Sachverständiger bestätigen, dass mindestens 50 Prozent des Entnahmebetrags auf solche Umbauten entfällt.
- zum Erwerb von Geschäftsanteilen an einer eingetragenen Genossenschaft für die Selbstnutzung einer Genossenschaftswohnung,
- für den Erwerb von eigentumsähnlichem Dauerwohnrecht (zum Beispiel Erwerb eines lebenslangen Wohnrechts in einem Senioren- oder Pflegeheim).

Sie müssen dafür aber nicht alleiniger Eigentümer der Immobilie sein, auch ein Miteigentumsrecht ist ausreichend. Allerdings darf der Entnahmebetrag den Wert des Eigentumsanteils nicht übersteigen. Gut zu wissen: Der Grundstücksanteil muss dabei nicht

herausgerechnet werden.
Der Fiskus erkennt den vollen
Kaufpreis an.

Haus oder Wohnung müssen
allerdings der Lebensmittelpunkt des Vorsorgesparers

> **Achtung!**
>
> Die Förderung entfällt, wenn Sie Haus oder Wohnung
> unentgeltlich Ihren Angehörigen überlassen. Auch eine
> berufliche oder betriebliche Nutzung wird nicht toleriert.
> Riester-Förderung gibt es immer nur für den selbst ge-
> nutzten Teil der Immobilie.

sein. Sie müssen also selbst dort wohnen – auch im Alter. Nur wenn
Sie aus beruflichen Gründen vorübergehend in eine andere Stadt
umziehen müssen, wird auch eine Vermietung der Immobilie tole-
riert. Das gilt allerdings nur, wenn Sie bis Rentenbeginn in Ihr Haus
zurückkehren. Alles andere gilt als „schädliche Verwendung" und
hätte zur Folge, dass Sie die Förderung zurückerstatten und das
Guthaben nachversteuern müssten.

Wo das Haus steht, ist egal: Nach dem Urteil des Europäischen Gerichtshofs vom September 2009 müssen auch Immobilien jenseits
deutscher Grenzen gefördert werden, sofern sie sich innerhalb der
Europäischen Union befinden und der Förderberechtigte dort seinen Lebensmittelpunkt hat. Das bedeutet: Wenn Sie im Alter zum
Beispiel nach Mallorca ziehen, können Sie auch Ihre dortige Finca
mit Riester entschulden – selbst wenn Sie sie früher als Ferienhaus
vermietet haben. Auch Wanderarbeitnehmer und Grenzgänger
können ihre Immobilie jenseits deutscher Grenzen mit Riester-
Förderung finanzieren, sofern dieses Haus oder diese Wohnung ihr
Lebensmittelpunkt ist.

Grundsätzlich gilt: Wenn Sie die Riester-Förderung für Ihr Eigenheim nutzen, müssen Sie Haus oder Wohnung im Alter auch tatsächlich bewohnen – und zwar mindestens bis zum 85. Lebensjahr.
Das klingt unflexibel. Doch ein Verkauf des Hauses ist zum Beispiel
nicht immer förderschädlich: Wird der Verkaufserlös innerhalb der
folgenden vier Jahre (ab 2014: 5 Jahre) zum Erwerb einer neuen Immobilie eingesetzt, bleibt alles wie gehabt. Auch wenn Sie im Alter
lieber wieder zur Miete wohnen wollen, müssen Sie die erhaltene
Förderung nicht zwangsläufig zurückzahlen. Wird der Verkaufserlös
in einen anderen Riester-Geldrenten-Vertrag eingezahlt, ist alles

im Lot. Dann wird die Riester-Rente aus diesem Vertrag steuerlich erfasst. Und wenn der Riester-Bauherr stirbt, kann sein Ehepartner in der Immobilie wohnen bleiben und das Wohnförderkonto fortführen.

Bauherren und Käufer können aber nicht nur bereits angespartes Riester-Kapital bei der Baufinanzierung einsetzen. Sie können die Riester-Eigenbeiträge und die Zulagen vom Staat auch direkt zur Tilgung von Wohnungsbaudarlehen einsetzen. Voraussetzung ist lediglich ein zertifizierter Vertrag. Dabei gelten drei grundlegende Vertragsarten als förderfähig:

- Riester-Bausparverträge (siehe Kapitel 4, Seite 169),
- Riester-Tilgungsdarlehen (siehe Kapitel 4, Seite 171),
- Riester-Kombikredite.

Bei den Riester-Kombikrediten handelt es sich entweder um Bausparsofortfinanzierungen, in die ein Riester-Bausparvertrag eingebaut wurde, oder um Kombinationen aus endfälligem Darlehen und Riester-Rentenversicherung oder Riester-Banksparplan. Bei solchen Kombiverträgen spiegelt der Effektivzins des Darlehens allein allerdings nicht die komplette Kostenbelastung des Vertrags wider. Deshalb muss bei zertifizierten Kombiprodukten immer der Gesamteffektivzins der Vertragskombination angegeben werden. Mithilfe des Effektivzinses können Sie die Angebote der Bausparkassen den Konditionen von Riester-Tilgungsdarlehen mit vergleichbarer Laufzeit gegenüberstellen und so die kostengünstigste Förderung finden. Seit 2009 verlangen einige Bausparkassen für die Zwischenkredite nur äußerst geringe Zinsen, sodass ihre Effektivzinsangebote sehr günstig sind. Ob es dabei bleibt, gilt es immer wieder neu zu prüfen. Sonst bergen Riester-Kombikredite dieselben Risiken wie die ungeförderten Varianten.

Das Bauen mit Riester-Förderung kann sich durchaus lohnen, auch wenn die erhaltene Förderung auf einem separaten Konto verbucht und im Alter als Eigenheimrente versteuert werden muss. Doch Riester-Darlehen sind nicht unbedingt teurer als ungeförderte.

Dank Zulagen wird das Konto zudem schneller getilgt als ohne Förderung. Wer den Darlehensvertrag und sein Wohnförderkonto optimal gestaltet, kann erhebliche Finanzierungskosten sparen und letztlich – trotz Versteuerung im Alter – einen Vorteil bei der Finanzierung erzielen.

Damit das Wohnförderkonto später nicht unnötig aufgebläht wird, sollten Riester-Darlehen und/oder -Bausparverträge auf Ihre persönlichen Bedürfnisse zugeschnitten werden. Das bedeutet zunächst einmal: Wenn Sie mit Riester bauen wollen, sollten Sie prüfen, ob sich für Sie eher eine förderoptimale Vertragsgestaltung lohnt oder ob Sie die Förderhöchstsumme ausschöpfen wollen. Im ersten Fall fließt nur jener Betrag als Tilgungsleistung auf Ihr Konto, der für Sie persönlich nötig ist, um die volle Zulage zu erhalten. Das entspricht einer Leistung aus Eigenbeitrag und Zulagen in Höhe von 4 Prozent Ihres Vorjahresbruttoeinkommens. Für einen Bauherrn mit 40.000 Euro Bruttoverdienst sind das zum Beispiel 1.600 Euro pro Jahr, die als geförderte Leistung zur Darlehenstilgung eingesetzt werden und – sobald die Zulagenstelle und das Finanzamt die Förderung bestätigt haben – auf dem Wohnförderkonto verbucht werden.

✱ Beispiel: So rechnet der Fiskus bei der Eigenheimrente

Der Eigentümer eines Riester-geförderten Hauses geht mit 65 Jahren in Rente. Auf seinem Wohnförderkonto haben sich zu diesem Zeitpunkt 60.000 Euro angesammelt. Die zu zahlenden Steuern werden wie folgt berechnet: Der Kontostand – hier 60.000 Euro – wird durch die Anzahl der bis zum 85. Geburtstag vergehenden Jahre geteilt, hier 20 Jahre. Als Ergebnis müssen also jährlich 3.000 Euro versteuert werden. Bei einem Steuersatz von 25 Prozent sind jedes Jahr 750 Euro ans Finanzamt zu zahlen. In 20 Jahren also insgesamt 15.000 Euro. Bei Zahlung der Steuerschuld auf einen Schlag sind dank des Rabatts von 30 Prozent auf den Stand des Wohnförderkontos dagegen nur 42.000 Euro zu versteuern. Bei gleichem Steuersatz wären zu Rentenbeginn nur 10.500 Euro fällig.

In der Praxis erhöht die Einmalversteuerung des Wohnförderkontos jedoch den Steuersatz des Vorsorgesparers, weil er – außer der Eigenheimrente – meist noch andere steuerpflichtige Einkünfte hat. Je nach individueller Einkommensbelastung kann der ratenweise Abtrag der Steuerschuld auf die Eigenheimrente vorteilhafter sein, als es auf den ersten Blick aussieht. Da Eigenheimrentner ab 2014 aber jedes Jahr neu die Wahl haben, ob sie sich für die ratenweise Versteuerung oder die sofortige Tilgung der Steuer(-rest-)schuld mit Rabatt entscheiden, lohnt es sich aber, das jedes Jahr neu zu überprüfen. Das Plus bei Einmalzahlung: Stirbt der Förderberechtigte im späteren Rentenalter, müssen die Erben keine weiteren Lasten tragen. Anders dagegen bei ratenweiser Besteuerung. Dann muss der noch nicht getilgte Rest vom Förderkonto auf einen Schlag nachversteuert werden. Eine Ausnahme gilt nur für den überlebenden Ehepartner. Er kann das Wohnförderkonto einfach fortführen, wenn er die Immobilie weiter bewohnt.

Wichtig!

Falls Ihr Baugeldgeber eine solche förderoptimale Gestaltung des Vertrags bzw. des Wohnförderkontos nicht automatisch anbietet, können Sie selbst dafür sorgen, dass das Wohnförderkonto nicht unnötig aufgebläht oder mit falschen Zahlen gefüttert wird. Jeder Anbieter von Riester-Darlehen oder -Bausparvertrag ist verpflichtet, dem Zulageberechtigten jährlich eine Bescheinigung über die im Beitragsjahr abgelaufenen Tilgungsleistungen und die gutgeschriebenen Zulagen auszustellen. Sind Sie mit diesem Bescheid bzw. den darin getroffenen Feststellungen nicht einverstanden, können Sie bei der Zentralen Zulagenstelle für Altersvermögen (ZfA) einen Festsetzungsantrag mit entsprechend korrigierten Daten beantragen: www.zfa.deutsche-rentenversicherung-bund.de

Tipp: Beratungsmöglichkeiten in Anspruch nehmen

Die Auswahl des optimalen Vertragspartners und der günstigsten Vertragsgestaltung ist bei der Baufinanzierung mit Riester nicht ganz einfach. Sie sollten sich daher vor Abschluss der Verträge sorgfältig beraten lassen. Auch eine Prüfung, ob sich die Riester-Finanzierung unter Berücksichtigung des Wohnförderkontos lohnt, ist dringend zu empfehlen. Einige Verbraucherzentralen halten dafür einen Vergleichsrechner bereit. Dieser prüft, ob im individuellen Fall eine Finanzierung mit oder ohne Förderung die bessere Wahl ist – und wie sich die Finanzierung optimieren lässt. Die Adressen der Verbraucherzentralen finden Sie auf Seite 264.

Wenn Sie allerdings dank Riester-Sonderausgabenabzug (siehe hierzu Kapitel 1, Seite 19) zusätzlich zur Zulage Anspruch auf Steuererstattungen haben und diese ebenfalls zur Tilgung des Riester-Darlehens einsetzen wollen, können Sie Beiträge bis zum Förderhöchstbetrag von 2.100 Euro auf das Kreditkonto fließen und auf dem Wohnförderkonto verbuchen lassen. Entsprechend höher ist allerdings die Steuerschuld, die Sie im Alter als Eigenheimrente abstottern müssen. Deshalb lohnt sich das Ausschöpfen der Förderhöchstgrenze nur, wenn zusätzlich zur Zulage erstens nennenswerte Steuerersparnisse winken. Das hängt also entscheidend vom individuellen Einkommen ab. Zweitens sollte die Steuernachzahlung – nach Überweisung auf das persönliche Girokonto durch das Finanzamt – auch wirklich als Sondertilgung auf den Riester-Darlehensvertrag fließen. Nur dann ist die Ausnutzung der Förderhöchstgrenze finanziell wirklich sinnvoll.

Gut zu wissen: Auf dem Wohnförderkonto wird die Steuererstattung nicht extra verbucht. Sie ist in dem erfassten Förderhöchstbetrag bereits enthalten. Denn sie ist ja nur der Ausgleich dafür, dass im individuellen Fall die Zulagen nicht ausreichen, um die geleisteten

Kein Baugeld bei betrieblicher Altersvorsorge

Wenn Sie die Riester-Zulage über die betriebliche Altersvorsorge nutzen, können Sie kein Geld aus der Altersvorsorge zur Finanzierung des Eigenheims einkalkulieren. Denn das Wohn-Riester-Modell ist bei Betriebsrenten nicht zulässig. Der Grund: Selbst eine vorübergehende Kapitalentnahme würde erhebliche Zinsverluste bedeuten. Damit darf das Kollektiv der Betriebsrentner nicht belastet werden. Im Gegenzug bieten betriebliche Versorgungswerke ihren Mitgliedern aber oft zinsverbilligte Darlehen als Baugeld an.

Eigenbeiträge komplett steuerfrei zu stellen. Einziges Problem: Nicht jeder Anbieter von Riester-Darlehen lässt solche Sondertilgungen kostenlos zu. Einige verlangen dafür einen Zinszuschlag, andere sehen Mindestbeiträge für solche Sondertilgungen vor.

Im Überblick: häufige Finanzierungsfehler

- **Als Selbstnutzer Eigenkapital zurückhalten.** Wenn Sie beim Hauskauf Ihre Konten nicht leeren, schaden Sie sich selbst: Zum einen müssen Sie mehr Kredit aufnehmen, als Sie eigentlich brauchen. Das erhöht die Kreditkosten. Zum anderen zahlen Sie für den Kredit höhere Zinsen, als Sie für Geldanlagen bekommen – das verteuert die Finanzierung zusätzlich. Unterm Strich erreichen Sie das Ziel – nämlich das Eigenheim zügig zu entschulden – dadurch später als eigentlich nötig.
- **Keine Rücklagen für Notfälle bilden.** Trotzdem dürfen Sie nicht das gesamte verfügbare Geld in den Immobilienkauf stecken. Sonst gefährdet jede größere außerplanmäßige Ausgabe das Objekt.
- **Sparen trotz Kreditrückzahlung.** Wer einen Kreditvertrag bedient und parallel dazu fürs Alter spart, handelt als Eigenheimbesitzer unprofessionell. Denn ein Kredit kostet immer mehr Sollzinsen als Sparanlagen netto einbringen. Deshalb sollte zunächst jeder freie Euro zusätzlich in die Tilgung fließen. So sparen Sie Kredit-

kosten und beschleunigen die Rückzahlung. Die private Zusatzrente bauen Sie nach der Entschuldung des Eigenheims auf.

■ **Als Selbstnutzer zu langsam tilgen.** Um den Vorteil des mietfreien Wohnens im Alter zu nutzen, muss Ihr Eigenheim spätestens zu Beginn des Ruhestands vollständig entschuldet sein. Das
klappt meist nur, wenn das Baugeld von Anfang an mit mehr als
1 Prozent Tilgung zurückgezahlt wird.

■ **Keine Sondertilgungen vereinbaren.** Allerdings gilt auch: Eine zu
hohe Tilgungsrate senkt zwar die Gesamtkosten des Darlehens,
macht aber unflexibel. Besser ist ein Tilgungssatz von 1 oder
2 Prozent mit der Option, die Rate zu verändern und eine jährliche Sondertilgung leisten zu können. Vorteil dieser Strategie:
Die Pflichtrate ist gering, doch es besteht die Option, die Schulden mit einem Schlag spürbar zu senken.

■ **Nur noch an den Schuldenabbau denken.** Das Abtragen der
Schulden kann für Jahre zum Wichtigsten im Leben werden.
Dabei gerät schnell aus dem Blick, dass das Leben nicht erst im
schuldenfreien Haus anfängt. Gönnen Sie sich trotz Schuldentilgung auch mal einen Urlaub und sonstige kleine Lebensfreuden!

■ **Zu kurze Zinsbindung wählen.** Zeiten extrem niedriger Zinsen
sollten Sie für langfristige Verträge nutzen. Es bietet sich dann
sogar eine Zinsbindung von 15 Jahren oder mehr an. Denn ab
einer Festschreibungszeit von über zehn Jahren können Bauherren den Kredit ab dem elften Jahr vorzeitig neu vereinbaren.
Damit bleiben fünf Jahre oder mehr, um einen günstigen Zeitpunkt fürs Anschlussdarlehen zu finden.

■ **Zu stark aufs Bausparen setzen.** Ein Bausparvertrag kann ein
Hypothekendarlehen nur ergänzen, aber nie ersetzen. Denn die
Monatsbelastung bei Rückzahlung des Bauspardarlehens ist
hoch. Zum Vergleich: Eine Standardrückzahlung von 0,6 Prozent
der Bausparsumme kostet monatlich so viel wie ein vergleichbarer Bankkredit mit rund 11 Prozent Annuität. Wenn Sie Ihr Haus
nur mit Bausparverträgen finanzieren, strapazieren Sie daher auf
Dauer die Haushaltskasse zu stark.

■ **Aufteilung in zwei Verträge.** Wer seine Darlehen in eine fünf- und
eine zehnjährige Zinsbindung aufteilt, ist nach Ablauf der fünf

Jahre fast immer an seine bisherige Bank gebunden. Ein fremdes Finanzhaus wird einen kleinen Darlehensteil nicht nachrangig zu sehr guten Konditionen finanzieren. Das weiß auch die alte Bank – und bietet das Folgedarlehen zu etwas höheren Zinsen an.

■ **Mit Disagio finanzieren.** Wer sich Baugeld nicht voll auszahlen lässt, sondern nur zu 95 oder 90 Prozent, dem wird als Ausgleich oft ein verlockend niedriger Nominalzins geboten. Doch Vorsicht: Das Disagio bläht Ihren Schuldenberg künstlich auf und täuscht – dank der optisch niedrigen Monatsbelastung – über die wahren Kosten des Kredits hinweg. Über die gesamte Laufzeit betrachtet, ist das Disagiomodell daher immer teurer als eine normale Baufinanzierung mit 100 Prozent Auszahlung.

■ **Als Vermieter zu viel Eigenkapital einsetzen.** Wer Haus oder Wohnung zur Geldanlage kauft, sollte immer nur den Betrag an Eigenkapital hineinstecken, auf dessen Zinsertrag er bei anderweitiger Geldanlage Steuern zahlen müsste. Für das übrige Geld sind die steuerfrei vereinnahmten Kapitalerträge allemal höher als der steuerlich absetzbare Baugeldzins.

7 Die staatliche Sparförderung

Bereits 1998 hat sich der Gesetzgeber dazu entschlossen, auch die staatliche Sparförderung gegebenenfalls in den Dienst der privaten Altersvorsorge zu stellen. Die staatliche Sparförderung dient zwar primär der Vermögensbildung. Doch niemand hindert Sparer und Anleger, das mit staatlicher Förderung aufgebaute Vermögen später ebenfalls für die Altersvorsorge einzusetzen. Außer der Förderung des reinen Vorsorgesparens, die in den Jahren seit 2002 in Form der Riester- und Rürup-Rente sowie der Förderung der betrieblichen Altersvorsorge eingeführt wurde, gibt es vier weitere Förderkörbe, die Arbeitnehmer allein für die Sparförderung nutzen können: Zwei Körbe hält das Vermögensbildungsgesetz bereit, hinzu kommt die steuerliche Förderung (nach § 3 Nr. 39 Einkommensteuergesetz) für unmittelbare Beteiligungen am arbeitgebenden Unternehmen und die Förderung nach dem Wohnungsbau-Prämiengesetz.

Diese Anlageformen fördert der Staat

Förderung nach dem Vermögensbildungsgesetz			Wohnungsbau-Prämiengesetz
Höchstbetrag pro Jahr: 400 Euro Zulage: 20 %		Höchstbetrag pro Jahr: 470 Euro Zulage: 9 %	Höchstbetrag pro Jahr: Ledige: 512 Euro Ehepaare: 1.024 Euro Prämie: 8,8 %
Wertpapiere	Beteiligungen*) am arbeitgebenden Unternehmen	Wohnungsbau	Wohnungsbau
börsennotierte Aktien	Belegschaftsaktien	Bausparvertrag	Bausparvertrag
Aktienfonds mit mind. 60 % Aktienanteil	GmbH-Anteil	Anteile an Bau- und Wohnungsgenossen-schaften (Ersterwerb)	Anteile an Bau- und Wohnungsgenossen-schaften (Ersterwerb)
Wandelanleihen (börsennotiert oder vom Arbeitgeber)	stille Beteiligung	direkte Aufwendungen zum: – Bau, Erwerb oder Ausbau von Wohngebäuden oder Eigentumswohnungen – Erwerb von Dauerwohnrechten – Erwerb von Grundstücken zum Wohnungsbau	Wohnungs-bausparvertrag
Mitarbeiter-genussscheine	Mitarbeiterdarlehen		Kapitalansammlungs-vertrag mit Wohnungs-bau- oder Siedlungs-unternehmen
Gewinnschuldverschreibungen des Arbeitgebers	Genussrechte		
Genossenschaftsanteile am arbeitgebenden Unternehmen, an Kreditgenossenschaften oder bestimmten Wohnungsbaugenossenschaften	indirekte Beteiligung, Mitarbeiter-beteiligungsfonds		

*) Bei verbilligter Überlassung bleibt zusätzlich ein Rabatt bis 360 Euro pro Jahr nach § 3 Nr. 39 EStG steuerfrei.
(Quelle: eigene Zusammenstellung; Stand: August 2013)

Das Vermögensbildungs-
gesetz

Kleinvieh macht auch Mist. Das wissen rund 14 Millionen Arbeitnehmer zu schätzen, die jährlich vermögenswirksame Leistungen (vL)
vom Arbeitgeber einstreichen und dafür obendrein noch die staatliche Sparzulage kassieren. Sie können fast zum Nulltarif ein kleines
Vermögen aufbauen, wenn sie verschiedene Fördertöpfe geschickt
kombinieren. Der Clou dabei: Viele Arbeitgeber zahlen ihren Mitarbeitern die vermögenswirksamen Leistungen ganz oder teilweise
zusätzlich zum Gehalt.

Ob und wie viel Geld der Betrieb seinen Mitarbeitern für die Vermögensbildung spendiert, ist im Tarifvertrag oder einer Betriebsvereinbarung geregelt. Im Schnitt stehen Angestellten, Arbeitern,
Beamten, Azubis sowie Berufs- und Zeitsoldaten je nach Branche
zwischen 6,45 und 40 Euro im Monat zu. Das Geld fließt aber nur,
wenn Sie als Arbeitnehmer einen speziellen Vertrag dafür abschließen und Ihren Arbeitgeber anweisen, die vL-Gelder direkt darauf zu
überweisen. Dann wird sechs Jahre lang gespart. Anschließend ruht
der Vertrag für ein Jahr, bevor Sie über das gebildete Vermögen frei
verfügen können.

Bei der Auswahl des Vertrags haben Sie als Arbeitnehmer grundsätzlich freie Wahl: Das Geld kann auf einen Bank- oder Bauspar-
plan sowie in eine Kapitallebensversicherung fließen, in Investmentfonds oder Mitarbeiterbeteiligungen angelegt werden oder
sogar zur Tilgung eines Baudarlehens dienen. Nicht alle diese
Sparformen werden jedoch auch vom Staat gefördert. Die staatliche
Sparzulage gibt es nur, wenn das Geld in die als „förderungswür-
dig" eingestuften Sparformen fließt (siehe Seite 211). Dazu zählen
vor allem Aktienfondssparpläne und Mitarbeiterbeteiligungen
sowie Bausparverträge. Dann legt der Staat auf das Geld vom Chef
noch eine Arbeitnehmersparzulage obendrauf.

Die Höhe der Sparzulage beträgt laut Vermögensbildungsgesetz
seit 2009:

- 20 Prozent, wenn das Geld in sogenannte **Beteiligungen am Produktivvermögen** fließt – zum Beispiel Aktien, Aktienfonds oder
  unmittelbare Beteiligungen am arbeitgebenden Unternehmen.
  Gefördert wird eine jährliche Sparleistung von maximal 400 Euro
  je Arbeitnehmer. Auf diesen Sparbetrag legt der Staat dann
  20 Prozent drauf. Das sind pro Jahr maximal 80 Euro.
- 9 Prozent, wenn das Geld zum Erwerb von **Wohneigentum** verwendet wird. Gefördert wird zum Beispiel das Bausparen. Aber
  auch an der Entschuldung des Eigenheims beteiligt sich der
  Staat – vorausgesetzt, die vermögenswirksamen Leistungen fließen direkt an den Baufinanzierer. Gefördert wird eine jährliche
  Sparleistung von maximal 470 Euro je Arbeitnehmer. Die Zulage
  beträgt daher im Höchstfall 42,30 Euro pro Jahr.

So viel Förderung gibt es maximal*)

| | Arbeitnehmersparzulage | | Wohnungsbauprämie |
	Aktienfonds	Bausparen	Bausparen
Geförderter Sparbetrag pro Jahr	400 €	470 €	512 €
Förderung in %	20	9	8,8
Höchstförderung pro Jahr	80 €	42,30 €	45,06 €

*) Förderung bei einem Arbeitnehmer; ein Ehepaar kann die doppelte Leistung erzielen, wenn beide beschäftigt sind.
(Quelle: eigene Zusammenstellung; Stand: August 2013)

Als vermögenswirksame Leistungen gelten in erster Linie Beträge,
die der Arbeitgeber aufgrund eines Tarifvertrags, einer Betriebsvereinbarung oder eines Einzelarbeitsvertrags zusätzlich zum Gehalt
gewährt. Als Arbeitnehmer können Sie auch Teile Ihres Arbeitslohns
dafür verwenden. In diesem Fall teilen Sie der Personalabteilung
einfach mit, dass ein Teil Ihres Gehalts nicht ausgezahlt wird,
sondern direkt in ein oder zwei vL-Sparverträge fließt. Insgesamt
fördert der Staat seit 2009 einen Anlagebetrag von maximal
870 Euro pro Jahr nach dem Vermögensbildungsgesetz. Um diesen

Höchstbetrag auszuschöpfen, müssen die ersten 400 Euro in einen Beteiligungssparvertrag und weitere 470 Euro in die Wohnungsbauförderung fließen.

❗ Achtung!

Wenn Sie vermögenswirksam sparen und obendrein Sparzulage kassieren, legen Sie sich für sieben Jahre fest. In dieser Zeit können Sie weder über das Geld verfügen, noch dürfen Sie den Sparvertrag kündigen oder an Dritte verkaufen. Nur in folgenden Ausnahmefällen können vL-Sparer vorzeitig über ihre Spargroschen samt Zulage verfügen:

- Arbeitslosigkeit von mehr als einem Jahr,
- Heirat mehr als zwei Jahre nach Vertragsabschluss,
- Gründung einer selbstständigen Existenz,
- Erwerbsunfähigkeit von mehr als 90 Prozent,
- die Erben bei Tod des Sparers.

Arbeitnehmer werden übrigens nur dann vom Staat gefördert, wenn das zu versteuernde Einkommen bestimmte Grenzen nicht überschreitet. Anfang 2009 wurden die Grenzen beim Beteiligungssparen auf ein zu versteuerndes Einkommen von 20.000 Euro für Ledige und 40.000 Euro für Ehepaare festgelegt. Für das Bausparen nach dem Vermögensbildungsgesetz gelten niedrigere Grenzen: Hier darf das zu versteuernde Einkommen jährlich 17.900 Euro für Ledige bzw. 35.800 Euro für Ehepaare nicht überschreiten. Für Ehepaare mit Kindern erhöhen sich die Grenzen, denn bei ihnen kommen die kompletten Kinderfreibeträge von 3.504 Euro beim Single bzw. 7.008 Euro beim Ehepaar pro Kind noch mit obendrauf.

Die staatliche Sparförderung allein ist aber noch keine Garantie dafür, dass die Spargroschen bei jedem Angebot sicher und rentabel angelegt sind. Vor Abschluss eines vL-Vertrags sollten Sie deshalb erst einmal einen kritischen Blick auf die zur Auswahl stehenden Anlageformen werfen und Chancen

---

✱ Beispiel

Angenommen, vL-Leistungen in Höhe von 400 Euro jährlich fließen in einen Fondssparvertrag zu 5 Prozent Zinsen. Zusammen mit der Sparzulage stehen dann nach sieben Jahren rund 3.414 Euro auf dem Konto. Wer diesen Betrag stehen lässt und das vL-Sparen für weitere vier aufeinander folgende Sparverträge fortsetzt, hat nach 31 Jahren ein Endkapital von über 33.347 Euro zusammengespart. Allein 2.400 Euro davon stammen aus der verzinslich angelegten Sparzulage.

Bleibt das Geld auf dem zu 5 Prozent verzinsten Fondskonto stehen, kann der vL-Sparer als Rentner zum Beispiel monatlich rund 139 Euro entnehmen, ohne dass er das Kapital antasten muss. Mit Kapitalverzehr fällt das Rentenzubrot, das im Idealfall nur aus vL-Leistungen des Arbeitgebers und der staatlichen Sparzulage entstanden ist, sogar noch höher aus.

Einkommensgrenzen

Familien-stand	Anzahl der Kinder	Maximal zu versteuerndes Einkommen*) in Euro pro Jahr für		
		Sparzulage (investiert in) Wohnwirtschaftliche Zwecke	Sparzulage (investiert in) Beteiligungssparen	Wohnungsbauprämie
Ledig	0	17.900	20.000	25.600
	1	21.404	23.504	29.104
	2	24.908	27.008	32.608
	3	28.412	30.512	36.112
Verheiratet	0	35.800	40.000	51.200
	1	42.808	47.008	58.208
	2	49.816	54.016	65.216
	3	56.824	61.024	72.224

*) = Bruttoeinkommen abzüglich sämtlicher steuerlich absetzbarer Beträge (exkl. Kinderfreibetrag)
(Quelle: eigene Zusammenstellung; Stand: August 2013)

und Risiken der einzelnen Produkte abwägen. Optimal investiert ist
das Geld nur, wenn die Anlage auch zu Ihren persönlichen Vorsorgezielen und Ihrer individuellen Risikoneigung passt.

Das Vermögensbildungsgesetz ist nicht speziell auf langfristige
Vermögensbildung für das Alter ausgerichtet. Es hilft aber dabei,
dieses Ziel zu erreichen. Offiziell muss das Geld lediglich sieben
Jahre lang festgelegt werden. Wenn Sie das Ersparte anschließend
nicht verbrauchen, sondern stehen lassen, legen Sie nicht nur den
ersten Baustein für die eigene Altersvorsorge. Je nach gewählter
Anlageform wird aus den kleinen monatlichen Sparbeträgen über
die Jahre hinweg sogar ein ganz ansehnliches Vermögen.

Altersvorsorgewirksame Leistung (AVWL) statt vermögenswirksame Leistung (vL)

Neuerdings gibt es immer mehr Tarifverträge, die eine Umwidmung der vermögenswirksamen Leistungen vom Arbeitgeber vorsehen. In diesen Fällen wird dann nicht mehr die Vermögensbildung, sondern der Aufbau einer zusätzlichen Altersvorsorge mit dem Geld vom Arbeitgeber gefördert. Eine solche Änderung haben zum Beispiel die Tarifvertragsparteien der Chemieindustrie vereinbart sowie die IG Metall.

Die vermögenswirksamen Leistungen vom Arbeitgeber können dann – je nach Tarifvertrag – entweder in eine betriebliche Altersvorsorge fließen oder bisweilen auch auf einen privaten Riester-Vertrag. Das hört sich gut an, hat für pflichtversicherte Mitglieder der gesetzlichen Krankenkassen jedoch auch einen Nachteil: Auf die mit den vL-Beiträgen vom Arbeitgeber aufgebauten Renten fordern die Krankenkassen später den vollen Beitrag für Kranken- und Pflegeversicherung (Arbeitgeber- und Arbeitnehmeranteil) – und zwar egal, ob es sich um eine betriebliche oder eine private Zusatzrente handelt. Ob das juristisch haltbar ist, werden – zumindest bei der privaten Riester-Rente – später vermutlich die Gerichte entscheiden. Dennoch sollten Sie mit spitzem Bleistift rechnen, ob sich die Mitnahme des Arbeitgeberzuschusses in diesem Fall lohnt. Von der staatlichen Sparförderung können Sie als Arbeitnehmer schließlich auch ohne vL-Leistung vom Arbeitgeber profitieren. Denn der Beitrag dafür kann auch dem eigenen Gehalt entnommen werden. Und die mit staatlicher Hilfe aufgebauten Vermögensleistungen sind nach geltendem Recht immerhin sozialabgabenfrei.

Steuerliche Förderung von Mitarbeiterbeteiligungen

Wer sich dazu entschließt, seine vL-Sparleistungen nicht in Wertpapiere oder einen Bausparvertrag, sondern direkt in das arbeitgebende Unternehmen zu investieren, kann noch mehr verdienen. Denn wenn der Arbeitgeber seinem Arbeitnehmer die Unternehmensbeteiligung mit Rabatt überlässt, bleiben bis zu 360 Euro

„geldwerter Vorteil" – wie der Fiskus das nennt – pro Jahr steuer-
und sozialabgabenfrei. Obendrein können Beteiligungssparer –
zusätzlich zum Preisnachlass vom Arbeitgeber – auch noch
20 Prozent Sparzulage vom Staat erhalten. Damit verdoppelt sich
der Anlagevorteil nahezu.

Vermögensbildende Mitarbeiterbeteiligungen sind vor allem in
Form von Belegschaftsaktien weit verbreitet. Viele Aktiengesell-
schaften verkaufen ihren Mitarbeitern zum Beispiel Aktien des
eigenen Unternehmens zu einem Preis, der deutlich unter dem jeweiligen Börsenkurs liegt. Das Gleiche gilt für Genussscheine oder
Gewinnschuldverschreibungen der arbeitgebenden Firma sowie für
stille Beteiligungen oder GmbH-Anteile am arbeitgebenden Betrieb.
Früher lohnten sich solche Beteiligungen nur, wenn Ertragslage und
Bonität des Arbeitgebers stimmten. Machte die Firma Pleite, war
oft nicht nur der Job weg, sondern auch das Ersparte verloren. Um
dieser Gefahr vorzubeugen, sieht das Gesetz seit 1999 vor, dass alle
Mitarbeiterbeteiligungen für den Fall der Zahlungsunfähigkeit abgesichert werden müssen. Sicherheitshalber sollten Sie als Arbeitnehmer vor Abschluss einer solchen Beteiligung aber noch einmal
nachfragen, ob bereits eine Insolvenzsicherung eingerichtet wurde.

Zudem gilt: Auch der Insolvenzschutz schützt nicht vor Vermögens-
verlusten, falls zum Beispiel die Aktie des arbeitgebenden Unternehmens an Wert verliert. Aus diesem Grund hat der Gesetzgeber
2009 auch sogenannte Mitarbeiterbeteiligungsfonds zugelassen.
In diesen Fonds sollen die Gelder von mehreren Unternehmen mit
Mitarbeiterkapitalbeteiligung gebündelt werden, was Arbeitnehmern
eine größere Risikostreuung bescheren kann. Infolge der restriktiven
Bedingungen lässt die Auflage solche Mitarbeiterbeteiligungsfonds
jedoch bislang auf sich warten.

Für Belegschaftsaktien (und andere Mitarbeiterbeteiligungen)
gibt es allerdings keinen Sparvertrag und auch keinen generellen
Rechtsanspruch – es sei denn, im Unternehmen existieren entsprechende Betriebsvereinbarungen oder die Mitarbeiterbeteiligung
wird per Tarifvertrag festgelegt. Sonst müssen Arbeitnehmer mit

Angenommen, der Arbeitgeber überlässt seinem Mitarbeiter Belegschaftsaktien im Wert von 1.100 Euro mit einem Rabatt von 360 Euro. Den ermäßigten Preis für die Aktien in Höhe von 740 Euro bezahlt der Arbeitnehmer mit vermögenswirksamen Leistungen. Die Aktien werden auf ein separates Depot gebucht, das mit einer Sperrfrist von sechs Jahren versehen ist. So lange darf der Arbeitnehmer nicht über die Belegschaftsaktien verfügen.

Da er auf den Rabatt in Höhe von 360 Euro keine Steuern und Sozialabgaben zahlen muss, fließt dem Arbeitnehmer im Grunde ein weit höherer Vermögensvorteil zu. Denn er spart – bei einem Steuersatz von 20 Prozent und einem Sozialabgabenanteil von 20 Prozent – glatt 144 Euro. So viel hätte er brutto mehr verdienen müssen, um aus eigenen Mitteln Aktien im Wert von 360 Euro zu kaufen. Hinzu kommen 80 Euro staatliche Sparzulage auf die angelegten vermögenswirksamen Leistungen. Damit steigt der Wert der Anlage – ohne etwaige Kursgewinne und Dividendenzahlungen – rein rechnerisch auf brutto 1.324 Euro (740 Euro vL-Leistungen, gegebenenfalls bezahlt vom Arbeitgeber als Zuschuss zum Gehalt plus 360 Euro Rabatt auf den Kaufpreis plus 80 Euro Sparzulage plus 144 Euro ersparte Steuern und Sozialabgaben).

ihrem Brötchengeber jedes Jahr neu verhandeln, ob sie Belegschaftsaktien erwerben und den Kaufpreis mit vermögenswirksamen Leistungen und gegebenenfalls einem Rabatt verrechnen können. Das Gleiche gilt für andere Beteiligungen am arbeitgebenden Unternehmen oder Mitarbeiterbeteiligungsfonds. Auch die Sperrfrist, die laut Vermögensbildungsgesetz für solche Anlagen gilt, wird für jede Beteiligung neu festgesetzt. Sie beträgt jeweils sechs Jahre und beginnt immer am 1. Januar des Jahrs, in dem der Kauf erfolgt.

Wohnungsbau-Prämiengesetz

Wer bereit ist, mehr als die vermögenswirksamen Leistungen auf die hohe Kante zu legen, kann zusätzlich einen Bausparvertrag abschließen. Auf jährliche Einzahlungen bis zu 512 Euro (Ledige) oder 1.024 Euro (Ehepaar) legt der Staat nochmals 8,8 Prozent Wohnungsbauprämie obendrauf. Von diesem vierten Fördertopf profitieren alle Personen, die das 16. Lebensjahr vollendet haben – also auch Auszubildende. Darüber hinaus liegen die Grenzen für das Einkommen deutlich höher als bei der Sparzulage. Den Zuschuss vom Staat erhalten Ledige bis zu einem zu versteuernden Einkommen von 25.600 Euro und Ehepaare bis zu einem zu versteuernden Einkommen von 51.200 Euro. Sofern Kinder vorhanden sind, kommen der Kinderfreibetrag und die Freibeträge für Betreuung, Erziehung und Ausbildung einkommenserhöhend hinzu. Für eine Familie mit zwei Kindern kann die Einkommensgrenze damit immerhin auf ein zu versteuerndes Einkommen von 65.216 Euro pro Jahr steigen.

Die Bausparförderung ist allerdings nur bedingt als Altersvorsorge geeignet. Zwar

[] **Tipp: Vertrag den persönlichen Zielen anpassen**

Um das Geld vom Staat optimal zu nutzen, sollten Sie sich als Bausparer vor Abschluss des Vertrags über Ihre Bausparziele klar werden. Denn das Sparziel ist letztlich entscheidend, wenn es Bausparsumme und Tarif auszuwählen gilt. Bauwillige sollten einen Tarif mit 40 Prozent Ansparleistung und hohem Darlehensanspruch sowie niedrigem Darlehenszins wählen. Die optimale Vertragssumme hängt von der Sparleistung ab. Sie sollte bei geförderten Verträgen aber nicht mehr als 10.000 bis 20.000 Euro betragen.

Junge Bausparer, die lediglich die staatliche Förderung mitnehmen wollen (Renditesparer), wählen dagegen einen Tarif mit 50 Prozent Ansparleistung und hohem Guthabenzins. Um die Sparleistung zu optimieren, sollte die Vertragssumme so klein wie möglich gehalten werden. Wird nur für den Erhalt der Sparzulage gespart, sind Vertragssummen bis maximal 5.000 Euro optimal. Sonst dauert es zu lange, bis der Vertrag zugeteilt wird. Ideal sind Tarife, die einen Zinszuschlag bei Darlehensverzicht gewähren und in diesem Fall auch die Abschlussgebühr erstatten oder zumindest reduzieren.

kann die Bausparprämie die Rendite sonst eher mager verzinster Verträge deutlich nach oben hebeln. Außerdem wächst das Bausparkapital mit der Prämie schneller, sodass das preiswerte Bauspardarlehen früher zugeteilt werden kann – sofern Eigenheimwünsche bestehen. Für alle Verträge, die seit 2009 neu abgeschlossen werden, gilt jedoch: Förderung erhalten nur jene Bausparer, die das Geld auch wohnwirtschaftlich nutzen, sich also eine Eigentumswohnung oder ein Eigenheim zulegen oder das Geld zum Aus- oder Umbau eines bestehenden Hauses nutzen oder es zur Modernisierung einsetzen. Als reinen Sparvertrag können nur unter 25-Jährige den Bausparvertrag noch nutzen. Nur für sie lohnt sich der sogenannte Renditebausparvertrag.

Im Überblick: das Wichtigste rund um die staatlichen Sparzulagen

Die vier verschiedenen Fördertöpfe lassen sich natürlich auch kombinieren. Arbeitnehmer, die jedes Jahr den vollen Betrag von 1.382 Euro sparen, können dann bis zu 167,36 Euro staatliche Zulage sowie eventuell weitere 360 Euro vom Arbeitgeber kassieren. Ehepaare, die beide berufstätig sind, erhalten für die doppelte Sparleistung auch glatt das Doppelte an Zulagen. Auf diese Weise lässt sich die Vermögensbildung beschleunigen und damit auch das Polster für die Altersvorsorge kräftig aufpumpen. Denn neben Zins- und Zinseszins gibt es in sieben Jahren pro Sparer knapp 1.170 Euro Zulage vom Staat. Auf diesen Anspruch zu verzichten hieße bares Geld zu verschenken.

Kein Wunder daher, dass Bausparkassen und Fondsgesellschaften schon seit Jahren regelrecht um die Gunst von vL-Sparern buhlen und Kombiprodukte zur optimalen Ausnutzung der Förderung bieten. Meist handelt es sich um ein Doppelpack aus Aktienfonds-sparplan plus Bausparvertrag. Die Produkte von der Stange bieten allerdings selten den bestmöglichen Ertrag. Dabei lässt sich ein maßgeschneidertes Paket auch leicht selbst schnüren: mit einem individuell angepassten Bausparvertrag, einem renditestarken Aktienfonds oder einem Depot mit Belegschaftsaktien.

Hier noch einmal zusammgefasst die wichtigsten Aspekte, die es zu beachten gilt:

■ Prüfen Sie, ob Ihr zu versteuerndes Einkommen – also Jahres-gehalt abzüglich Werbungskosten, Freibeträgen, Vorsorgeauf-wendungen etc. – unter 20.000 Euro (Singles) oder 40.000 Euro (Ehepaare) liegt. Wenn ja, dann haben Sie Anspruch auf die Arbeitnehmersparzulage. Bezuschusst wird eine jährliche Spar-leistung von maximal 870 Euro. Den Höchstbetrag schöpfen Sie aus, wenn Sie 400 Euro in Beteiligungssparformen und 470 Euro in einen Bausparvertrag oder andere wohnwirtschaftliche Anla-gen investieren.

- Egal für welche Anlage Sie sich entscheiden: Schließen Sie einen Sparvertrag mit sechsjähriger Spardauer und einem Jahr Ruhefrist bzw. sieben Jahren bei Bausparverträgen ab. Sonst gibt es keine Förderung.
- Im Idealfall zahlt Ihr Arbeitgeber eine monatliche vL-Sparrate von rund 40 Euro zusätzlich zum Gehalt. Bisweilen gibt es aber auch nur 6, 13 oder rund 26 Euro vL-Zulage vom Chef. Den Restbetrag steuern Sie dann aus eigenen Mitteln bei.
- Stellen Sie jedes Jahr, und zwar erstmals im Jahr nach Vertragsabschluss, beim Finanzamt zusammen mit Ihrer Steuererklärung einen Antrag auf Sparzulage. Den Antrag auf Wohnungsbauprämie erhalten Sie dagegen direkt von der Bausparkasse, welche die Daten ans Finanzamt weiterleitet.
- Legen Sie dem Antrag immer eine Bescheinigung der Bank oder des Anlageinstituts über den Sparvertrag sowie die Höhe der angelegten vL-Zahlungen bei.
- Ob Sie für jedes Jahr Sparzulage erhalten, steht im Steuerbescheid. Ausgezahlt wird das Geld vom Staat allerdings erst nach Ablauf der siebenjährigen Sperrfrist – und zwar nachträglich auf einen Schlag. Das gilt auch für die Wohnungsbauprämie.
- Entfällt die Sparzulage innerhalb der Vertragsdauer, weil Sie die Einkommensgrenzen überschreiten, sollten Sie den Vertrag dennoch fortführen. Bereits bewilligte Zulagen aus früheren Jahren bleiben dann erhalten.

8 Diese Steuern zahlen Sie als Rentner

Nie wieder Ärger mit dem Finanzamt, keine komplizierten Formulare für die Steuererklärung mehr ausfüllen – viele Sozialrentner konnten sich diesbezüglich bis 2005 bei Beginn des Ruhestands entspannt zurücklehnen. Doch so bequem wie die frühere Rentnergeneration haben es Senioren heute nicht mehr: Die neue geförderte Altersvorsorge und die Reform der Rentenbesteuerung im Jahr 2004 sorgen längst dafür, dass der lästige Papierkrieg mit dem Finanzamt bis ins hohe Alter hinein bestehen bleibt. Die Ruheständler von morgen sind voraussichtlich noch stärker betroffen. Denn die meisten werden eine „Patchworkrente" erhalten, die aus vielen verschiedenen Bausteinen besteht: ein bisschen Staatsrente, ein bisschen Betriebsrente, eine private Zusatzversorgung und vielleicht noch Erträge aus Kapitalvermögen und Mieteinnahmen. Ähnlich sieht es bei Pensionären aus, die als ehemalige Beamte lediglich auf die Betriebsrente verzichten müssen.

Das Problem: Zumindest nach heute geltendem Steuerrecht werden die verschiedenen Rentenbausteine höchst unterschiedlich besteuert. Ob vom bunten Einkommensmix im Alter netto mehr als jetzt übrig bleibt, hängt folglich auch von der richtigen und rechtzeitigen Steuergestaltung ab. Doch die ist gar nicht so einfach.

Besteuerung der staatlichen Rente und der Basisvorsorge

Seit Einführung des Alterseinkünftegesetzes (AltEinkG) im Jahr 2005 gelten für Ruheständler verschärfte Steuerregeln. Mindestens die Hälfte der staatlichen Bruttorente oder einer vergleichbaren Basisvorsorge zählt seither zum steuerpflichtigen Einkommen, wobei der steuerpflichtige Anteil für jeden neuen Rentnerjahrgang steigt. Wer 2012 in Rente ging, muss zum Beispiel bereits 64 Prozent seiner Rente versteuern. Alle, die 2013 in den Ruhestand eintreten, sind bereits mit 66 Prozent ihrer Rente dabei. Das bedeutet: Bei einer Rente von beispielsweise 14.400 Euro im Jahr und Rentenbeginn 2013 zählen 9.504 Euro Rente zum steuerpflichtigen Einkommen, von dem aber noch Freibeträge, Belastungen und Ähnliches abgezogen werden. Die restlichen 4.896 Euro sind steuerfrei. Dieser Betrag bleibt dem Beispielrentner zudem als konstanter Rentenfreibetrag für den Rest seines Lebens erhalten.

Alle, die später in den Ruhestand gehen, müssen anders rechnen. Denn in den Folgejahren wird die Besteuerung für jeden neu hinzukommenden Rentnerjahrgang weiter angehoben – und zwar bis zum Jahr 2020 in 2-Prozent-Schritten auf dann 80 Prozent. Anschließend gelten 1-Prozent-Schritte, bis 2040 die Rente zu 100 Prozent steuerpflichtig ist. Wer also 2015 in Rente geht, für den sind 70 Prozent der Rente steuerpflichtig. Wer 2025 in den Ruhestand geht, für den zählen bereits 85 Prozent der Rente zum steuerpflichtigen Einkommen.

Diese Regelung gilt aber nicht nur für Sozialrentner, sondern für alle, die Renten aus berufsständischen Versorgungswerken oder landwirtschaftlichen Rentenkassen beziehen. Auch wer die 2005 eingeführte Rürup-Rente (zu Einzelheiten siehe Kapitel 5, Seite 175) abgeschlossen hat, ist mit dabei. Denn der Gesetzgeber zählt die Rürup-Rente ebenfalls zur Basisvorsorge, die nach denselben Regeln besteuert wird wie die gesetzliche Rente.

Die neuen Steuervorschriften stellen sicher, dass die Zahl der steuerpflichtigen Rentner ab sofort von Jahr zu Jahr wächst. Das liegt nicht nur daran, dass bis zum Jahr 2040 jeder neue Rentnerjahrgang einen höheren Teil seiner Rente versteuern muss. Auch der Freibetrag, der Ruheständlern nun eingeräumt wird, sorgt dafür. Denn der wird nur einmal – und zwar im Jahr nach Rentenbeginn – ermittelt. Dann bleibt er bis zum Lebensende konstant, auch wenn die Renten steigen.

> **Achtung!**
>
> Auch wenn Sie bei Renteneintritt zunächst vielleicht noch keine Steuern zahlen müssen, können Sie keinesfalls sicher sein, dass das auch in Zukunft so bleibt. Womöglich werden Sie in späteren Jahren doch noch zur Kasse gebeten, wenn zum Beispiel Rentenerhöhungen das Alterseinkommen steigen lassen.

Die Gefahr ist umso größer, wenn Ruheständler außer ihrer staatlichen Rente noch Nebeneinkünfte erzielen wie Privat- und Betriebsrenten oder Mieteinnahmen. Deshalb gilt: Rentner mit „Patchworkeinkommen" sind auf jeden Fall verpflichtet, bei Rentenstart erst einmal eine Steuererklärung abzugeben, damit der Fiskus die Steuerpflicht prüfen kann.

Allerdings müssen sich die Finanzbeamten längst nicht mehr allein auf die Angaben der Steuerpflichtigen verlassen. Das Alterseinkünftegesetz verpflichtet die staatlichen und privaten Rentenkassen, betriebliche Versorgungswerke, Pensionskassen und -fonds sowie die Lebensversicherungsunternehmen, alle seit 2005 ausgezahlten Renten einmal jährlich an die Zentrale Zulagenstelle für Altersvermögen (ZfA) bei der Deutschen Rentenversicherung Bund zu melden.

Die ZfA bündelt die Meldungen für jeden einzelnen Rentenempfänger und leitet die Daten an das örtliche Finanzamt weiter. Dieses erfährt also auf jeden Fall, wie hoch die Renteneinkünfte jedes einzelnen Ruheständlers in seinem Bezirk sind. Dieses Meldeverfahren sollte eigentlich schon vor 2005 starten. Die verspätete Vergabe der neuen Steueridentifikationsnummer hat allerdings zu Verzögerungen im Ablauf geführt. Bittere Folge: Mancher Rentner hat erst im vergangenen Jahr oder gar erst 2013 erfahren, dass er eigentlich schon seit Jahren steuerpflichtig ist. Der Fiskus kennt in solchen Fällen kein Pardon: Stellt das Finanzamt im Nachhinein fest, dass auf das Alterseinkommen Steuern zu zahlen sind, werden die Nachzahlungen – schlimmstenfalls für die vergangenen sieben Jahre auf einen Schlag – sowie Vorauszahlungen für das laufende Jahr fällig.

So rechnet das Finanzamt

Grundsätzlich gilt: Steuerpflichtig sind Sie als Rentner nur dann, wenn Sie mehr als den jährlichen Grundfreibetrag von 8.130/16.260 Euro (Singles/Ehepaare) im Jahr 2013 bzw. 8.354/16.708 Euro ab 2014 an steuerpflichtigen Einnahmen erzielen. Dabei zählt nicht nur die Rente, sondern auch alle anderen Einkünfte, zum Beispiel Mieterträge, Betriebsrenten oder Renten aus einer geförderten oder ungeförderten privaten Rentenversicherung. Bei der Berechnung des steuerpflichtigen Einkommens sind zudem nicht alle Einkünfte in voller Höhe anzusetzen. Bei der gesetzlichen Rente hängt es zum Beispiel vom Jahr des Rentenbeginns ab, wie hoch der steuerfreie Anteil der Jahresrente ist. Bei ungeförderten Privatrenten ist hingegen das Alter zu Rentenbeginn wichtig. Renten aus geförderter Vorsorge sind grundsätzlich voll steuerpflichtig (siehe hierzu auch in diesem Kapitel ab Seite 233).

Senioren können bei allen Einkunftsarten jeweils spezielle Werbungskosten und andere Freibeträge abziehen. Die Summe aus privaten und staatlichen Renten kann generell um 102 Euro Werbungskostenpauschale gekürzt werden. Für Beamtenpensionen oder voll steuerpflichtige Betriebsrenten gibt es einen Versorgungsfreibetrag, der 2013 bei maximal 2.652 Euro liegt. In den kom-

Pflicht zur Steuererklärung

Rentnerhaushalte müssen auf jeden Fall eine Steuererklärung abgeben, wenn sie ...

- außer der Rente noch eine Beamten- oder Firmenpension bekommen, Löhne oder Pensionen erzielen, die nach Steuerklasse V oder VI versteuert werden,
- Renteneinnahmen und/oder Miet- und andere Einkünfte von mehr als 410 Euro im Monat haben,
- als Single mehr als 1.024 Euro Rente beziehen,
- zusätzlich eine Lohnersatzleistung wie Arbeitslosengeld von mehr als 410 Euro monatlich bekommen.

menden Jahren wird dieser Betrag für künftige Rentner sukzessive abgeschmolzen.

Rentner, die bereits 65 Jahre alt sind, können zudem Nebeneinkünfte wie Mieten um einen speziellen Altersentlastungsbetrag kürzen. Der liegt 2013 bei 27,2 Prozent der Einkünfte, maximal 1.292 Euro. In den Folgejahren wird der Entlastungsbetrag – ebenso wie der Versorgungsfreibetrag – aber Schritt für Schritt abgebaut, bis 2040 nur noch die Werbungskostenpauschale als Abzugsbetrag für alle Alterseinkünfte übrig bleibt.

Allerdings können auch Rentner ihre Beiträge für Kranken- und Pflege-, Privat- und Kfz-Haftpflichtversicherung als Sonderausgaben absetzen. Wer durch Behinderungen gehandicapt ist, eine Haushaltshilfe benötigt oder in den eigenen vier Wänden einen Angehörigen pflegt, kann außergewöhnliche Belastungen geltend machen. Dazu zählen auch Kosten für Kuren, Medikamente, Praxisgebühr, Zahnersatz und Brille, sofern sie die einkommensabhängige zumutbare Belastung überschreiten.

Wichtig!

Renten, die bis 2005 steuerfrei waren, bleiben das auch in Zukunft. Dazu zählen in erster Linie Renten aus der gesetzlichen Unfallversicherung, Kriegs- und Hinterbliebenenrenten nach dem Bundesversorgungsgesetz sowie Wiedergutmachungsrenten. Erwerbsminderungsrenten und Hinterbliebenenrenten der gesetzlichen Rentenversicherung werden hingegen wie die Altersrente vom Staat besteuert.

Besteuerung der staatlich geförderten Vorsorge

Seit Verabschiedung des Alterseinkünftegesetzes wird nicht nur die gesetzliche Rente stärker besteuert. Auch bei der privaten und betrieblichen Vorsorge stellte der Staat noch konsequenter auf nachgelagerte Besteuerung um. Als Vorsorgesparer müssen Sie daher ab sofort abwägen, ob Sie im Einzelfall eher von Steuervorteilen in der Ansparphase oder von Erleichterungen im Alter profitieren. Beides zusammen gibt es seit 2005 nicht mehr.

Besteuerung der Riester-Rente

Wenn Sie eine Riester-Rente abschließen, werden Sie vom Staat in der Ansparphase mit Zulagen und Steuerersparnissen gefördert (siehe hierzu Kapitel 1, Seite 19). Die Einzahlungen bleiben daher steuerfrei. Im Gegenzug bittet der Fiskus im Alter zur Kasse: Die Auszahlung aus einem Riester-Vertrag müssen Sie im Alter voll versteuern – und zwar egal, ob es sich um eine Leibrente oder einen Riester-Auszahlplan handelt. Bis auf den Werbungskostenfreibetrag gibt es keine Abzugsbeträge. Allerdings können Sie sich bei Rentenbeginn eine Einmalkapitalauszahlung aus dem Vertrag gönnen. Die Entnahme von bis zu 30 Prozent des angesparten Vermögens ist zulässig, ohne dass Sie die Fördervorteile verlieren. Die Kapitalentnahme müssen Sie allerdings ebenfalls in voller Höhe versteuern.

Sie können einen Riester-Vertrag auch abschließen, ohne die staatliche Förderung zu nutzen oder förderberechtigt zu sein.

Wichtig!

Infolge des Urteils des Europäischen Gerichtshofs vom September 2009 müssen Riester-Sparer die erhaltene Förderung nicht zurückzahlen, wenn sie im Alter ihren Wohnsitz in einen anderen EU-Staat verlagern. Die Besteuerung der Riester-Renten richtet sich dann aber nach den Vorschriften im neuen Wohnsitzland sowie etwaigen Doppelbesteuerungsabkommen.

Sofern der Anbieter es zulässt, können auch höhere Einzahlungen auf den Vertrag fließen als die Förderhöchstsumme von 2.100 Euro pro Jahr. In diesem Fall sind die Anbieter jedoch verpflichtet, bei der späteren Auszahlung exakt zu unterscheiden, welcher Teil mit Förderung angespart wurde und welcher nicht. Denn während der mit Förderung angesparte Teil der Riester-Rente voll steuerpflichtig ist, werden Leistungen aus dem nicht geförderten Teil bzw. einem nicht geförderten Riester-Vertrag wie Kapitalanlagen besteuert. Seit 2009 sind die Erträge und etwaige Kursgewinne aus ungeförderten Riester-Verträgen folglich abgeltungsteuerpflichtig (Einzelheiten in diesem Kapitel ab Seite 235). Allerdings gelten für Riester-Renten dabei dieselben Ausnahmen wie für ungeförderte private Rentenversicherungen (Einzelheiten siehe in diesem Kapitel ab Seite 233). Das bedeutet: In der Ansparphase bleiben alle Erträge aus ungeförderten Riester-Verträgen abgeltungsteuerfrei, erst bei Auszahlung greift der Fiskus zu. Dann muss die Differenz zwischen Auszahl- und Beitragssumme als Gewinn versteuert werden.

> **Wichtig!**
>
> Wenn Sie bei Auszahlungsbeginn bereits über 60 Jahre bzw. 62 Jahre bei Verträgen ab 2012 alt sind, und der Vertrag schon zwölf Jahre läuft, wird nur die Hälfte des Gewinns mit Ihrem persönlichen Steuersatz erfasst. Wenn Sie sich die Leistungen aus einem ungeförderten Riester-Vertrag in Form einer lebenslangen Leibrente auszahlen lassen, müssen Sie sogar nur den sogenannten Ertragsanteil versteuern (siehe hierzu auch in diesem Kapitel, Seite 231).

Besteuerung der betrieblichen Altersvorsorge

Egal ob steuerfreie Entgeltumwandlung oder Gehaltsverwendung nach Riester: Angespart wird die Betriebsrente in beiden Fällen aus steuerfreiem Gehalt – auch wenn die Steuerfreistellung bei Riester erst im Nachhinein durch die Zulagen und den Sonderausgabenabzug erfolgt. Deshalb bitten die Finanzämter in der Auszahlphase zur Kasse: Die spätere Monatsrente aus einer Pensionskasse, einem Pensionsfonds oder einer nach 2004 abgeschlossenen Direktversicherung ist in voller Höhe steuerpflichtig. Gesetzlich Krankenversicherte müssen obendrein den vollen Beitrag für die Kranken- und Pflegeversicherung davon abführen (§ 229 SGB V).

Das Gleiche gilt, wenn die Betriebsrente unmittelbar vom Arbeitgeber gezahlt wird (Direktzusage) oder aus einer Unterstützungskasse stammt. Allerdings stuft der Fiskus Pensionen aus Direktzusagen
oder Unterstützungskassen steuerlich wie Gehaltszahlungen ein,
die lediglich ins Rentenalter verschoben wurden. Das bringt den Be-
ziehern solcher Renten derzeit noch ein dickes Plus: Sie können von
ihren jährlichen Betriebsrenteneinkünften im Jahr 2013 insgesamt
noch 2.652 Euro als Versorgungsfreibetrag abziehen. Nur von den
über diese Freibeträge hinausgehenden Betriebsrenteneinkünften
fordert der Fiskus dann seinen Teil.

Ganz anders dagegen, wenn die Betriebsrente über eine Pensionskasse, einen Pensionsfonds oder Direktversicherung angespart
wurde. Solche Renten zählen steuerrechtlich lediglich zu den
Nebeneinnahmen – wie auch alle übrigen Einkünfte, die Ruheständler im Alter zusätzlich zu ihrer gesetzlichen Rente beziehen.
Bei solchen Nebeneinnahmen, zu denen beispielsweise auch Mie-
teinkünfte zählen, ist der Fiskus mit Freibeträgen längst nicht so
spendabel. Steuerfrei bleiben hier nur Beträge bis zur Höhe des
sogenannten Altersentlastungsbetrags und der liegt 2013 gerade
einmal bei 1.292 Euro. Zudem kommen Ruheständler erst ab dem
65. Lebensjahr in den Genuss des Entlastungsbetrags, während der
Versorgungsfreibetrag bereits ab dem 63. Lebensjahr, bei Schwer-
behinderten sogar ab 60 gewährt wird. Spätestens 2040 ist es mit
dieser Ungleichbehandlung in der Besteuerung von Betriebsrenten
jedoch endgültig vorbei. Bis dahin werden beide Freibeträge, also
Vorsorgefreibetrag und Altersentlastungsbetrag, schrittweise abgeschmolzen. Dann gibt es für alle Nebeneinkünfte (neben staatlicher
Rente oder Beamtenpension) nur noch 102 Euro Werbungskosten-
pauschbetrag.

Alt- oder Neuvertrag?

Bei Direktversicherungen ist noch eine Besonderheit zu beachten:
Hier hat der Fiskus im Jahr 2005 neue Regeln aufgestellt. Bis dahin
wurden die Beiträge für Lebens- und Rentenversicherungen im
Rahmen der betrieblichen Altersvorsorge vergleichsweise wenig
gefördert. Lediglich Beiträge bis zum Höchstbetrag von 1.752 Euro

wurden mit einem reduzierten, pauschalen Steuersatz von rund 20 Prozent belegt (Pauschalbesteuerung). Darüber hinausgehende Beiträge waren voll steuerpflichtig. Dafür blieb die Auszahlung des Kapitals aus einer solchen Direktversicherung im Alter steuerfrei, Renten wurden lediglich mit dem niedrigen Ertragsanteil (siehe hierzu Übersicht Seite 233) versteuert.

Diese Regelung gilt auch weiterhin, aber nur für Altverträge, die bis Ende 2004 abgeschlossen wurden. Für neue Direktversicherungen (ab 2005) gilt nun ebenfalls das Prinzip der nachgelagerten Besteuerung. Das bedeutet: Genau wie schon bislang bei Pensionskassen und Pensionsfonds werden die Beiträge für Direktversicherungen seither steuer- und sozialabgabenfrei gestellt – und zwar bis 4 Prozent der Beitragsbemessungsgrenze zur Rentenversicherung (BBG). Das sind 2013 umgerechnet 2.784 Euro. Hinzu kommen weitere 1.800 Euro, die zwar steuer-, aber nicht sozialabgabenfrei sind. Diese zusätzliche Förderung können aber nur Arbeitnehmer erhalten, die keinen pauschal versteuerten Altvertrag fortführen. Sonst werden nur Beiträge bis maximal 4 Prozent der BBG gefördert.

> **! Achtung!**
>
> Doppelförderung ist ausgeschlossen: Der Förderhöchstbetrag gilt für alle drei Durchführungswege (Pensionskassen, Pensionsfonds, Direktversicherung) zugleich. Sofern er bereits ausgeschöpft wird, beispielsweise durch Beiträge zu einer Pensionskasse, gibt es keine weitere Förderung – auch nicht für den zusätzlichen Abschluss einer Direktversicherung.

Als Gegenleistung für die Freistellung der Beiträge verlangt der Fiskus seinen vollen Tribut bei Auszahlung im Alter, und zwar egal, ob der Betriebsrentner später die Rentenleistung oder die Abfindung in einer Kapitalsumme wählt. Letzteres soll ohnehin die Ausnahme bleiben. Seit 2005 werden nur noch Rentenversicherungen als betriebliche Direktversicherung akzeptiert. Der Grund ist simpel: Der Gesetzgeber will primär Rentenleistungen fördern, die im Alter die gesetzliche Rente ergänzen können. Bei Direktversicherungen und Pensionskassen lässt er jedoch ausnahmsweise auch die Option auf Kapitalabfindung zu. Steuerlich ist die Kapitalabfindung jedoch nicht attraktiv. Denn bei Fälligkeit müssen Sie die komplette Kapitalsumme auf einen

Schlag versteuern. Das treibt die Steuerprogression meist kräftig
nach oben. Die sogenannte Fünftelungsregelung, bei der die Aus-
zahlsumme so besteuert wird als wäre sie über fünf Jahre verteilt
angefallen, ist bei staatlich geförderten Direktversicherungen und
Pensionskassen nicht zulässig. Diese Regelung können Sie nur
noch bei Kapitalleistungen aus
Direktzusagen oder aus einer Unterstützungskassen-Versorgung
zur Abmilderung der Steuerlast nutzen.

Besteuerung von sonstigen Einkünften

Besteuerung von Einkünften aus ungeförderter Vorsorge

Ähnlich wie bei betrieblichen Direktversicherungen hat der Gesetzgeber 2005 auch bei den steuerlichen Regelungen für ungeförderte
Kapitallebens- und Rentenversicherungen aufgeräumt. So wurde
beispielsweise das Steuerprivileg von Kapitallebensversicherungen
für Neuverträge ab 2005 gestrichen. Lediglich bei Altverträgen, die
bis zu diesem Termin abgeschlossen wurden, gilt weiterhin das alte
Steuerrecht. Bei diesen Altpolicen können Sie daher weiterhin bis
zu 88 Prozent der Beiträge als Sonderausgaben steuerlich absetzen.
Zudem sind die Einmalauszahlungen aus solchen Kapitallebensversicherungen, privaten Rentenpolicen mit Kapitalwahlrecht sowie
Fondspolicen im Alter steuerfrei, sofern der Vertrag mindestens
zwölf Jahre lang läuft, fünf Jahresbeiträge gezahlt werden und,
außer bei Renten, der Schutz im Todesfall mindestens 60 Prozent
der Beiträge entspricht. Das gilt aber nur noch für Verträge, die bis
Ende 2004 abgeschlossen wurden.

Die Beiträge von Neuverträgen (seit 2005) können Sie steuerlich gar nicht mehr absetzen. Zudem sind die ausgezahlten Erträge später in voller Höhe steuerpflichtig. Denn steuerrechtlich zählen ungeförderte Lebens- und Rentenversicherungen mittlerweile zu den Kapitalanlagen. Das hat zur Folge, dass die Erträge und Gewinne daraus seit 2009 abgeltungsteuerpflichtig sind (siehe hierzu auch Seite 235). Allerdings gilt für Lebens- und Rentenversicherungen eine Besonderheit: Anders als bei Bank- oder Fondssparverträgen bleiben sämtliche Erträge bis zum Auszahlungstermin abgeltungsteuerfrei. Erst bei Fälligkeit greift der Fiskus zu. Dann gilt die Differenz zwischen der Beitragssumme und der ausgezahlten Leistung als steuerpflichtiger Gewinn. Darauf werden 25 Prozent Abgeltungsteuer plus Solidaritätszuschlag und gegebenenfalls Kirchensteuer fällig. Genau wie bei anderen Geldanlagen muss zudem der Anbieter, also die Versicherung, diese Summe automatisch an den Fiskus abführen. Nur bei ausländischen Policen, auf die der deutsche Fiskus nicht direkt zugreifen kann, sind Sie als Versicherter selbst verpflichtet, erhaltene Auszahlungen in Ihrer persönlichen Steuererklärung anzugeben.

Allerdings wird die Halbwertzeit von Steuergesetzen immer kürzer. So hat der Gesetzgeber den Mindesttodesfallschutz für Verträge, die nach dem 31. März 2009 abgeschlossen wurden, wieder als Voraussetzung für die Steuerbegünstigung eingeführt. Hiernach sind entsprechende Verträge nur noch gültig, wenn sie – zusätzlich zu den bisherigen Voraussetzungen – über die gesamte Laufzeit einen Mindesttodesfallschutz von 50 Prozent vorsehen.

Wenn Sie sich im Alter eine ungeförderte Police als lebenslange Rente auszahlen lassen, gilt eine weitere Besonderheit – und zwar

> ### Tipp: Abgeltungsteuer umgehen
>
> Die Abgeltungsteuer lässt sich vergleichsweise leicht umgehen. Für alle neuen Lebens- und Rentenpolicen gilt nämlich eine Ausnahmeregelung: Läuft der Vertrag länger als zwölf Jahre und wird die Versicherung erst nach dem 60. bzw. bei Verträgen nach 2012 nach dem 62. Lebensjahr ausgezahlt, müssen Sie nur die Hälfte des Gewinns mit Ihrem persönlichen Steuersatz versteuern. Unterm Strich ist das für die meisten Vorsorgesparer eine durchaus günstige Regelung. Um in den Genuss dieses Steuervorteils zu kommen, müssen Sie den Vertrag aber auf jeden Fall in der Steuererklärung angeben, um sich zu viel gezahlte Abgeltungsteuer zurückzuholen.

sowohl für Alt- als auch für Neuverträge: Weil ein Teil der Auszahlung aus dem Kapitalverzehr erfolgt, wird nur der sogenannte
Ertragsanteil versteuert. Dessen Höhe richtet sich nach dem Alter
des Anlegers bei Erhalt der ersten Rentenleistung. Bekommen Sie
die private Rente ab 60 ausgezahlt, zählen nur 22 Prozent der Rentenleistung zum steuerpflichtigen Einkommen. Das bedeutet: Von
1.000 Euro Rente sind nur 220 Euro zu versteuern. Je älter der Anleger bei Rentenbezug ist, umso geringer ist zudem der Ertragsanteil.
Bei Rentenbeginn mit 65 Jahren müssen sogar nur 18 Prozent der
privaten Rente versteuert werden. Dieselbe Regelung gilt übrigens
für Riester-Renten, die ohne Förderung angespart werden (siehe
hierzu auch in diesem Kapitel, Seite 228).

**Steuerpflichtiger Ertragsanteil bei ungeförderten
privaten Renten**

Alter bei Rentenbeginn	Ertragsanteil in Prozent
55	26
56	26
57	25
58	24
59	23
60	22
61	22
62	21
63	20
64	19
65	18
66	18
67	17
68	16

(Quelle: eigene Zusammenstellung nach den Vorschriften
des EStG)

Mindestanforderungen an den Risikoschutz

Damit Anleger die Versicherungsprodukte nicht nur als steuer-
begünstigte Geldanlage betrachten, hat das Finanzministerium die
Anforderungen an den Risikoschutz der Policen erhöht. Bei Kapitallebensversicherungen, die mit laufenden Beiträgen bespart werden, muss die Todesfallleistung der Police mindestens 50 Prozent
der vereinbarten Beitragssumme ausmachen. Bei Tarifen gegen
höheren Einmalbeitrag oder mit abgekürzter Beitragsdauer muss
der Risikoschutz in den Anfangsjahren mindestens 110 Prozent des
Zeitwerts der Police ausmachen. Andernfalls gelten die Verträge
seit 2009 als Geldanlage und werden bei der Abgeltungsteuer erfasst.

Eine weitere Besonderheit gilt für fondsgebundene Versicherungen:
Das Steuerprivileg gilt nicht für Policen, bei denen eine komplette
Vermögensverwaltung mit einem Versicherungsmantel umhüllt
wird. Dieses sogenannte Portfolio-Wrapping, mit dem insbesondere
Versicherer aus Liechtenstein oder Luxemburg vermögende deut-
sche Kunden umwarben, ist seit 2009 kein Steuerschlupfloch mehr.

Ausländische Policen werden gemeldet

Wer eine britische oder sonstige ausländische Lebensversicherung abschließt, muss die Erträge aus dieser Police im Rahmen
der Steuererklärung angeben. Das gilt für alle Verträge, bei denen
der Versicherer seinen Sitz im Ausland hat und keine inländische
Niederlassung unterhält, die Abgeltungsteuer abführt. Gemeldet
werden müssen die gleichen Erträge wie bei inländischen Policen
– also je nach Vertrag jährliche Erträge oder der Gesamtertrag bei
Fälligkeit. Damit sich niemand am deutschen Fiskus vorbeimogeln
kann, muss zudem seit 2009 jeder Neuabschluss einer solchen
Police dem Bundeszentralamt für Steuern mitgeteilt werden. Sofern
das ausländische Versicherungsunternehmen diese Meldung nicht
freiwillig vornimmt, ist der inländische Versicherungsvermittler
dazu verpflichtet.

Besteuerung von Kapitalanlagen

Zum Jahresbeginn 2009 begann eine neue Ära in der Besteuerung der Kapitaleinkünfte. Denn das bisherige System zur Besteuerung von Kapitalerträgen mit dem individuellen Steuersatz wurde abgeschafft. Stattdessen trat die neue Abgeltungsteuer in Kraft. Auf alle Kapitaleinkünfte wie Zinsen, Dividenden sowie Kursgewinne aus Fonds, Zertifikaten und Aktien wird seither eine einheitliche Steuer von 25 Prozent erhoben. Hinzu kommen Solidaritätszuschlag und gegebenenfalls Kirchensteuer. Die Abgeltungsteuer greift aber erst, wenn Anleger an Kapitaleinkünften mehr als den Sparerpauschbetrag von 801 Euro (Singles) oder 1.602 Euro (steuerlich zusammen veranlagte Ehepaare) erzielen. Damit liegt die Summe der steuerfrei erzielbaren jährlichen Erträge aus Geldanlagen theoretisch auf demselben Niveau wie in früheren Jahren. Dennoch werden Sparer unter Umständen stärker als früher zur Kasse gebeten. Denn erstens können außer dem Pauschbetrag keine weiteren Werbungskosten mehr geltend gemacht werden. Und zweitens werden von der Abgeltungsteuer auch bislang steuerfreie Kursgewinne erfasst. Die Abgeltungsteuer trifft die verschiedenen Anlageformen jedoch höchst unterschiedlich und ist daher längst nicht für alle Anleger von Nachteil.

Für Anleger, die ihr Geld überwiegend in Zinsanlagen, zum Beispiel Sparbriefe oder Bundeswertpapiere, investieren oder auf Tagesgeldkonten anlegen, ist die Abgeltungsteuer eher steuerneutral, bisweilen aber sogar ein gutes Geschäft. Bei einem Grenzsteuersatz von 25 Prozent und mehr, also einem zu versteuernden Einkommen von 15.000 Euro als Single bzw. 30.000 Euro als Ehepaar, zahlen Anleger auf ihre Zinserträge seither nämlich eher weniger Steuern als mehr. Der Grund:

 Tipp: NV-Bescheinigung beantragen

Wenn absehbar ist, dass das zu versteuernde Einkommen unter dem Grundfreibetrag von 8.130 Euro (Single/2013) bzw. 8.354 Euro (Single/2014) plus Sparerpauschbetrag (801 Euro) liegt, können Sie beim Finanzamt eine Nichtveranlagungsbescheinigung (NV-Bescheinigung) beantragen. Gegen Vorlage dieser Bescheinigung zahlt die Bank alle Erträge ohne Abzüge aus. Die NV-Bescheinigung gilt grundsätzlich für drei Jahre und muss dann neu beantragt werden. Für gemeinsam veranlagte Ehepaare gelten übrigens die doppelten Werte – also zweimal der jeweilige Grundfreibetrag plus 1.602 Euro Sparerpauschbetrag.

Bislang wurden Erträge, die über dem Sparerfreibetrag von 801 Euro für Singles bzw. 1.602 Euro für zusammenveranlagte Ehepaare liegen – seit Anfang 2009 Sparerpauschbetrag genannt – mit dem individuellen Steuersatz von bis zu 42 Prozent bzw. 45 Prozent bei Spitzenverdienern belastet. Künftig werden nur 25 Prozent Abgeltungsteuer fällig. Das heißt: Gutverdiener und Hochbesteuerte profitieren von der neuen Steuer, Geringverdiener dagegen nicht.

Wenn Ihr Steuersatz unter 25 Prozent liegt, können Sie sich zu viel gezahlte Abgeltungsteuer mit der Steuererklärung zurückholen. Dafür müssen Sie die Erträge und die gezahlte Abgeltungsteuer lediglich in der Steuererklärung angeben. Dann verrechnet der Fiskus zu viel gezahlte Abgeltungsteuer mit der Steuerschuld bzw. zahlt zu viel geleistete Abgeltungsteuer zurück.

Steuererklärung bleibt oft Pflicht

Theoretisch soll mit der Abgeltungsteuer alles erledigt sein. Praktisch ist es anders. In folgenden Fällen müssen oder sollten die Kapitalerträge trotzdem in der Steuererklärung angeben werden:

- **Auslandserträge.** Wenn Sie Ihre Kapitalerträge bei einer ausländischen Bank oder mit einem Luxemburger Fonds, der bei der dortigen Fondsgesellschaft im Depot liegt, erzielen, sind Sie beim Fiskus in der Pflicht. Sie müssen Ihre Auslandserträge in der Steuererklärung angeben. Achtung: Das gilt auch bei Auslandsfonds, die erzielte Erträge automatisch wiederanlegen (thesaurierende Fonds).
- **Konten bei mehreren Banken.** Wenn Sie Depots bei mehreren Banken haben, können Sie Verluste bei einer Bank mit Gewinnen bei einer anderen verrechnen – aber nur, wenn Sie alle Erträge in der Steuererklärung angeben. Auch bei einem Depotwechsel kann sich die Steuererklärung lohnen. Kennt die neue Bank den Anschaffungspreis der Wertpapiere nicht und kann ihn bei Verkauf auch nicht ermitteln, muss sie pauschal 30 Prozent des Verkaufspreises als Gewinn ansetzen und darauf Abgeltungsteuer abführen. Ohne Steuererklärung und Nachweis der Anschaffungskosten wäre das zu viel gezahlte Geld weg.

■ **Rentner.** Wer Anspruch auf den Altersentlastungsbetrag hat, zahlt mit der pauschalen Abgeltungsteuer eventuell zu viel. Auch hier kann es sich lohnen, die Kapitaleinkünfte in der Steuererklärung anzugeben und genaue Abrechnung zu verlangen.

Im Überblick: die neuen Regelungen seit 2009

■ **Ein Steuersatz für alles.** Zinserträge, Dividenden, realisierte Kursgewinne aus dem Verkauf von Wertpapieren jeder Art (Aktien, Anleihen, Fondsanteile, Zertifikate, Genussscheine etc.) sowie Gewinne aus Termingeschäften werden seit 2009 einheitlich mit 25 Prozent Abgeltungsteuer belegt, inklusive Solidaritätszuschlag und gegebenenfalls Kirchensteuer sind es sogar 28 Prozent. Der Steuerbetrag wird anonym direkt bei der Bank (oder bei der Investmentgesellschaft) eingezogen und gilt damit als abgegolten. Wer einen Steuersatz unter 25 Prozent hat, kann sich zu viel bezahlte Abgeltungsteuer mit seiner Steuererklärung zurückholen.

■ **Keine Werbungskosten mehr.** Börsenspesen, Bankgebühren, Vermögensverwaltungskosten etc. werden vom Fiskus nicht mehr steuermindernd berücksichtigt. Steuerfrei sind nur noch Einkünfte in Höhe des neuen Sparerpauschbetrags von 801 Euro (Singles) bzw. 1.602 Euro (Ehepaare). Darunter fallen seit 2009 auch die Kursgewinne. Auch die Anschaffung von Wertpapieren oder sonstigen Anlagen auf Kredit lohnen sich seit 2009 steuerlich nicht mehr.

■ **Verlustverrechnung.** Sämtliche Einkünfte aus Kapitalvermögen können gegeneinander verrechnet werden. Einzige Ausnahme: Aktienverluste können nur mit Aktiengewinnen verrechnet werden. Falls das im selben Jahr nicht möglich ist, kann der Verlust auf kommende Jahre übertragen werden. Eine Verrechnung von Verlusten aus Kapitalvermögen mit anderen Einkünften ist dagegen generell ausgeschlossen.

■ **Bestandsschutz.** Wer seine Kapitalanlagen noch vor 2009 erworben hat, kann die damit erzielten Kursgewinne weiterhin steuerfrei kassieren, sofern er die Anlage mehr als zwölf Monate

hält. Nur Zins- und Dividendenerträge werden auch bei solchen
Altverträgen mit der Abgeltungsteuer belegt. Einzige Ausnahme:
Bei Zertifikaten galt der Bestandsschutz nur für Papiere, die vor
dem 14. März 2007 erworben wurden. Bei allen seither gekauften
Zertifikaten ist es mit dem Steuervorteil für Altpapiere dagegen
vorbei.

■ **Kein Halbeinkünfteverfahren und keine Spekulationsfrist mehr.**
Bei Dividendeneinnahmen aus Aktienbesitz galt bis Ende 2008
noch das sogenannte Halbeinkünfteverfahren. Wer beispielsweise 500 Euro an Dividende kassierte, musste die Hälfte davon mit
seinem persönlichen Steuersatz versteuern. Lag dieser bei 30
Prozent, erhielt der Fiskus effektiv nur 15 Prozent aus der Dividende. Auch damit ist es inzwischen vorbei. Dividenden werden
seither in voller Höhe mit Abgeltungsteuer belegt. Realisierte
Kurgewinne sind bei allen seit 2009 angeschafften Wertpapieren
voll steuerpflichtig – unabhängig von der Haltefrist. Die bisherige
Spekulationsfrist von zwölf Monaten sowie die Freigrenze für
Spekulationsgewinne wurden für Wertpapiere abgeschafft.

Ein guter Plan führt zum Erfolg

9 Ihre persönliche Vorsorge-strategie

Haben Sie beim Lesen von Kapitel 2 zur Ermittlung Ihres Vorsorge-bedarfs festgestellt, dass Sie noch etwas tun müssen, um Ihren Lebensstandard im Alter zu sichern? Dann ist es höchste Zeit, über den Beginn Ihrer privaten Vorsorgebemühungen nachzudenken, zu-mal dafür bei der Riester- und Rürup-Rente sowie der betrieblichen Altersvorsorge auch noch eine staatliche Unterstützung winkt.

Anlagestrategien nach Lebensalter

Das Geheimnis optimaler Finanzplanung wurde von dem Wirt-schaftswissenschaftler Franco Modigliani (1918 bis 2003) aufge-deckt. „Lebensphasenkonzept" nannte er seine Theorie, die ihm 1985 sogar den Nobelpreis einbrachte. Dabei ist das Modell im Grunde simpel. Modigliani teilt die Vermögensbildung in vier Pha-sen ein, die den wichtigsten Lebensabschnitten jedes Menschen entsprechen:

1. die Zeit des **Berufseinstiegs** mit erstem Einkommen und Spar-
   möglichkeiten,
2. die Phase des zielgerichteten **Karriere- und Familienaufbaus**, die
   hohe Investitionen und vor allem Risikoabsicherung erfordert,
3. die **Lebensmitte**, in der die Einkommens- und Vermögenssiche-
   rung Priorität hat,
4. das **Alter**, die Erntephase. Jetzt kann der Pensionär die Früchte
   seiner Arbeit und des Vermögensaufbaus ernten und – bei guter
   Vorsorge – den Ruhestand unbeschwert genießen.

In jeder Lebensphase, so der Wissenschaftler, tauchen jedoch –
unabhängig von individuellen Wünschen – bestimmte Ziele und
Bedürfnisse auf, die bei der privaten Finanzplanung berücksichtigt
werden müssen.

Die Berufseinsteiger

Viel Geld zum Vorsorgesparen bleibt Berufsanfängern selten. Das
erste Gehalt geht meist zur Erfüllung persönlicher Wünsche oder
zur Einrichtung der ersten eigenen Wohnung drauf. Mit den wenigen Mitteln, die im Monat übrig bleiben, sollten junge Menschen
deshalb vordringlich ihr wichtigstes Kapital absichern: die eigene
Arbeitskraft. Aus der Staatskasse erhalten Berufsanfänger in den
ersten fünf Jahren bestenfalls eine Minirente – sofern überhaupt
schon Ansprüche bestehen (siehe hierzu „Staatliche Erwerbsminderungsrenten" auf Seite 244)

Umso wichtiger ist daher der Abschluss einer privaten Berufsunfähigkeitsversicherung (BU), die im Ernstfall eine Monatsrente zahlt.
Höhe und Laufzeit der Renten sind frei vereinbar. Als Faustregel für
die Kalkulation der Rentenhöhe gilt: Der Monatsbetrag sollte nicht
nur ausreichen, um die Lebenshaltungskosten zu decken. Auch für

den Aufbau der Altersvorsorge muss noch etwas übrig bleiben. Sonst führt Invalidität geradewegs in die Altersarmut. Denn wer nicht mehr arbeitet, kann auch seine gesetzlichen Rentenansprüche nicht mehr aufbessern.

Als Bezugsdauer für die private BU-Rente ist eine Laufzeit bis zum 63. oder 67. Lebensjahr üblich. Kürzere Laufzeiten sollten nur gewählt werden, wenn zum Ablauftermin sichere Einnahmen aus anderer Quelle zur Verfügung stehen. Sonst lösen die gesetzliche Altersrente sowie die hoffentlich angesparte Zusatzvorsorge später die Zahlungen aus der Berufsunfähigkeitsversicherung ab.

Die Police gibt es als eigenständige Versicherung oder in Kombination mit einer Risikolebensversicherung. In den meisten Fällen empfiehlt sich die Koppelung von BUZ (Berufsunfähigkeitszusatzversicherung) und Risikolebensversicherung, weil Sie so kostengünstig die beiden wesentlichen Existenzrisiken auf einmal absichern: Diese Kombination ist oft nur wenig teurer als eine reine Berufsunfähigkeitspolice. Die Auswahl des günstigsten Angebots ist nicht ganz einfach. Ein Prämienvergleich allein reicht hier nämlich nicht aus. Die Versicherungsbedingungen der einzelnen Anbieter unterscheiden sich erheblich und enthalten manche Fallstricke, die im ungünstigsten Fall dazu führen können, dass Sie trotz gezahlter Prämien später leer ausgehen. Für die Auswahl sollten Sie sich daher Zeit nehmen und vor allem die Qualität der Versicherungsbedingungen kritisch unter die Lupe nehmen. Ziehen Sie im Zweifel ruhig einen Fachmann hinzu, beispielsweise von einer Verbraucherzentrale (Adressen siehe Seite 264).

Staatliche Erwerbsminderungsrenten
Berufs- und Erwerbsunfähigkeit ziehen häufig einen heftigen finanziellen Absturz nach sich. Zwar haben gesetzlich Rentenversicherte

Anspruch auf eine Invalidenrente vom Staat. Die frühere Berufs-
unfähigkeitsrente wurde jedoch 2001 abgeschafft. Nur wer vor dem
2. Januar 1961 geboren ist und seinen Beruf nicht mehr wenigstens
zur Hälfte ausüben kann, erhält noch eine Berufsunfähigkeitsren-
te. Für alle anderen gilt: Frührente vom Staat erhält nur, wer aus
gesundheitlichen Gründen gar nicht mehr arbeiten kann – egal in
welchem Job. Der erlernte Beruf spielt dabei keine Rolle. Wenn der
Versicherte weniger als drei Stunden am Tag arbeiten kann, erhält
er die volle Erwerbsminderungsrente (EM-Rente). Wer noch bis zu
sechs Stunden am Tag einsatzfähig ist, erhält die halbe Rente, auch
„Teilerwerbsminderungsrente" genannt. Findet er auf dem Arbeitsmarkt allerdings keinen Job, wird die volle Erwerbsminderungsrente
gezahlt. Weitere Voraussetzung: Frührente gibt es grundsätzlich nur
für Versicherte, die in den letzten fünf Jahren mindestens drei Jahre
lang Pflichtbeiträge in die Rentenkasse eingezahlt haben. Außerdem muss eine fünfjährige Wartezeit erfüllt sein. Es sei denn, die
Erwerbsunfähigkeit wurde durch einen Arbeitsunfall verursacht. Für
Berufsanfänger gelten moderatere Regeln. Werden sie in den ersten
sechs Jahren nach Abschluss der Ausbildung invalide, müssen sie
nur nachweisen, dass sie in den zwei Jahren zuvor Pflichtbeiträge
eingezahlt haben. Wer das nicht kann, hat bei Erwerbsminderung in
jungen Jahren häufig gar keinen Anspruch auf Leistung vom Staat.

Die EM-Rente wird so berechnet, als hätte der Versicherte auf
Grundlage seines bisherigen Verdiensts bis 60 gearbeitet. Das
klingt gut. Dennoch klafft künftig eine deutlich größere Lücke
zwischen der Alters- und der Erwerbsminderungsrente als bislang.
Denn während die Lebensarbeitszeit ab 2012 schrittweise von
65 auf 67 Jahre angehoben wird, wurde die sogenannte Zurechnungszeit für die Hochrechnung der EM-Rentenansprüche nicht
angepasst. Mehr noch: Auch die EM-Rente wird nur mit Abschlägen
gezahlt, wenn sie weit vor dem gesetzlichen Rentenalter in Anspruch genommen werden muss. Eine EM-Rente ohne Abschläge
gibt es vor 63 Jahren (ab 2024 vor 65) nicht mehr. Wer die EM-Rente
früher benötigt, muss 0,3 Prozent Abschlag pro Monat in Kauf nehmen, maximal 10,8 Prozent.

Einzige Ausnahme: Wer 35 (ab 2024 mindestens 40) Pflichtbeitrags-jahre nachweist, kann die abschlagsfreie EM-Rente weiterhin ab 63 beantragen. Darüber hinaus fließt die staatliche EM-Rente nicht steuerfrei. Es gelten dieselben steuerlichen Rahmenbedingungen wie bei der Altersrente vom Staat (siehe hierzu Kapitel 8, Seite 223). Der steuerpflichtige Anteil hängt folglich vom Kalenderjahr des ersten Bezugs der EM-Rente ab. Wer 2013 erstmals eine EM-Rente bezieht, für den sind 66 Prozent der Rente steuerpflichtig.

Unterm Strich ist die Leistung der staatlichen EM-Rente ausge-sprochen mager. Ein Durchschnittsverdiener würde, wenn er mit 52 Jahre invalide wird, im besten Fall rund 1.000 Euro Rente brutto erhalten – und dies nicht nur bis zum 65. Lebensjahr, sondern dauerhaft. Denn mangels Aufbau weiterer Rentenansprüche werden die Leistungen auch im Alter nicht aufgestockt. Führt ein Arbeits-unfall zur Invalidität, sieht die Versorgung wesentlich besser aus: Die gesetzliche Unfallversicherung zahlt bis zu zwei Drittel des letzten Bruttoeinkommens als Rente. Die Rente aus der Unfallkasse ist zudem nach § 3 Nr. 1a EStG steuerfrei.

> **Wichtig!**
>
> Unabhängig vom Lebensalter ist für alle Verbraucher zudem der Abschluss einer Haftpflichtversicherung wichtig. Denn wenn Sie Pech haben und bei fremden Personen einen Schaden anrichten, müssen Sie unter Umständen viele Tausend Euro bezahlen. Der Grund: Laut Gesetz sind Sie zu Schadenersatz verpflichtet, auch wenn Sie einen Dritten nur aus Versehen schädigen. Eine Haftpflichtpolice übernimmt in solchen Fällen den Schaden, wehrt aber auch unberech-tigte Ansprüche ab. Eine Police für alle Schäden gibt es allerdings nicht. Sofern Sie besondere Hobbys, Tiere oder als Hausbesitzer einen Öltank haben, benötigen Sie neben der allgemeinen Privathaftpflichtversicherung zusätzlichen Schutz auch für diese Bereiche.

Berufseinsteiger – die Anlagestrategie

„Wer kein Geld hat, muss spekulieren. Wer viel hat, muss dagegen disponieren", meinte einst André Kostolany, der Altmeister der Börsenspekulation. Indirekt gibt auch er damit dem Lebensphasen-konzept Recht. Denn wenn das Vermögen noch klein und keine Familie zu ernähren ist, gibt es nicht viel zu verlieren. Als Berufs-einsteiger können Sie das Geld, das Ihnen nach Abzug der Lebens-haltungskosten, dem Aufbau einer liquiden Reserve und den Ausgaben für eine Haftpflichtversicherung bleibt, problemlos an der Börse investieren. Mit etwas Glück legen Sie damit den Grundstock für späteren Reichtum. Doch auch etwaige Spekulationsverluste lassen sich in jungen Jahren besser verkraften. Denn meistens handelt es sich noch um kleinere Beträge. Zudem können Sie damit rechnen, Anfangsverluste mit rasch wachsendem Einkommen wieder wettzumachen. Und nicht zu vergessen: Jeder Börsianer macht irgendwann Fehler. Besser man macht sie in jungen Jahren, dann kann man noch ohne großen Schaden für die Zukunft daraus lernen.

Als Auszubildender, Student oder Berufsanfänger stellt sich zudem üblicherweise nicht das Problem, vorhandene Gelder unterbringen zu müssen, sondern eher die Frage, ob überhaupt Mittel für die Altersvorsorge zu erübrigen sind. Resignation ist aber keinesfalls angebracht. Ideale Einstiegsbedingungen in die Aktienanlage bietet Auszubildenden und Berufseinsteigern die Anlage vermögenswirksamer Leistungen (siehe Kapitel 3, Seite 124). Mit rund 33 Euro monatlich oder 400 Euro pro Jahr können Sie den Grundstock für eine Aktienvorsorgestrategie legen und in den meisten Fällen den Arbeitgeber dabei sogar mit einem Beitragsanteil zur Kasse bitten. Sind die Voraussetzungen für die staatliche Arbeitnehmersparzulage erfüllt, schießt der Staat außerdem nochmals bis zu 80 Euro jährlich hinzu. Auf diese Weise werden nicht selten zweistellige Renditewerte erreicht (siehe hierzu Ausführungen zur staatlichen Sparförderung, Kapitel 7, Seite 219).

Darüber hinaus sind für Berufseinsteiger Riester-Fondssparpläne (siehe Kapitel 4, Seite 159) ideal: Hier investieren Sie mit staatlicher Förderung in einen Aktienfondssparplan, der obendrein durch die bei Riester-Produkten vorgeschriebene Garantie auf Kapitalerhalt mehr Sicherheit bietet als ein ungeförderter Fondssparplan. Dank langer Laufzeit bis Rentenbeginn lassen sich mögliche Börsenrisiken problemlos aussitzen. Einzige Bedingung: Spätestens kurz vor Rentenbeginn müssen Sie das in riskanten Aktien- oder Aktienfonds angesammelte Kapital in sichere Zinspapiere oder vergleichbare Anlagen umschichten, damit Börsenstürme dem Kapital zu Rentenbeginn nichts mehr anhaben können.

Einzige Ausnahme von dieser Anlagestrategie: Wer schon in jungen Jahren ganz genau weiß, dass er zielgerichtet für ein Eigenheim spart, sollte von vornherein nur in sichere Anlagen, wie einen Riester-Banksparplan oder einen staatlich geförderten Bausparvertrag, investieren. Und Berufseinsteiger, die fürchten, dass ihnen das Auf und Ab an der Börse den Schlaf raubt, sollten prüfen, ob es sich selbst bei kleinen Beträgen nicht lohnt, die Anlagesumme zu splitten: Dann fließt nur ein Teil des monatlichen Sparbetrags in Aktien oder Aktienfonds und der Rest wird sicher angelegt. Das bringt langfristig auf jeden Fall mehr Rendite als eine zu konservative Anlagestrategie.

Die 30- bis 40-Jährigen und Familiengründer

Wer auf der beruflichen Karriereleiter nach oben stürmt, verdrängt oftmals, dass ein Unfall oder eine ernste Erkrankung seinen Aufstieg zu Fall bringen könnte. Doch egal ob als Single oder als junger Familiengründer: In beiden Fällen reicht die gesetzliche Absicherung nicht, um den erreichten Lebensstandard im Ernstfall zu halten.

Wichtig!

Oberstes Gebot in der Aufstiegsphase: Risikoabsicherung!

Im Krankheitsfall zahlt der Arbeitgeber das Gehalt meist für sechs Wochen weiter. Danach gibt es nur noch Geld von der Krankenversicherung. Die gesetzlichen Kassen zahlen maximal 70 Prozent des Nettogehalts – und zwar längstens für 78 Wochen bei gleicher Erkrankung. Deshalb lohnt sich eine private Krankentagegeld-Zusatzversicherung. Sie zahlt ab dem 43. Tag und sollte so bemessen sein, dass sie die Lücke zwischen dem

Krankengeld von der gesetzlichen Kasse und gewohntem Netto-
verdienst schließt.

Haben Sie bereits eine Familie gegründet, hat deren Absicherung
oberste Priorität. Denn wenn der Hauptverdiener ausfällt – sei es
durch Krankheit oder Tod –, gerät die Finanzlage junger Familien
schnell in erhebliche Schieflage. Außer der Berufsunfähigkeitsversicherung, die eventuell erhöht werden muss, ist daher eine Risikolebensversicherung zur Absicherung der Familie unerlässlich.

Todesfallrisiko

Wenn der Lebenspartner stirbt, müssen Angehörige nicht nur Trauer
und Schmerz verarbeiten, sondern haben oft auch erhebliche finanzielle Belastungen zu tragen – vor allem, wenn der Tod einen jungen
Menschen trifft, dessen Einkommen das finanzielle Rückgrat der
Familie war. Bei gesetzlich Versicherten erhält der hinterbliebene
Ehepartner eine Witwen- bzw. Witwerrente in Höhe von maximal
60 Prozent der dem bzw. der Verstorbenen zustehenden Rente
wegen Erwerbsunfähigkeit, soweit die rentenrechtliche Mindest-
wartezeit von 60 Monaten erfüllt oder ein Arbeitsunfall die Todes-
ursache ist.

Für alle seit 1. Januar 2002 geschlossenen Ehen, bei denen beide
Ehepartner nach dem 1. Januar 1962 geboren sind, sinkt der Basis-
satz sogar auf 55 Prozent, allerdings werden zusätzliche Ansprüche
für Zeiten der Kindererziehung berücksichtigt. Voraussetzung für
Rentenzahlungen ist jedoch, dass entweder ein Kind zu versorgen
ist oder der verwitwete Ehepartner das 45. Lebensjahr bereits voll-
endet hat. Liegt keine dieser beiden Voraussetzungen vor, sinkt der
Rentenanspruch auf 25 Prozent. Zudem wird die sogenannte kleine
Witwenrente maximal für zwei Jahre gezahlt. Nicht verheiratete
Partner gehen sogar völlig leer aus.

Ohne wirksame zusätzliche Risikovorsorge bringt eine solche
Situation vor allem junge Familien häufig an den Rand des Existenz-
minimums. Mit vergleichsweise geringem finanziellem Aufwand
kann hier wirksam abgeholfen werden – zum Beispiel durch den

Abschluss einer Risikolebensversicherung. Eine Kapitallebens-versicherung sollten Sie sich hingegen nicht verkaufen lassen, da diese Verträge immer mit einem Ansparvorgang gekoppelt sind und deshalb hohe Beiträge vorsehen. Mit einer Risikolebensversiche-rung können dagegen vor allem junge Versicherte für nur wenige Hundert Euro im Jahr ihre Familie für den Todesfall in Höhe von mehreren Hunderttausend Euro absichern.

Werden die Einkommen beider Partner benötigt, um den Lebens-standard zu erhalten, besteht die Möglichkeit, sich im Rahmen einer „verbundenen Risikolebensversicherung" gegenseitig abzu-sichern. Alleinstehende können sich den Risikoschutz in der Regel sparen, es sei denn, sie möchten im Fall ihres Todes eine bestimmte Person finanziell versorgt wissen. Spezielle Tarife bieten die Ver-sicherer auch für den Fall, dass mit der Versicherungsleistung die noch auf einem Eigenheim lastenden Schulden auf einen Schlag getilgt werden sollen, um die Hinterbliebenen finanziell zu ent-lasten. Bei dieser Option passt sich der Versicherungsschutz der jeweiligen Restschuld an und sinkt kontinuierlich.

Die Versicherungssumme der Risikopolice sollte ausreichen, um im Ernstfall nicht nur eventuell bestehende Kredite abzulösen, sondern auch den Lebensunterhalt der Hinterbliebenen zu sichern. Eine jun-ge Witwe mit kleinen Kindern könnte den Auszahlungsbetrag – oder einen Teil davon – zum Beispiel nutzen, um eine Sofortrente aus einer privaten Rentenversicherung zu finanzieren. Dann steht ihr das ganze Leben lang ein fester Monatsbetrag zur Verfügung. Alter-nativ kann auch eine zeitlich begrenzte Rente gewählt werden.

Wichtig!

Nicht nur die Familie, auch das Hab und Gut sollte jetzt aus-reichend abgesichert werden. Zur sinnvollen Grunddeckung jedes Haushalts gehören eine Hausratversicherung und eine Haftpflichtpolice. Für nicht berufstätige Lebenspartner sowie die Kinder sollten Sie zudem eine Unfallversicherung als Schutz vor den finanziellen Folgen gesundheitlicher Schäden abschließen.

Oder die Auszahlung aus der Risikopolice wird in einen Bankauszahlplan investiert, dem Monat für Monat ein fester Betrag entnommen werden kann. Wie lang der Auszahlplan laufen muss, hängt von den persönlichen Lebensumständen ab. Zumindest sollte das Geld reichen, um die Zeit bis zum (Wieder-)Einstieg des hinterbliebenen Ehepartners in den Beruf zu überbrücken. Die Planung kann aber auch vorsehen, das Einkommen aus einem Teilzeitjob aufzustocken, damit der/die Hinterbliebene Familie und Beruf unter einen Hut bringen kann.

Die Anlagestrategie für 30- bis 40-Jährige und Familiengründer

Zum Sparen bleibt jungen Familien meist nur wenig. Zwar ist das Gehaltskonto junger Aufsteiger dicker als das von Berufseinsteigern, doch gleichzeitig wachsen die Bedürfnisse: Eine größere Wohnung samt neuer Einrichtung, ein komfortableres Auto, teure Reisen und auch die Kinder kosten viel Geld. Je nach Einkommenshöhe fordert zudem der Fiskus bereits einen schmerzlich hohen Anteil. Da lohnt es sich in den meisten Fällen, den Staat am Aufbau der Altersvorsorge zu beteiligen. Für Familien mit Kindern ist die Riester-Rente (siehe Kapitel 4, Seite 149) meist erste Wahl. Je nach Alter bei Vertragsabschluss, individueller Risikoneigung und bereits vorhandenem Vermögen kommt entweder ein Riester-Fondssparplan oder ein Riester-Banksparplan infrage.

Wenn Sie mehr als den Riester-Höchstbetrag von 2.100 Euro pro Jahr investieren können und wollen, sollten Sie zusätzlich mit Ihrem Arbeitgeber über eine Entgeltumwandlung (siehe Kapitel 1, Seite 26) sprechen. Mit einer Kombination aus privatem Riester-Vertrag und zusätzlicher Entgeltumwandlung können Sie auch das Anlagerisiko streuen: Bietet Ihr Arbeitgeber für die Entgeltumwandlung eine klassische Direktversicherung oder eine Pensionskasse an, verträgt Ihr privater Riester-Vertrag also etwas mehr Risiko. Infrage kommen ein Riester-Fondssparplan oder eine fondsgebundene Riester-Rente mit günstiger Kostenstruktur (siehe Kapitel 4, ab Seite 155). Doch Vorsicht: Prüfen Sie als gesetzlich Krankenversicherter immer, ob sich die Betriebsrente auch später in der Auszahlphase lohnt und ob etwaige Nachteile bei den Lohnersatzleistungen verkraftbar sind (siehe Kapitel 2, Seite 35).

Haben Sie dann noch Geld zum Sparen übrig, können Sie es – je nach Risikoneigung und Beruf – in einen Aktienfonds (siehe Kapitel 3, Seite 125) oder einen Mischfondssparplan (siehe Kapitel 3, Seite 128) investieren, wobei Sie passiv gemanagte Indexfonds (siehe Kapitel 3, Seite 129) aus Kostengründen und wegen der Risikostreuung bevorzugen sollten. Risikoscheue legen die Spargelder alternativ in Zinspapieren, wie Anleihen (siehe Kapitel 3, Seite 80).

Wichtig ist im mittleren Lebensalter vor allem der passende Risikomix. Dabei spielt nicht nur Ihre persönliche Risikoneigung eine Rolle, sondern auch die Risikotragfähigkeit: Wenn Sie beispielsweise als Beamter kein Arbeitsplatzrisiko tragen, können Sie bei der Vorsorge ein höheres Risiko eingehen und anfangs zu 100 Prozent auf Aktien setzen. Im Lauf der Jahre wird der Aktienanteil dann etwas reduziert, bis bei Rentenbeginn nur noch 20 Prozent des Vorsorgevermögens in Aktien steckt und der Rest in risikolose Fonds oder Zinsanlagen investiert ist. Als Selbstständiger mit hohem Berufsrisiko müssen Sie bei der Altersvorsorge dagegen von Anfang an auf Nummer sicher gehen. Sie sollten anfangs maximal 10 Prozent in Aktien sparen und den Anteil erst im Lauf der Zeit und mit wachsendem Vermögen etwas aufstocken. Angestellte können einen Mix wagen – je nachdem wie krisenfest ihr Arbeitsplatz und wie groß das bereits angesparte Vermögen ist.

Die optimale Anlagemischung hängt aber nicht nur von der beruflichen Situation und der persönlichen Risikoneigung ab. Entscheidend ist auch die Frage, ob die Familie irgendwann ein Eigenheim (siehe Kapitel 6, Seite 186) kaufen oder bauen will. In diesem Fall müssen Sie Ihr Geld schon in der Ansparphase ausschließlich sicher investieren. Sobald das notwendige Eigenkapital in Höhe von 20 bis 30 Prozent der Gesamtkosten vorhanden ist, können Sie Ihre Eigenheimpläne realisieren. Das ist aber nur sinnvoll, wenn absehbar ist, ob noch ein Wechsel des Wohnorts bevorsteht oder nicht. In Zeiten steigender Arbeitslosigkeit sind die Anforderungen an die Mobilität der Arbeitnehmer erheblich gestiegen. Eine nicht abbezahlte Immobilie kann beim Wechsel des Wohnorts durchaus zum Problem werden. Einzige Ausnahme: Das Objekt ist gut vermietbar

und lässt so hohe Mieteinnahmen erwarten, dass die Kreditraten
damit gedeckt sind.

Die 45- bis 60-Jährigen

Mit Mitte 40 bis Ende 50 kommt es darauf an, bereits erwirtschaf-
tetes Vermögen zu sichern und die eigene Altersversorgung gezielt
voranzutreiben. Manch materielles Ziel ist bereits erreicht: Die
Familie ist abgesichert, Karriereorientierte haben eine berufliche
Stellung erreicht, die ihnen ein hohes oder zumindest auskömm-
liches Einkommen garantiert. Andere haben durch Sparfleiß oder
Erbschaften schon eine größere Summe angehäuft. Jetzt gilt es, das
angesammelte Vermögen möglichst breit zu streuen, unter Ertrags-
und Steuergesichtspunkten zu optimieren und restliche Vorsorge-
lücken zu schließen.

Sind Ihre Kinder noch im
Schul- oder Studienalter, müssen Sie deren Ausbildung finanziell absichern. 1.000 Euro
pro Kind und Monat müssen
Eltern für ein Studium einkalkulieren. Falls Sie so viel Geld
nicht aus dem laufenden Einkommen abzweigen können,

 Wichtig!

Die Erträge aus allen genannten Zinspapieren sind abgeltungsteuerpflichtig, sobald der Sparerpauschbetrag über-
schritten ist. Für viele Familien lohnt es sich daher, darüber
nachzudenken, ob die Wertpapiere den Kindern nicht ganz
geschenkt werden sollten. Der Nachwuchs kann die Erträge
meist noch ungeschmälert genießen, während der Fiskus
bei den Eltern oft seinen vollen Anteil fordert.

lohnt sich der Aufbau eines speziellen Fonds- oder Anleihedepots,
das laufende Entnahmen ermöglicht.

Die Vorsorgestrategie für 45- bis 60-Jährige

Auch in diesem Lebensabschnitt müssen Sie noch für das eigene
Alter sparen. Bestehende Verträge sollten Sie daher gegebenenfalls
aufstocken. Wenn Sie bereits einen Riester-Vertrag besitzen, aber

noch keine Entgeltumwandlung praktizieren, sollten Sie mit Ihrem Arbeitgeber eventuell über den Abschluss eines Pensionskassenvertrags oder einer Direktversicherung sprechen (siehe Kapitel 1, Seite 26). Das lohnt sich aber nur, wenn Ihnen der Betrieb einen kostengünstigen Kollektivtarif dafür anbietet und der Arbeitgeber zugleich einen Zuschuss auf ihren Eigenbeitrag spendiert, und zwar im Minimum in Höhe der vom Betrieb ersparten Sozialabgaben. Für Besserverdienende ist es oft noch vorteilhafter, wenn der Betrieb eine Unterstützungskasse (siehe Kapitel 1, Seite 29) anbietet. Einerseits bleiben hier höhere Einzahlungen steuerfrei. Andererseits kann die Unterstützungskasse ein breiteres Versorgungsspektrum bieten. So können Sie die Altersversorgung zum Beispiel auch als einmalige Kapitalabfindung zu Rentenbeginn ausgestalten. Optimal sind auch betriebliche Lösungen, die den Mitarbeitern wie in einem „Cafeteriasystem" verschiedene Vorsorgebausteine zur freien Auswahl anbieten. Dann können die Mitarbeiter – ganz nach persönlichem Bedarf – die passenden Bausteine auswählen und gezielt die noch vorhandenen Versorgungslücken schließen, indem sie zum Beispiel lediglich die Hinterbliebenenversorgung aufstocken oder eventuelle Lücken bei der Invaliditätsabsicherung schließen.

Um die Steuerlast zu senken, kommt auch der Kauf einer zu vermietenden Eigentumswohnung infrage (siehe Kapitel 6, Seite 200). Das lohnt sich aber nur bei Objekten in erstklassiger Lage, die zudem eine Nachsteuerrendite von mindestens 4 Prozent erzielen. Interessant kann auch der Kauf eines Pflegeappartements sein. Die Renditen liegen hier zwischen 5 und 6 Prozent. In aller Regel sind die Mietverträge auf 20 Jahre mit Verlängerungsoption ausgelegt. Im Gegensatz zu einer normalen Eigentumswohnung erhalten Sie die Miete unabhängig davon, ob das Pflegeappartement belegt ist oder nicht. Allerdings kommt es entscheidend auf Qualität und Bonität des Betreibers an.

> **Tipp: Alle Offerten sorgfältig prüfen**
>
> Lassen Sie sich niemals von bunten Hochglanzprospekten blenden und vertrauen Sie keinem Anlagevermittler blind. Sowohl das Objekt als auch die Finanzierung und die Renditekalkulation müssen sehr sorgfältig geprüft werden. Ziehen Sie im Zweifel Fachleute zu Rate: einen Architekten Ihres Vertrauens, Ihren Steuerberater und/oder einen Baufinanzierungsexperten, der das vorgeschlagene Finanzierungsmodell prüft.

Darüber hinaus sollten Sie zwei Dinge beachten, damit die vermietete Immobilie wirklich in Ihr Vorsorgekonzept passt: Entweder muss der Kredit bis Rentenbeginn getilgt sein, sodass die Mieteinnahmen das Alterseinkommen ungeschmälert aufbessern. Oder Sie müssen die Immobilie rechtzeitig vor dem gewünschten Ruhestandstermin wieder verkaufen, um aus dem Erlös monatliche Zusatzeinnahmen zu finanzieren.

Bleibt noch Geld zum Sparen übrig, kommt ein selbst zusammengestelltes Depot aus Aktien- oder Mischfonds in Betracht. Die Anlage sollte – je nach bereits vorhandenem Vermögen – eine ausgewogene Chance-Risiko-Mischung aufweisen oder ein Gegengewicht zu bereits vorhandenen, risikoreichen Anlagen bilden. Ideal ist ein Mix aus kostengünstigen ETF-Fonds (siehe hierzu Kapitel 3, Seite 131) auf breit streuende Aktien- oder Rentenindizes. Denn die börsennotierten Indexfonds haben niedrige Kosten und hohe Risikostreuung. ETF-Fonds eignen sich zudem nicht nur für die Einmalanlage. Immer mehr Fondsvermittler bieten inzwischen auch kostengünstige ETF-Fondssparpläne an. Und wer den Risikomix selbst steuern will, kann sich auch ein Depot aus verschiedenen Fonds oder Direktanlagen in Wertpapieren zusammenstellen.

Für kerngesunde Anleger mit hoher Lebenserwartung, die im hohen Alter noch abgesichert sein möchten, kann auch eine Rentenversicherung (siehe Kapitel 3, Seite 99) interessant sein. Die Privatrente fließt ein Leben lang und zahlt sich umso mehr aus, je länger der Pensionär lebt. Vermögenden Ruheständlern mit hohem Steuersatz bietet die Privatrente zudem den Vorteil, dass nicht die volle Monatsrente, sondern nur ein fiktiver Ertragsanteil besteuert wird. Das sind bei Rentenstart mit 60 Jahren 22 Prozent, bei Start mit 65 Jahren sogar nur 18 Prozent der Monatsrente. Eine Police mit gutem Preis-Leistungs-Verhältnis zu finden ist allerdings nicht ganz einfach. Sie sollten sich vor Vertragsabschluss ausgiebig informieren und auch Produkttests, zum Beispiel von Stiftung Warentest oder *Öko-Test*, zu Rate ziehen. Alternativ bietet sich eine unabhängige Beratung bei einem Honorarberater oder einer Verbraucherzentrale mit spezieller Altersvorsorgeberatung an (Adressen siehe

Seite 264). Wenn Sie bereits informiert sind, können Sie auch zu kostengünstigen Nettotarifen greifen. Noch sind diese zwar eine Rarität, doch immer mehr Versicherer gehen dazu über, ihre Tarife auch in einer Variante ohne Provision anzubieten. Die können Sie entweder übers Internet oder direkt beim Versicherer abschließen.

Die Ruheständler

Auch das größte Vermögen nutzt Pensionären wenig, wenn es keine regelmäßigen Erträge abwirft. Denn egal, ob Sie den Job vorzeitig an den Nagel hängen oder schon die Staatsrente fließt: Sie müssen die Früchte Ihres Vermögens konsumieren – und zwar Monat für Monat in Form eines festen Auszahlungsbetrags.

[] Tipp: Im Alter Vermögen umschichten

Das oberste Gebot zu Beginn der Rentenphase lautet: Vermögensumschichtung. Verkaufen Sie unrentable Mietimmobilien und legen Sie den Erlös in Entnahmeplänen an. Auch größere Auszahlleistungen aus Kapitallebensversicherungen müssen Sie so anlegen, dass das Geld ausreicht, um von den Zinsen zu leben, oder dass zumindest jeden Monat eine feste Auszahlungssumme zur Verfügung steht.

Individuelle Auszahlpläne von Banken, Fondsgesellschaften oder einer privaten Rentenversicherung helfen bei der Planung. Die entscheidende Frage, die Sie sich vor Vertragsabschluss stellen müssen, lautet: Soll das Kapital ganz oder teilweise aufgezehrt werden – und wenn ja, in welchem Zeitraum? Oder soll die Substanz des Vermögens erhalten und den Erben hinterlassen werden? Bei allen Anlageformen für das Ruhestandsalter haben Sie die Wahl, ob Sie

■ nur die ab Rentenbeginn anfallenden Zinsen verkonsumieren und das Kapital voll erhalten wollen. Dann fällt die Monatsrente entsprechend bescheiden aus;

■ Zinsen samt Kapital innerhalb eines festen Zeitraums – zum
   Beispiel von 20 bis 30 Jahren ab dem 65. Lebensjahr – aufzehren
   wollen. Dann fällt das Zubrot zur Rente, je nach Kapital, Rendite
   und Laufzeit, entsprechend üppig aus. Dafür laufen Sie allerdings
   Gefahr, bei zu knapper Kalkulation der eigenen Lebenserwartung
   im hohen Alter ohne Zusatzrente dazustehen;
■ den goldenen Mittelweg zwischen Kapitalverzehr und -erhaltung
   wählen. Dann verbrauchen Sie nur einen Teil des Gelds und bessern diese Grundversorgung mit zusätzlichen Zinseinkünften aus
   einem Sparplan mit Kapitalerhalt auf.

Grundsätzlich gilt: Geld, das Sie zur Finanzierung der Lebenshaltungskosten im Alter dringend benötigen, sollten Sie so anlegen, dass es eine lebenslange Monatsrente abwirft. Dafür ist in
der Regel eine Sofortrente aus einer privaten Lebensversicherung
(siehe Kapitel 3, Seite 101) ideal. Zu Rentenbeginn zahlen Sie einen
größeren Betrag, zum Beispiel 100.000 Euro, in einer Summe ein.
Das Versicherungsunternehmen übernimmt die Vermögensverwaltung und zahlt Ihnen eine lebenslange Monatsrente, die aus einem
garantierten Mindestbetrag und einem veränderlichen Überschuss-
anteil besteht.

Die Sofortrente hat zwei entscheidende Vorteile: Sie müssen sich
keine Gedanken machen, ob Ihr Geld womöglich nicht reicht, wenn
Sie besonders alt werden. Das Risiko einer langen Rentenzahldauer
trägt der Versicherer. Darüber hinaus winken Steuervorteile. Denn
vom monatlichen Rentenbetrag müssen Sie nur einen geringen
Ertragsanteil versteuern. Wirklich rentabel sind die Policen aber
nur, wenn Sie davon ausgehen können, steinalt zu werden. Denn
mit einer Sofortrente schließen Sie eine Wette auf ein langes Leben
ab. Sterben Sie vor dem 85. oder 90. Lebensjahr, haben Sie meist
nicht einmal ihre Einzahlung wieder herausbekommen.

Hinterbliebene werden bei der Sofortrente ebenfalls nicht automatisch, sondern nur auf speziellen Wunsch abgesichert. Dafür muss
eine Rentengarantiezeit vereinbart werden. Sie schmälert zwar die
Rentenhöhe, dafür fließt aber die Rente für die Dauer der Garantie-

zeit weiter, auch wenn der Versicherte verstorben ist. Alternativ werden neuerdings auch Privatrenten angeboten, die auch im Rentenalter noch gekündigt werden können oder größere Kapitalentnahmen ermöglichen. Damit kommen die Versicherer dem Wunsch von Verbrauchern nach mehr Flexibilität im Ruhestand entgegen.

Das hat allerdings auch seinen Preis. Wird die Leistung nicht in Form einer lebenslangen Leibrente ausgezahlt, entfällt die günstige Ertragsanteilbesteuerung. In diesem Fall behandelt der Fiskus die Police wie eine ganz normale Kapitalanlage: Auf die Erträge wird Abgeltungsteuer fällig und bei jedem Auszahlbetrag muss ganz genau gerechnet werden, wie viel von der ausgezahlten Summe auf die Erträge entfällt und wie viel auf zurückgezahltes Kapital.

> **! Achtung!**
>
> Achten Sie bei Abschluss einer Sofortrente vor allem darauf, dass der angebotene Tarif auf aktuellen, realistischen Sterbetafeln beruht. Sonst kann es passieren, dass der angekündigte Überschussanteil der Monatsrente im Lauf der Jahre gekürzt wird (siehe Kapitel 3, Seite 105). Vorsicht deshalb vor Gesellschaften, die schon in der Vergangenheit immer wieder laufende Renten kürzen mussten. Das Gleiche gilt für Unternehmen, die ungewöhnlich hohe Überschüsse versprechen und eine sogenannte Konstantrente oder flexible Rente zahlen. Darin sind auch die prognostizierten Erträge bereits enthalten – und wenn das Unternehmen sich verkalkuliert hat oder die Überschusserträge sinken, wird auch die Monatsrente herabgesetzt. Sie sollten sich daher das Kleingedruckte des Vertrags und insbesondere das Kapitel über die Überschussverwendung und die Auszahlform sehr genau ansehen und sich im Zweifel von einem Fachmann, zum Beispiel von einer Verbraucherzentrale (Adressen siehe Seite 264), beraten lassen.

Alternativ kommen auch Auszahlpläne von Banken oder Fondsgesellschaften infrage (siehe Kapitel 3, Seite 73). Auch hier legen Sie jeweils eine größere Summe so an, dass monatlich ein fester Betrag an Sie zurückfließt. Die Laufzeit von Auszahlplänen müssen Sie allerdings selbst bestimmen, ebenso die Frage, ob das Kapital angegriffen oder erhalten bleiben soll. Sind keine Erben zu bedenken, fällt die Entscheidung leicht: Das Geld kann komplett verbraucht werden. Je nach persönlicher Lebenserwartung ist aber eine ausreichend lange Vertragslaufzeit – mindestens 20 bis 30 Jahre ab 65 – zu wählen.

Ist das private Zubrot zur Altersrente unverzichtbar, hat Sicherheit bei der Auswahl der geeigneten Anlageform Vorrang. Infrage kommen vor allem Bankauszahlpläne (siehe Kapitel 3, Seite 72), eventuell auch Auszahlpläne mit erstklassigen offenen Immobilienfonds (siehe Kapitel 3, Seite 127). Mangels hoher Zinsen fällt das Rentenzubrot dann zwar bescheidener aus. Dafür ist aber sichergestellt, dass das Kapital nicht verloren geht und die private Monatsrente für die vereinbarte Auszahldauer in gleichbleibender Höhe fließen kann.

Ist größeres Vermögen vorhanden oder der Grundbedarf im Alter bereits gedeckt, versprechen Fondsauszahlpläne den besseren Ertrag. Zur Auswahl stehen – je nach Risikoneigung – Renten- oder Mischfonds (siehe Kapitel 3, Seite 140). Wollen Sie mit der Auszahlung nur Sonderleistungen wie zusätzliche Reisen etc. finanzieren, können sogar reine Aktienfonds (siehe Kapitel 3, Seite 141) Basis Ihres Auszahlplans sein. Ideal dabei: Wenn das Rentenzubrot verzichtbar ist und die Höhe der Monatsrente daher schwanken kann, wird kein fester Entnahmebetrag vereinbart, sondern der Verkauf einer festen Zahl von Fondsanteilen je Monat. Dann schwankt die Rente zwar je nach Auf und Ab des Börsenkurses der Fondsanteile. Falls es an der Börse kracht, fließt für die Dauer der Flaute sogar nur eine ganz mickrige Monatsrente (negativer Cost-Average-Effekt). Dafür wird aber verhindert, dass überproportional viele Fondsanteile just im Börsentief veräußert werden müssen, um die feste Monatsrente zu finanzieren. Letzteres kann das in Aktien- oder Mischfonds investierte Kapital nämlich schneller schmelzen lassen als dem Pensionär lieb ist.

Wenn Sie es sich leisten können, den Auszahlplan mit riskanteren Fonds zu bestücken, vereinbaren Sie besser den Verkauf einer festen Zahl von Fondsanteilen und stellen sich auf eine schwankende Zusatzrente ein. Dann können Sie wenigstens sicher sein, dass Ihr Kapital für die geplante Auszahldauer reicht. Entnehmen Sie dagegen Monat für Monat einen festen Betrag, kann der Auszahlplan bei schlechter Börsenentwicklung unfreiwillig vorzeitig beendet sein.

Wenn Sie den kontrollierten Umgang mit Geld über Jahre hinweg gelernt haben, wollen Sie die Zusammenstellung eines Fondsauszahldepots vielleicht selbst in die Hand nehmen. Dann können Sie einen ganz individuellen Anlagecocktail mixen, der eine optimale Chance-Risiko-Mischung mit entsprechend hohen Erträgen verspricht. Das Gleiche gilt für Ruheständler, die sich schon in der aktiven Zeit intensiv um ihr Wertpapiervermögen gekümmert haben. Sie finden im Alter vielleicht Spaß daran, ein Anleihendepot (siehe Kapitel 3, Seite 80) zusammenzustellen, das monatlich feste Erträge in Form von Zinsausschüttungen und Kapitalrückzahlung bringt. Oder Sie verwalten ein Depot aus dividendenstarken Aktien (siehe Kapitel 3, Seite 114), das zumindest einmal im Jahr hohe Dividendenausschüttungen bringt. Daraus lässt sich zum Beispiel der Jahresurlaub finanzieren.

> **[] Tipp: Hausverkauf auf Leibrentenbasis**
>
> Auch der Verkauf des Eigenheims auf Leibrentenbasis bringt zusätzliches Geld in die Haushaltskasse: Der Kaufpreis wird nicht in einer Summe, sondern in Form fester Monatsraten bis zum Lebensende der früheren Besitzer gezahlt, die gleichzeitig im Haus wohnen bleiben können. In den USA ist das längst Mode. Käufer sind dort vor allem Banken und Versicherungen. Das entlastet den bisherigen Eigentümer, muss er sich doch um die Bonität des Käufers und Rentenzahlers keine großen Gedanken machen. In Deutschland wird diese Form des Immobilienerwerbs noch vergleichsweise selten angeboten – und nicht alle Anbieter sind wirklich seriös. Deshalb sollten Interessenten sich vor Vertragsabschluss unbedingt von einem Fachmann beraten lassen, gegebenenfalls ist sogar eine rechtliche Beratung angesagt.

Ist wenig Vermögen in liquider Form vorhanden, können Sie brachliegendes Kapital mobilisieren. So könnte beispielsweise ein selbst genutztes Haus oder eine große Eigentumswohnung gegen ein kleineres Objekt getauscht und dabei zusätzliches Kapital flüssig gemacht werden. Das ist aber oft eine emotionale Frage und jeder muss für sich selbst beantworten, ob er dazu bereit ist.

Alternativ bieten viele Banken und Versicherungen neuerdings Hypotheken an, bei denen der Ruheständler bisweilen nur die Zinsen oder sogar nur einen Teil der Zinsen zahlt. Fällig wird das Darlehen erst am Ende der Laufzeit oder bei Tod des Sparers. Dann müssen notfalls die Erben den Kredit tilgen und zwar gegebenenfalls aus dem Verkauf der beliehenen Immobilien. Ob sich ein solcher Deal lohnt, muss jeder für sich persönlich entscheiden. Für Singles, die keine Angehörigen zu versorgen haben, mag das eine probate Möglichkeit sein, ihr Häuschen im Alter zu verzehren. Bei Familien mit Kindern können dagegen Streitigkeiten programmiert sein. Und wenn das Häuschen einem Ehepaar gehört, sollte zumindest der hinterbliebene Partner ebenfalls abgesichert sein.

So finden Sie Ihre persönliche Vorsorgestrategie

Produkte	Berufsanfänger Single	Aufsteiger Single	Junge Familie	Etablierte	Ruheständler
Risikoabsicherung					
Berufsunfähigkeitsversicherung	++++	++++	++++	+++	+++
Risikolebensversicherung	–	–	++++	++++	++
Unfallversicherung	–	–	+++ (Kinder/Ehefrau)	++ (Kinder)	–
Private Haftpflichtversicherung	++++	++++	++++	++++	++++
Hausratversicherungen	++	+++	+++	+++	+++

Staatliche geförderte Altersvorsorge

Produkte	Berufsanfänger Single	Aufsteiger Single	Junge Familie	Etablierte	Ruheständler
Altersvorsorge aus Entgeltumwandlung					
Direktversicherung, Pensionskasse oder Pensionsfonds	+	++	+	++	–
Direktzusage, Unterstützungskasse	–	+++	+++	++++	
Riester-Geldrente					
Riester-Fondssparplan	++++	++++	++	+	–
Riester-Banksparplan	++	++	+++	+++	–
Riester-Rentenversicherung	–	–	–	++	–
Fondsgebundene Riester-Rentenversicherung	–	–	–	+	–
Wohn-Riester/Eigenheimrente					
Riester-Darlehen	–	–	++	+++ (bei Eigenheimerwerb)	–
Riester-Bausparvertrag	+	+	+ (bei konkreten Immobilienplänen)	–	–
Rürup Rente					
Klassische Rürup-Rente	–	–	–	+	+++
Fondsgebundene Rürup-Rente	–	–	–	–	–
Rürup-Fondssparplan	–	–	–	+	–

So finden Sie Ihre persönliche Vorsorgestrategie (Fortsetzung)

Private Altersvorsorge

Produkte	Berufsanfänger Single	Aufsteiger Single	Junge Familie	Etablierte	Ruheständler
Versicherungsangebote					
Private Rentenversicherung	–	–	+	+++	+++
Kapitallebens-versicherung	–	–	–	–	–
Immobilien					
Eigenheim	+	++	+++ (ggf. geförderter Bausparvertrag)	+++	+++
Vermietete Immobilien	–	–	+	++	+
Fondssparpläne					
Aktienfonds	+++	+++ (vL-Fonds)	++ (ggf. vL-Anlage)	++	+
Rentenfonds	+	+	+	+	++
Gemischte Fonds	+	++	++	+++	+++
Offene Immobilienfonds	+	++	++	++	++
Wertpapiere					
Aktien	+++	++ (vL-Anlage)	+ (ggf. vL-Anlage)	++	+
Anleihen	++	++	++	++	+++

Adressen

Verbraucherzentralen

**Verbraucherzentrale
Baden-Württemberg e.V.**
Paulinenstraße 47
70178 Stuttgart
Telefon: 0 18 05/50 59 99
(0,14 €/ min., Mobilfunkpreis maximal 0,42 €/ min.)
0 18 05/50 59 99 (0,14 €/ min., Mobilfunkpreis maximal 0,42 €/ min.)
Telefax: 07 11/66 91-50
www.vz-bawue.de

Verbraucherzentrale Bayern e.V.
Mozartstraße 9
80336 München
Telefon: 089/5 39 87-0
Telefax: 089/53 75 53
www.verbraucherzentrale-bayern.de

Verbraucherzentrale Berlin e.V.
Hardenbergplatz 2
10623 Berlin
Telefon: 030/2 14 85-0
Telefax: 030/2 11 72 01
www.vz-berlin.de

Verbraucherzentrale Brandenburg e.V.
Templiner Straße 21
14473 Potsdam
Telefon: 03 31/2 98 71-0
Telefax: 03 31/2 98 71-77
www.vzb.de

**Verbraucherzentrale des
Landes Bremen e.V.**
Altenweg 4
28195 Bremen
Telefon: 04 21/1 60 77-7
Telefax: 04 21/1 60 77-80
www.verbraucherzentrale-bremen.de

**Verbraucherzentrale
Hamburg e.V.**
Kirchenallee 22
20099 Hamburg
Telefon: 040/2 48 32-0
Telefax: 040/2 48 32-290
www.vzhh.de

Verbraucherzentrale Hessen e.V.
Große Friedberger Straße 13–17
60313 Frankfurt/Main
Telefon: 0 18 05/97 20 10
(0,14 €/ min., Mobilfunkpreis maximal 0,42 €/ min.)
Telefax: 069/97 20 10-50
www.verbraucher.de

**Neue Verbraucherzentrale
Mecklenburg-Vorpommern e.V.**
Strandstraße 98
18055 Rostock
Telefon: 03 81/2 08 70 50
Telefax: 03 81/2 08 70 30
www.nvzmv.de

Verbraucherzentrale Niedersachsen e.V.
Herrenstraße 14
30159 Hannover
Telefon: 05 11/9 11 96-0
Telefax: 05 11/9 11 96-10
www.verbraucherzentrale-niedersachsen.de

**Verbraucherzentrale
Nordrhein-Westfalen e.V.**
Mintropstraße 27
40215 Düsseldorf
Telefon: 02 11/38 09-0
Telefax: 02 11/38 09-216
www.vz-nrw.de

Verbraucherzentrale Rheinland-Pfalz e.V.
Seppel-Glückert-Passage 10
55116 Mainz
Telefon: 0 61 31/28 48-0
Telefax: 0 61 31/28 48-66
www.verbraucherzentrale-rlp.de

**Verbraucherzentrale des
Saarlandes e.V.**
Trierer Straße 22
66111 Saarbrücken
Telefon: 06 81/5 88 09-0
Telefax: 06 81/5 88 09-22
www.vz-saar.de

Verbraucherzentrale Sachsen e.V.
Katharinenstraße 17
04109 Leipzig
Telefon: 03 41/69 62 90
Telefax: 03 41/6 39 28 26
www.verbraucherzentrale-
sachsen.de

Verbraucherzentrale Sachsen-Anhalt e.V.
Steinbockgasse 1
06108 Halle
Telefon: 03 45/2 98 03-29
Telefax: 03 45/2 98 03-26
www.vzsa.de

**Verbraucherzentrale
Schleswig-Holstein e.V.**
Andreas-Gayk-Straße 15
24103 Kiel
Telefon: 04 31/5 90 99-0
Telefax: 04 31/5 90 99-77
www.verbraucherzentrale-sh.de

**Verbraucherzentrale
Thüringen e.V.**
Eugen-Richter-Straße 45
99085 Erfurt
Telefon: 03 61/5 55 14-0
Telefax: 03 61/5 55 14-40
www.vzth.de

Verbraucherzentrale Bundesverband e.V.
Markgrafenstraße 66
10969 Berlin
Telefon: 030/2 58 00-0
Telefax: 030/2 58 00-218
www.vzbv.de

Stichwortverzeichnis

Impressum

Herausgeber

Verbraucherzentrale Nordrhein-Westfalen e. V.
Mintropstraße 27, 40215 Düsseldorf
Telefon: 02 11/38 09-555, Fax: 02 11/38 09-235
E-Mail: publikationen@vz-nrw.de
www.vz-nrw.de

Mitherausgeber

Verbraucherzentrale Bundesverband e. V.
Markgrafenstraße 66, 10969 Berlin
Telefon: 0 30/2 58 00-0, Fax: 0 30/2 58 00-2 18
www.vzbv.de

Verbraucherzentrale Baden-Württemberg e. V.
Paulinenstraße 47, 70178 Stuttgart
Telefon: 07 11/66 91-10, Fax: 07 11/66 91-50
www.verbraucherzentrale-bawue.de

Verbraucherzentrale Hamburg e. V.
Kirchenallee 22, 20099 Hamburg
Telefon: 0 40/2 48 32-0, Fax: 0 40/2 48 32-2 90
www.vzhh.de

Text	Barbara Sternberger-Frey, Pulheim
Fachliche Betreuung	Thomas Hentschel, Mülheim an der Ruhr
Lektorat	Büro Plank & Schöning, Holtum/Osnabrück
Koordination	Kathrin Nick/Frank Wolsiffer
Layout und Produktion	Ute Lübbeke, www.LNT-design.de
Titelbild	Getty Images
Illustrationen	Rüdiger Trebels, Düsseldorf
Druck	AALEXX Druck GmbH, Burgwedel
	Gedruckt auf 100% Recycling-Papier

Redaktionsschluss: November 2013

Noch Fragen?

Die Beratung der Verbraucherzentralen

Die Expertinnen und Experten der Verbraucherzentrale helfen Ihnen gerne und beraten Sie individuell, kompetent und unabhängig.

- E-Mail-Beratung
- Telefonberatung
- Persönliche Beratung

! Unter anderem zu folgenden Themen:

- Energie
- Recht
- Geld und Kredit
- Immobilienfinanzierung
- Versicherungen
- Gesundheit und Pflege
- Medien und Telekommunikation

www. Unter www.verbraucherzentrale.de finden Sie das vollständige Beratungsangebot in Ihrem Bundesland.